AF573274

Kleopatras Wunderlampe

1. Auflage September 2023

Lektorat: Christina Neuhaus
Satz und Layout: Lilly Stühle
Umschlaggestaltung: Nicole Lechner

ISBN: 978-3-86445-953-5

Gerne senden wir Ihnen unser Verlagsverzeichnis
Kopp Verlag
Bertha-Benz-Straße 10
72108 Rottenburg
E-Mail: info@kopp-verlag.de
Tel.: (0 74 72) 98 06-10
Fax: (0 74 72) 98 06-11

Unser Buchprogramm finden Sie auch im Internet unter:
www.kopp-verlag.de

Reinhard Habeck

Kleopatras Wunderlampe

und das Hightech-Wissen der Pharaonen

KOPP VERLAG

Inhalt

In Gedenken

an zwei Gefährten und Co-Autoren,
die anno 1982 erstmals das

Licht für den Pharao
zum Leuchten gebracht haben:

Peter Krassa (1938–2005) und
Dipl.-Ing. Walter Garn (1940–2010)

Prof. Dr. Ahmed M. Osman

Ägypten ruft!

Ägypten ist kein historisches Land,
Ägypten kam zuerst, dann kam die Geschichte.

Nagib Machfus (1911–2006)
Ägypt. Schriftsteller, Literaturnobelpreisträger
und »Urvater« des arabischen Romans

Als Ägyptologe lernt man nie aus. Ein Leben reicht nicht, um Geschichte und Kulturen von Jahrtausenden zu kennen, zu durchschauen und zu beschreiben. Ich möchte zumindest versuchen, durch meine Arbeit und Forschung Antworten auf Fragen der Archäologie zu finden. Deshalb habe ich 1987 an der Universität in Sohag ein Studium der Ägyptologie aufgenommen, habe 2007 an den Universitäten in Tübingen und Alexandria promoviert, war Direktor der Abteilung »Rückführung von Antiquitäten« in der Antikenverwaltung in Kairo und habe viele Jahre am Giseh-Plateau, in Heliopolis und in Sakkara gearbeitet. Heute bin ich Professor an der Kairoer Misr University for Science and Technology und leite die Ausgrabungsstätte Tabet El-Gesh El-Sharkia, südlich der Stufenpyramide von König Djoser.

Im letzten Jahr ist es mir mit meinem Team geglückt, bedeutende Artefakte aus dem Neuen Reich freizulegen. Wir stießen auf das Grab einer alten Frau in einem farbenprächtigen Sarkophag sowie auf die Überreste eines Tempels, der der Himmels- und Liebesgöttin Hathor geweiht war. Die Entdeckung mit bislang 256 einzelnen königlichen Fundstücken ist deshalb außergewöhnlich, weil in der Nekropole von Sakkara üblicherweise nur Gräber und Ruinen von Mastabas und Pyramiden gefunden werden.

Ägyptologen sind in der Lage, aus den vorhandenen Spuren die Großartigkeit der ägyptischen Königreiche zu rekonstruieren – von den Anfängen der frühdynastischen Ära und dem Alten Reich bis hin zur griechischen Epoche der Ptolemäer und der erfolgten Eroberung durch die Römer. Dennoch bereitet es noch heute Schwierigkeiten, Licht in das Dunkel unserer Vergangenheit zu bringen. Die Erforschung der altägyptischen Kultur ist eine junge Wissenschaft. Einiges ist nach wie vor unverstanden. Manchmal ist man auf Vermutungen angewiesen, da greifbare Informationen für eine gesicherte Bewertung fehlen. Das betrifft nicht nur verschüttete Zeugnisse unter dem Wüstenboden. In den Schubladen vieler Museen lagern Abertausende Papyri, deren Inhalt wir nicht kennen, weil die Texte noch nicht übersetzt worden sind. Wäre bereits alles entziffert und geklärt, bräuchte es keine Forschung mehr. Mit jeder neuen Entdeckung, und sei es auch nur ein kleines Bruchstück, gewinnen wir neue Erkenntnisse, die bisherige Annahmen bestätigen oder widerlegen können. In den letzten 200 Jahren ägyptologischer Forschung haben wir viel über die altägyptische Kultur, Kunst und Schrift in Erfahrung bringen können.

Wir müssen uns aber auch ehrlich eingestehen, dass wir bis heute noch keine plausible Erklärung für viele Rätsel gefunden haben. Achtlos gehen Touristen an der Ostseite der Cheopspyramide an gewaltigen schwarzen Basaltblöcken vorbei. Es sind Steine des Fundaments vom königlichen Totentempel. Bei genauerer Betrachtung erkennt man Sägespuren und Bohrlöcher. Sie stammen nachweislich aus dem Alten Reich. Eisengeräte hat es unseres Wissens damals aber noch nicht gegeben. Die Erklärung, das Hartgestein sei mit herkömmlichen Kupferwerkzeugen bearbeitet worden, ist denkbar, aber nicht ganz überzeugend. Welche Methoden und

Gerätschaften kamen damals zur Anwendung? Niemand kann es mit Sicherheit sagen. Wir wissen auch nicht, wie die 1000 Tonnen schwere Sitzstatue von Ramses II. den ursprünglichen Transportweg von Assuan nach Westtheben ins Ramesseum geschafft hat. Allein ein Ohr der Rosengranitstatue war 1 Meter lang! Heute sind nur noch zerschlagene Überreste des kolossalen Monuments am Standort vorhanden.

Nicht weniger unglaublich: Wie gelangten die beiden sitzenden Memnonkolosse an ihren heutigen Platz, ebenfalls in Westtheben? Jeder Gigant wiegt rund 720 Tonnen und wurde aus einem einzigen gewaltigen Quarzitblock gefertigt. Rechnet man die nicht mehr vorhandenen Kronen in die Größe mit ein, müssten die Statuen einst 21 Meter hoch gewesen sein. Eine Inschrift besagt, dass die Monumente aus dem Steinbruch am östlichen Nilufer bei Heliopolis stammen. Das bedeutet eine gewaltige Wegstrecke von 700 Kilometern und mehr. Nach anderer Quelle stammen die Kolosse aus Assuan. Das wäre immerhin noch eine Entfernung von etwa 200 Kilometern. Wie hat der Schwertransport in der Praxis funktioniert? Welche Technik kam zu Zeiten von König Amenophis III. im 14. Jahrhundert v. Chr. zum Einsatz?

Selbst die mächtige Cheopspyramide von Giseh, eines der bestuntersuchten Gebäude der Welt, hat noch lange nicht all ihre Geheimnisse gelüftet. Im März 2023 konnte ein internationales Forscherteam mittels Endoskop und Fotobeweis bestätigen, dass oberhalb des ursprünglichen Eingangs ein mindestens 9,50 Meter langer und über 2,10 Meter hoher Korridor existiert, den man bisher nur aufgrund der Myonen-Tomografie vermutet hatte. Ein weitaus größerer Hohlraum mit etwa 30 Metern Länge wurde im Zuge des »ScanPyramids«-Projekts über der Großen Galerie lokalisiert. Wozu diente er? Wie kann er erforscht werden? Gibt es einen noch unentdeckten Zugang? Was erwartet uns am Zielort? Eine leere Höhlung? Oder die Schatzkammer von König Cheops? Das wäre eine Weltsensation! Was wir gesichert wissen: Ganz Ägypten ist ein großartiges Freilichtmuseum, das uns mit seinen gewaltigen

Hinterlassenschaften und reich geschmückten Gräbern immer wieder aufs Neue sprachlos macht und in Staunen versetzt!

Das vorliegende Buch widmet sich solchen ungelösten und staunenswerten Fällen der Ägyptologie. Autor ist der vielseitige Österreicher Reinhard Habeck. Wir kennen uns seit 2015, als wir gemeinsam für den deutschen Reiseveranstalter Kopp & Spangler eine Rundreise gestalteten, die uns nördlich von Luxor auch zum Hathor-Tempel von Dendera führte. Dort befinden sich berühmte Reliefdarstellungen aus der Zeit von Cäsar und Kleopatra, die Habeck seit Ende der 1970er-Jahre kühn als Wiedergaben »elektrischer Leuchten« interpretiert. Auch wenn ich seiner »Elektrothese« nicht folgen kann und die außergewöhnlichen Motive religiös-kultisch im Sinne ägyptologischer Sichtweise einordne, unterstütze ich sein Projekt gerne.

Der Grund ist einfach: Forschung lebt von einer freien Debattenkultur ohne Dogma und Rechthaberei. Reinhard Habeck ist kein studierter Wissenschaftler, kein Archäologe und kein Ägyptologe, aber er hat alle Eigenschaften, die einen guten Forscher auszeichnen: Neugierde, Fantasie und Wissensdurst! Ein echter Wissenschaftler wird niemals satt. Er will stets mehr wissen. Reinhard Habeck ist trotz seiner 28 Sachbücher bescheiden geblieben und immer noch »hungrig«. Er will den alten Mysterien auf den Grund gehen, hinterfragt die Geheimnisse unserer Urahnen und versucht der Wahrheit möglichst nahe zu kommen. Die Thesen des Autors sind fantastisch und umstritten. Besonders in akademischen Kreisen rufen sie Widerstand hervor.

Was ich bei der Kontroverse um Pro und Kontra an Reinhard Habeck sehr schätze: Er lässt andere Sichtweisen zu und berücksichtigt in seinen Studien auch die Argumente der Kritiker. Seiner Leserschaft bleibt es freigestellt, selbst zu beurteilen, welchen Spekulationen und Indizien mehr Glauben zu schenken ist. Man kann den Ideen des Autors folgen, sie für überzeugend halten oder als Unsinn abtun. Reinhard Habeck liefert interessante Denkanstöße, erhebt jedoch nicht den Anspruch, im alleinigen Besitz der Wahrheit zu sein. Nur wer die gewaltigen Pyramiden und Steinwunder, die farbenprächtigen Gräber und Göttertempel, die unvergleichlichen Zeugnisse und Pharaonenschätze hautnah gesehen und erlebt hat, kann lernen, Ägypten zu verstehen!

Reinhard Habeck macht genau das. Er ist kein Schriftsteller, der immerzu vor dem Schreibtisch sitzt und sein Wissen ausschließlich aus verstaubten Bibliotheken schöpft. Habeck will jene rätselhaften Relikte, über die er in seinen Büchern spannend berichtet, mit eigenen Augen sehen und überprüfen. Das macht seine Arbeit authentisch. In diesem Sinne begreife ich *Kleopatras Wunderlampe* als zündenden Geistesfunken, der zum Nachdenken anregt und unsere Fantasie beflügelt. Gleichzeitig ist sein Buch eine leuchtende Einladung an alle Leserinnen und Leser: He, was ist los? Liebe Leute, kommt nach Ägypten! Geht selbst auf mystische Spurensuche und entdeckt die letzten Geheimnisse der Pharaonen! Inschallah – wenn Allah will!

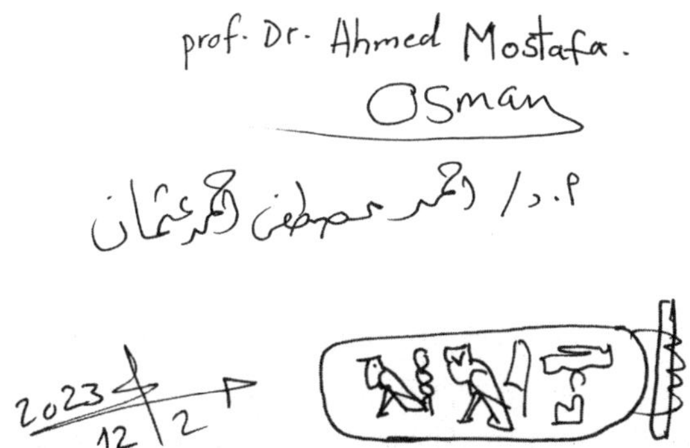

Prof. Dr. Ahmed Mostafa Osman
Misr University for Science and Technology
Kairo-Giseh, 12. Februar 2023

Reinhard Habeck

Anstoß in eigener Sache

Ich bin eine Idee, in Fleisch gehüllt,
die aus dem Bauch des Himmels entsprang.
Wie ein Falke fliege ich über das Bekannte
hinaus in das Reich des Unbekannten.

Ägyptisches Totenbuch,
Sammlung von Beschwörungsformeln,
um 2500 v. Chr.

Liebe Leserinnen, liebe Leser!

Wer meine Bücher und Studien kennt, weiß, dass ich ein Freund der Fantastik bin. Ich stöbere gerne sonderbare Dinge auf, die es gemäß strenger Lehrmeinung eigentlich gar nicht geben dürfte. Elektrische Glühlampen im alten Ägypten gehören dazu.

Mein Debüt als literarischer Hobbyarchäologe begann 1982. Damals stellte ich gemeinsam mit Peter Krassa im Sachbuch *Licht für den Pharao* provokante Fragen: Kannte man im Altertum bereits elektrischen Strom? Besaßen Priester – die Wissenschaftler des Pharaonenreiches – Geräte, um Elektrizität nutzbar zu machen? Der Verdacht keimte schon 1979 in mir auf und erhärtete sich dann ein Jahr später gemeinsam mit Peter Krassa direkt vor Ort im Hathor-Tempel von Dendera. Die Anlage liegt knapp 2 Autostunden entfernt nördlich von Luxor. Was es dort in der Heimstätte der Göttinnen Hathor und Isis sowie der Königin Kleopatra zu sehen gibt, verblüfft jeden aufmerksamen Besucher.

Das gilt vor allem für die Reliefdarstellungen in den Krypten und an den Tempelwänden in einer Kapelle im Parterre, die ungewöhnliche blasenförmige Gebilde zeigen. Im Inneren der Kolben winden sich Schlangen empor. Die birnenartigen Objekte werden von Priestern gehalten und ruhen in Schräglage auf Stützen mit Streben. Ägyptologen bezeichnen letztere als Djed-Pfeiler, dem altägyptischen Symbol für »Dauer und Beständigkeit«. Technologisch orientierte Betrachter vermeinen Hochspannungsisolatoren zu erkennen. Die antiken Abbilder erinnern frappierend an moderne Leuchtkörper, ähnlich unseren Glühbirnen. Blanker Zufall oder antikes Hightech-Wissen?

Peter Krassa und ich baten den international tätigen Elektrofachmann und Ingenieur Walter Garn um seine fachkundige Einschätzung. Graue Theorie war nicht seine Welt. Er wollte es immer akribisch genau und überprüft wissen: »Ich bin mir sicher, dass in diesen symbolischen Darstellungen ein technischer Kern steckt!« Garn war der erste versierte Praktiker, der getreu den altägyptischen Vorbildern zwei funktionstüchtige Modelle baute. Eines zeigt eine elektrische Entladung in einem Glaskörper. Es ist jene Rekonstruktion, die als »pharaonische Gasentladungslampe« oder kurz Garn-Lampe, Berühmtheit erlangte. 1992 folgte mit *Das Licht der Pharaonen* ein neues Buch zum gleichen Thema. Es sorgte in der Debatte um das mögliche Elektrowissen der alten Ägypter für neuen Zündstoff.

Verständlicherweise rief die »Elektrothese« von Anfang an Kritiker auf den Plan. Bis heute hält eine hitzige Kontroverse dazu an. Von ägyptologischer Seite gibt es ein gutes Dutzend verschiedener Deutungen, was die Objekte in Dendera darstellen sollen. In jüngerer Zeit hat sich die Idee des »imaginären Sonnenzyklus« durchgesetzt. Demnach stehen die eigentümlichen Wandreliefs in direktem Zusammenhang mit »verschiedenen Vorstellungen des Sonnenlaufs«.

Sind mit der »Sonnenerleuchtung« wirklich alle Unklarheiten beseitigt? Übersetzungen der Dendera-Hieroglyphen liegen seit 1991 mit der Dissertation von Dr. Wolfgang Waitkus vor. Von der Elektrothese hielt der Ägyptologe schon damals nichts. Dennoch war der Fachgelehrte bereit, uns Auszüge seiner wissenschaftlichen Arbeit zur Verfügung zu stellen. Wir konnten damit in unserer Studie erstmalig die aktuellen ägyptologischen Erklärungen zu den »Glühlampen von Dendera« mitberücksichtigen. Nach offizieller Lesart kommt aus der Mittelspitze einer Lotosblüte der Schlangengott Harsomtus als »lebender Ba« hervor und »richtet sich auf seinem Schwanz auf«. Dann zeigt sich die Erscheinung »in der erhabenen Vollkommenheit ihres Ka«. Die Szene wird als »aufsteigende Sonne in Gestalt der Schlange Harsomtus« interpretiert, die sich in einer länglichen »Blase« befindet.

Interessant dabei ist, dass das Wort »Ba« übersetzt wird mit »Bewegungsseele« oder »Erscheinungsform eines Wesens«. Und von »Ka« wissen wir, dass es gleichgesetzt wird mit »Lebenskraft, Zauberkraft und Mächtigkeit«. Ist man bereit einzuräumen, dass die Gestalt der »leuchtenden Schlange« auch Sinnbild einer »elektrischen Entladung« sein kann, ergibt die elektrotechnische Deutung einen einleuchtenden Sinn!

Weitere Studien unseres »Elektro-Trios« mussten ausbleiben. Das hatte leider gravierende Gründe: Peter Krassa verstarb 2005, Walter Garn 2010. Inzwischen liegen neue Untersuchungen und Erkenntnisse vor – von ägyptologischer wie auch von technischer Seite, und selbst die experimentelle Forschung zum Thema ist nicht stehengeblieben.

Wertvolle Beiträge dazu liefert aktuell der Mechatronikspezialist Herbert K. Fuchs, der sich durch zahlreiche Patente auf dem Gebiet der Hochtechnologie und Forschung einen Namen gemacht hat. Der Experte für Hochvakuumtechnik hat das Garn-Modell in seiner oberösterreichischen Heimatstadt Gmunden restauriert, umgebaut und mit neuen Erkenntnissen wieder zum Leuchten gebracht. Seine Studien mit erweiterten Laborexperimenten verliefen vielversprechend. Die Schlüsse daraus werden im vorliegenden Buch erstmals erörtert.

Den Gesamtkontext in einer Streitfrage im Auge zu behalten, ist immer wichtig. Freilich gibt es nach Jahrzehnten neuer Erkenntnisse kompetente Kritik in Detailfragen. Dennoch halte ich es für übereilt, die These um antikes Wissen zur Kraftquelle Elektrizität in Bausch und Bogen abzulehnen. Die lange Menschheitsgeschichte hat uns gelehrt, dass es selten nur eine einzige unumstößliche Wahrheit gibt. Die Wandreliefs von Dendera erlauben durchaus abweichende Sichtweisen. Der studierte Ägyptologe, der gegenüber aufmüpfigen »Querdenkern« das Privileg genießt, die Hieroglyphen lesen zu können, deutet die Darstellungen traditionell religiös-mythologisch. Der akribische Techniker, ebenso ein Fachgelehrter auf seinem Spezialgebiet, erkennt einen technologischen Inhalt, der mit »Zufälligkeiten« allein nicht erklärbar scheint. Oder der Energetiker und Esoteriker: Er wird in den Bildern vielleicht feinstoffliche und spirituelle Energien erblicken. Fällt Ihnen etwas auf? Egal welcher Deutung man folgt, die Faktoren Licht und Energie schwingen bei der Debatte immer mit!

Mit dem vorliegenden Buch will ich nun nach 30 beziehungsweise 40 Jahren Wahrheitssuche eine Bilanz ziehen. Ich tue das mit persönlichen Erinnerungen an erlebte Abenteuer sowie mit neuen Denkanstößen anhand aktueller Fakten und Erkenntnisse. Wie bei vorangegangenen Titeln möchte ich meine Leserschaft ins alte Ägypten entführen und mitnehmen auf eine abwechslungsreiche Entdeckungsreise. Dazu lasse ich Forscher verschiedenster Fachrichtungen zu Wort kommen. Vertreter streng orthodoxer Lehren sind genauso dabei wie tollkühne Utopisten.

Denn Hand aufs Herz: Wie gesichert ist das Geschichtsbild unserer Vergangenheit? Verlief der Aufstieg unserer Zivilisation wirklich immer konstant, oder gab es vielmehr ein Auf und Ab in der Menschheitsentwicklung? War die Welt unserer Ahnen vielleicht ganz anders, als es uns die herrschende Auffassung des klugen Homo academicus lehrt? War alles womöglich fortschrittlicher und fantastischer? Sind viele Errungenschaften der Neuzeit letztlich nur Wiederentdeckungen aus einer längst verlorenen Zeit? Gehören Hightech-Wissen und die Nutzbarmachung von elektrischem Strom dazu?

Für Hochspannung ist nicht nur bei den Pharaonen gesorgt!

Viel Lesevergnügen mit anregenden Geistesblitzen wünscht

Reinhard Habeck
Wien, im Mai 2023

Übernachtung in der Cheopspyramide: Reinhard Habeck mit Dr. Ahmed Osman im Grabräubertunnel al-Ma'mūn

Teil 1

Vernachlässigte Pharaonenschätze

»Wir kennen Ägypten nicht,
wir bilden uns nur ein, es zu kennen.«

Sir Howard Carter (1874–1939)
Brit. Archäologe, entdeckte 1922
das Grab des Tutanchamun

Erdgeschoss des Ägyptischen Museums in Kairo mit Blick auf die Doppelsitzstatue von Amenophis III. und seiner Frau Teje

Mysteriöse Museumsfunde, sonderbare Schlangensteine und Tutanchamuns E.T.-Exponate

Nachforschung in Kairo

Nachmittag, 6. Februar 2023. Mit Partnerin Elvira hebe ich in Wien himmelwärts ab. Nach dreieinhalb Stunden Flugzeit landen wir in der Millionenmetropole am Nil. Spontan haben wir uns für das vorliegende Buch zu einem letzten Recherchetrip entschlossen. Am Ausgang des Airports erwartet uns bereits gut gelaunt Dr. Ahmed M. Osman. Dem großzügigen Angebot, während unseres Aufenthaltes in seinem Haus in Giseh zu nächtigen, sind wir gerne gefolgt. Der hochgeschätzte Professor der Ägyptologie ist ein Vertreter der klassischen Archäologie. Er kennt die bewegte Geschichte seiner Heimat lückenlos. Was den gelehrten Ägypter so sympathisch macht: Berührungsängste gegenüber alternativen Denkern und Sonntagsforschern sind ihm fremd. Wir kennen und schätzen uns seit vielen Jahren, waren gemeinsam abseits touristischer Pfade unterwegs und erkundeten zur nächtlichen Geisterstunde die Kammersysteme der Cheopspyramide.

Bei unserer Ankunft zeigen sich am Horizont dunkle Regenwolken. Für Ägypten eher untypisch. Es ist recht frisch und windig bei Temperaturen um die 15 Grad. Badehose und Sonnenhut hätten daheimbleiben dürfen. Unsere Taxifahrt zum Zielort am südwestlichen Stadtrand zieht sich hin. Kairo zeigt sein altbekanntes Gesicht: Auf den Straßen ein Gewirr von Abertausenden Autos und schrottreifen Vehikeln, die in Stau und Abgasen versinken. Hier gehört das Verkehrschaos zur täglichen Ordnung.

Wüstenstaub liegt ständig in der Luft, Ampeln und Zebrastreifen kennt man nicht. Hauptsache, der Fahrer besitzt eine möglichst laute Hupe und bringt viel Geduld mit. Ahmed seufzt: »Sachma ketir!« – viel Verkehr! Eines der ersten arabischen Wörter, die Gäste in Kairo zu hören bekommen.

Die vierte Pyramide von Giseh

»Was wollt ihr sehen?«, fragt unser Guide. »Natürlich das neue Grand Egyptian Museum (kurz GEM genannt), das größte archäologische Museum der Welt!« Kurze Denkpause, dann die Hiobsbotschaft: »Leider ist das große Giseh-Museum nach wie vor geschlossen.« Bei den Göttern, das darf doch wohl nicht wahr sein! Vor über 2 Jahrzehnten, genauer gesagt am 5. Januar 2002, legte der damalige Staatspräsident Hosni Mubarak den Grundstein zur »vierten Pyramide von Giseh«. Seither wird an diesem teuersten Kulturprojekt der Neuzeit gebaut: Es soll sich über 500 000 Quadratmeter erstrecken. Die Hälfte nehmen überdachte Ausstellungshallen ein, in denen an die 100 000 Artefakte von der Ur- bis zur griechisch-römischen Geschichte präsentiert werden. Viele Tausende davon hat die Welt nie zuvor gesehen, darunter das 16 Meter lange Totenbuch-Papyrus *Waziri I*, das im Mai 2022 in Sakkara entdeckt wurde. Zu den Prunkstücken des GEM zählen vor allem sämtliche der rund 5400 königlichen Grabbeigaben von Tutanchamun aus dem Tal der Könige. Rund ein Drittel von ihnen konnte im überfüllten Ägyptischen Museum am Tahrir-Platz nicht ausgestellt werden oder war noch nicht restauriert worden.

Nach etlichen Verzögerungen hatte es 2015 vollmundig geheißen, die neue Tourismusattraktion werde im Jahr 2018 teileröffnet. Seither wird der Termin jedes Jahr aufs Neue verschoben. Dann, als es endlich so weit schien, vereitelten die strengen Maßnahmen zur Covid-19-Pandemie das Vorhaben oder dienten zumindest als gute Ausrede. Ägyptenreisende wurden auf das Jahr 2022 vertröstet. Ein Datum, das sich erneut als Fata Morgana entpuppte. Ahmed lacht: »In diesem Jahr muss das Museum eröffnet werden! Garantiert!«

Wer das glaubt, schön und gut. Eine Falafel möchte ich nicht darauf verwetten. Viel zu sehen gäbe es derzeit ohnedies nicht, versichert der Ägypter, bestenfalls ist in einer »Testphase« der Zutritt zum Atrium mit der 12 Meter hohen Kolossalstatue von Ramses II. aus Assuan möglich und ein Rundgang zum Konferenzzentrum sowie den Außengärten. Die wirklichen Highlights, darunter die Goldschätze von Tutanchamun, werden erst zur offiziellen Einweihung des neuen Weltwunders zu sehen sein.

Altbewährtes im neuen Glanz

Die Dämmerung bricht herein, als wir auf der Cairo-Alexandria Desert Road am Grand Museum vorbeifahren. Der nördlich gelegene Eingangsbereich wirkt fabrikneu und einladend. Die Außenwände des Museums sind so ausgerichtet, dass großzügige Sichtachsen in Richtung der Pyramiden entstehen. Sobald wir jedoch das Ende des fast 1 Kilometer langen Palastes aus Glas-, Alabaster und Beton erreichen, offenbart sich ein düsteres Bild. Dort, wo Besucher über einen knapp 2 Kilometer langen Fußmarsch direkt zu den Pyramiden gelangen sollten, tut sich unverändert eine gewaltige Baustelle auf. Teileröffnung, ja. Eine komplette Fertigstellung in naher Zukunft jedoch scheint mir im wahrsten Sinne des Wortes noch nicht in Stein gemeißelt.

Fakt ist, sobald die Pforten des GEM geöffnet sind, wird es zur Touristenattraktion Nummer eins werden. Lohnt sich dann überhaupt noch der Besuch im alten Ägyptischen Museum? Was geschieht mit den etwa 150 000 Fundstücken, die in altmodischen Holzkästen und in überfüllten Sälen und Magazinen lagern? Welche Exponate werden ihren angestammten Platz behalten dürfen?

Februar 2023: Das neue Giseh-Museum wirkt in Teilbereichen noch unfertig

Naht womöglich das Ende des Museums am Kairoer At-Tahrir-Platz? In den letzten Jahren lockte das 1900 im neoklassizistischen Stil erbaute Meisterwerk vor allem mit Öffnungszeiten am Abend. Dieser Einladung sind meine Gefährtin und ich mehrmals gefolgt. Der Besuch ermöglichte uns ein fast menschenleeres und ungestörtes Lustwandeln zwischen den dichtgedrängten Altertümern.

Die reiche Sammlung ist eine wahre Fundgrube an geschichtlichen Unglaublichkeiten, auch wenn sich viele Schaustücke zuletzt dem Publikum verhüllt präsentierten, ins Depot gewandert sind oder direkt ins neue Museum ausgelagert wurden. Was geschieht nun mit den übrigen Beständen? Ziehen sie demnächst ebenfalls ins GEM um? Meine Sorge gilt vor allem jenen mysteriösen Artefakten, die mir bereits beim Erstbesuch als Jungspund aufgefallen waren und für Prä-Astronautik-Fans von besonderem Interesse sind. Dazu zählt die »Taube von Sakkara«, die einige Charakteristika besitzt, die dem Modell eines Segelflugzeugs gleichen. Oder die wundersame »Scheibe von Prinz Sabu«. Auch sie erinnert verblüffend an ein technisches Objekt aus unseren Tagen. Werden die kuriosen Exponate im großen Giseh-Museum einen würdigen Platz finden oder irgendwann in verstaubten Kellerarchiven vergessen sein?

Aus dem Munde des Ägyptologen Ahmed kommen beruhigende Worte: »Das Museum wurde renoviert und bleibt geöffnet! Es sind dort viele einzigartige Stücke verblieben, die nun dank des gewonnenen Platzes umso besser ausgestellt sind, auch die Sakkara-Taube und die Sabu-Scheibe. Soweit bekannt, sollen diese Exponate im alten Gebäude verbleiben. Andere Schätze, wie die Goldmaske von Tutanchamun, sind derzeit noch ausgestellt, werden aber im Zuge der Eröffnung den Weg ins neue Museum finden.« Eine willkommene Nachricht für alle Mystery-Fans. Sie fordert geradezu dazu auf, die lieb gewonnene Wunderkammer erneut zu besichtigen.

Entweihter Pharaonenpalast

Das alte Ägyptische Museum liegt in der Innenstadt von Kairo am symbolträchtigen Maidan at-Tahrir, dem »Platz der Befreiung«. Im Februar 2011 lag hier das Zentrum der regimekritischen Bewegung gegen die totalitäre Regierung. Die Massenproteste führten zum Sturz des Machthabers Husni Mubarak. Es folgten freie Wahlen, bei denen Vertreter der Muslimbruderschaft als Sieger hervorgingen. Doch von echter Demokratie wollten die gottesfürchtigen Islamisten nichts wissen. Das Ziel der allmählichen Islamisierung der Gesellschaft stieß nicht bei allen Ägyptern auf Gegenliebe. Was nachkam, ebenso wenig: Der »Arabische Frühling« scheiterte, und der Geheimdienstchef General Abdel Fatah el-Sisi putschte sich 2013 mithilfe des Militärs an die Macht. Unter vorgehaltener Hand flüstern mir leidgeprüfte Einheimische zu, dass die Repressalien unter der jetzigen Präsidentschaft schlimmer geworden seien als unter der Vorgängerherrschaft.

Die Wirren der Revolte nutzten Plünderer ungeniert für ihre Beutezüge. Im Museum wurden Mumien und andere altägyptische Relikte zerstört oder verschwanden spurlos. Selbst die Grabbeigaben von Pharao Tutanchamun verschonten die Vandalen nicht.

Direktorin Wafaa el-Saddik, die bis 2010 oberste Schatzhüterin des Museums war, machte Polizei und Sicherheitskräfte für die Untaten verantwortlich: »Das waren die Wächter des Museums, unsere eigenen Leute«, so el-Saddik. Teile der gestohlenen Kostbarkeiten von Tutanchamun tauchten später wieder auf, allerdings in stark beschädigtem Zustand, darunter eine hölzerne Statue und ein Fächer des Pharao.

Schatzsucher, Schützer und Schleichhändler

Diebstahl aus dem Museum? Eigentlich paradox. Denn als im 19. Jahrhundert der Raub von altägyptischen Grabschätzen und ihre unerlaubte Ausfuhr immer dreister wurden, beschloss die Regierung den Bau einer großen Museumsstätte, um den kulturellen Frevel zukünftig zu unterbinden. Dafür machte sich der 1821 in Boulogne-sur-Mer geborene französische Ägyptologe Auguste Mariette stark. Als Kurator des Louvre wurde er 1850 nach Ägypten entsandt, um koptische Manuskripte aufzuspüren und zu erwerben. Doch Ausgrabungen begeisterten den jungen Franzosen weitaus mehr; ihn ergriff die Abenteuerlust. Fortan entfaltete er eine emsige Grabungstätigkeit, die unter anderem zur Freilegung des Serapeums in Sakkara führte. Eigenmächtig und ohne behördliche Genehmigung fing er an zu buddeln und entdeckte tatsächlich die Begräbnisstätte der Apis-Stiere. Ihre Sarkophage haben gigantische Ausmaße, wiegen mit ihren Abdeckungen bis zu 100 Tonnen und wurden leer aufgefunden. Griechische Gelehrte hatten schon in der Antike über das unterirdische Totenreich berichtet, doch alle Bemühungen, den Eingang aufzuspüren, verliefen jahrhundertelang buchstäblich im Sand.

An der Freilegung der Hathor-Kultstätte in Dendera war Mariette ebenfalls maßgeblich beteiligt. Mit feinem Strich, nur unter schwachem Schein von Öllampen, kopierte er ab 1859 fleißig und akribisch die unbekannte Unterwelt der Tempelanlage. Unter den transkribierten Texten und Bildern sind auch jene ungewöhnlichen Reliefdarstellungen, die heute als »Glühbirnen von Dendera« für hitzige Debatten sorgen. Mariette hat seine Studien erst Jahre später, 1870, in seinem fünfbändigen Werk über Dendera veröffentlicht. Die Wälzer enthalten keine Fotos, nur Zeichnungen, sind aber Ägyptologen und alternativen Forschern noch heute eine wertvolle Quelle. Im 19. Jahrhundert steckte die Fotografie noch in den Kinderschuhen, und auch das Wissen um elektrischen Strom war Neuland. Die epochale Erfindung der Glühbirne glückte dem amerikanischen Elektroingenieur Thomas Alva Edison (1847–1931) erst 1879. Verständlich, dass Mariette in Abbildungen, die »Schlangen innerhalb blasenförmiger Gebilde« zeigen, nichts Technisches zu erblicken vermochte.

Nach der Berufung zum Direktor des ägyptischen Altertumdienstes (Service des Antiquités de l'Égypte) gründete Mariette 1863 das erste ägyptologische Museum im Kairoer Stadtteil Bulaq. Bereits nach wenigen Jahren platzte das Haus aus allen Nähten und konnte die Fülle der Exponate nicht mehr fassen. Darauf regte der Franzose den Bau einer noch größeren Ausstellungsstätte an, die über verschiedene Zwischenlager schließlich im heutigen Gebäude am belebten Tahrir-Platz gipfelte.

Die Eröffnung im Jahre 1902 hat der Begründer der ägyptischen Denkmalpflege nicht mehr miterlebt. Mariette, der für seine Verdienste mit dem Ehrentitel »Pascha« ausgezeichnet wurde, starb bereits 2 Jahrzehnte zuvor am 18. Januar 1881 in Kairo. Sein Grabmal befindet sich westseitig zum Nil im Garten des Museums. Es ist als halbkreisförmiger Marmorbau angelegt, der den Sarkophag und eine große Statue des berühmten Denkmalschützers enthält. Ein Schlingel war der Franzose trotzdem. Denn obwohl wir es seinem Engagement zu verdanken haben, dass wir heute die größten Schätze altägyptischer Kunst in Kairo bewundern können, schmuggelte Auguste Mariette fast 7000 Kunstschätze nach Paris!

Altmodische Anziehungskraft

Immer wenn mich eine Reise nach Kairo führt, gehört der Besuch des Ägyptischen Museums zum begehrten Pflichtgang. Schon unzählige Male hatte ich das Vergnügen, in dem mit Kunstschätzen überfüllten Gebäude auf Spurensuche zu gehen. Für Minimalisten muss das Ganze ein Alptraum sein. Nicht so für mich. Als ergrauter Romantiker schätze ich das altmodische Flair, brauche weder eine seelenlose Audioerklärung noch eine Videobegleitung. Lieber lasse ich mich von mysteriösen Museumsfunden überraschen, die in angestaubten Vitrinen oder im hintersten Winkel eines Saales wenig Beachtung finden. Wollte man alle Antiquitäten im Erd- und Obergeschoss in Augenschein nehmen, vom winzigen mumifizierten Mistkäfer bis zur kolossalen 7 Meter hohen Statuengruppe von Amenophis III., so bräuchte es Wochen, zumindest aber Tage. Zudem fehlt im dichten Gedränge von Tausenden Touristen zumeist auch die Muße, um sich einzelnen Schätzen genauer zu widmen.

Viele erstaunliche bis rätselhafte Funde können im Sammelsurium der Flure und Säle leicht übersehen werden. Wer glaubt, er hätte sich einen guten Überblick zu den Meisterwerken verschafft und kenne die bedeutendsten Exponate, wird beim nächsten Besuch garantiert eines Besseren belehrt. Bisher Unbekanntes kann dann unvermittelt ins Auge springen. Mit dem Wissen, dass das Ägyptische Museum mit seiner mannigfachen Vielfalt an pharaonischem Vermächtnis erhalten bleibt, bin ich erleichtert und schaulustig. Wie präsentiert sich der renovierte Wissenstempel den Liebhabern ägyptischer Kunst? Wird die Neugestaltung im Wettstreit zum großen Giseh-Museum bestehen? Welche Änderungen und Umbauten sind noch geplant? (Siehe Abb. 1 im Farbbildteil.)

Sonnenkind Ihi

Mit meiner Herzdame stehe ich an der Pforte zum frisch herausgeputzten Ägyptischen Museum. Mit dabei ist der junge Ägyptologe Mostafa Dahshor, ein Neffe unseres Gastgebers Prof. Osman. Von der Ägyptologie allein kann Mostafa nicht leben, deshalb ist er heute als erfolgreicher Reisemanager tätig und organisiert für besondere Touren die notwendigen Sondergenehmigungen. Seine Masterarbeit hat den Hathor-Tempel von Dendera zum Inhalt. Dabei gilt dem jugendlichen Gott Ihi sein bevorzugtes Interesse. »In der ägyptischen Mythologie ist die Göttin Hathor die Mutter von Ihi«, weiß Mostafa, »und der Horus von Edfu, auch als Lichtgott Hor-Behdeti verehrt, sein Vater«.

Dargestellt wird Ihi meist als nackter Knabe. Mit Jugendlocke erscheint er erst in der griechisch-römischen Zeit (ab 332 v. Chr.). Auf Abbildungen aus dem Neuen Reich (1550 bis 1070 v. Chr.) ist er noch mit einem Stern oder einer Maat-Straußenfeder auf dem Kopf zu sehen. Belegt ist Ihi bereits seit dem Alten Reich. Häufig hält er in einer Hand einen sonderbaren Kultgegenstand, der Sistrum genannt wird. Er besteht aus einem Handgriff und einem hufeisenförmig gebogenen Oberteil. Lose Metallplättchen erzeugten ein Rasselgeräusch. Zwischen Griff und Hufeisen erkennt man den Kopf der Hathor. Das Sistrum war eines der wichtigsten Musikinstrumente, das bei den Kulten um Ha-

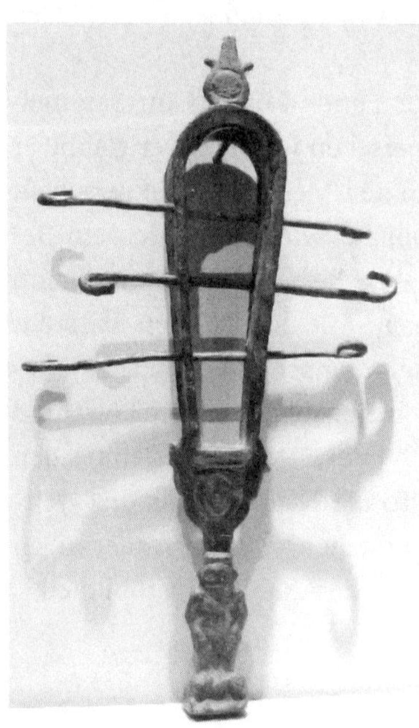

Hathor-Sistrum-Kultobjekt des Ihi

thor und Isis verwendet wurde. Als Ursprung wird der Fetisch eines Kuhschädels angenommen, der später zu einem Sistrum umgewandelt wurde.

Ausgestattet mit diesem Klanginstrument wurde Ihi zum Gott der Musikanten. Der Jüngling agierte ebenso in der religiösen Vorstellung des Totengerichts, wo er als Richtgott für die Übeltaten des »zu lauten Schreiens und Herumtönens« zuständig war. Allmächtiger! So ein Bursche fehlt uns. Bei dem Krawall und Kriegsgetöse in aller Welt hätte Ihi heutzutage viel zu tun.

Die Geräusche des Sistrums ähneln den Zischlauten einer Königskobra. Interessant dabei ist, dass Ihi in Dendera und Edfu mit der Erscheinungsform des Harsomtus gleichgesetzt wird. »Harsomtus« wiederum ist der griechische Name für eine Gottheit, die (im Gegensatz zu Sema-taui im Mittleren Reich) erst ab dem Neuen Reich als Nebenform des Horus in Erscheinung tritt. Und er ist jene Gottheit, die auf den strittigen Wandreliefs als »erhabene Schlange im blasenförmigen Körper« dargestellt ist. Ägyptologen setzen Harsomtus mit der aufgehenden Sonne in Beziehung, dagegen erkennen Elektroingenieure wie Walter Garn im leuchtenden Harsomtus die Wiedergabe einer »elektrischen Entladung«. Mostafa Dahshor kann sich noch gut daran erinnern, dass während seiner Studentenzeit auch über die »Glühlampen von Dendera« hitzig diskutiert wurde. Wie sein berühmter Onkel will aber auch er nicht recht an antike Leuchtkörper glauben und hält die ägyptologische Lesart für die wahrscheinlichere Erklärung.

Wo sind die Relikte aus den Dendera-Krypten?

Manche Fachgelehrte der Ägyptologie mutmaßten, dass die an Glühlampen erinnernden Abbildungen lediglich »Fantasieprodukte« seien. Die ersten Übersetzungsbemühungen von Prof. Dr. Dieter Kurth aus den Anfängen der 1980er-Jahre widerlegten diese Annahme. Die Begleittexte der »Glühlampen«-Reliefs hat der

Ägyptologe als »Lebender Ba, eine Schlange, die sich auf ihrem Schwanz aufgerichtet hat …« entziffert. Und an anderer Stelle: »Harsomtus in Gestalt einer Schlange verlässt den sackartigen Behälter.« Gedanken an »Leuchtkörper« kamen dem Stellvertretenden Institutsdirektor aus Hamburg zwar nicht, dennoch sind die abgebildeten »Kultgegenstände« für Kurth nicht bloß Ausgeburten der Fantasie: »… diese rundplastischen Figuren wurden wahrscheinlich in den Krypten aufbewahrt, denn sie enthalten Beischriften zu Größe und Material.«

Neuere Studien, allen voran die Übersetzungen von Prof. Dr. Wolfgang Waitkus aus dem Jahr 1991, bestätigten diese Hinweise. Was aber geschah mit den wertvollen »Kultobjekten« aus Gold und Edelsteinen? Wurden sie aus den Katakomben geraubt, zerstört, oder könnten Teile davon noch existieren? Vielleicht irgendwo versteckt in verstaubten Kellerarchiven oder privaten Kunstsammlungen? Durchaus möglich. Die Abtragung des kompletten Schutthügels rund um das Hathor-Heiligtum erstreckte sich bis ins 20. Jahrhundert. Das war die Ära der Grabräuber, die das Tempelgelände auf der Suche nach Schätzen durchwühlten. Ägyptologen verweisen auf »kultische Relikte aus den Krypten des Hathor-Tempels«, die dort »1918 am Heiligen See wiedergefunden« wurden. Sie sollen ins Ägyptische Museum nach Kairo gelangt sein. Tatsächlich gibt es dazu Inventar-Registrierungsnummern. Sie lauten: Ägyptisches Museum Kairo, Journal d'entrée 46 351 bis 46 383.

Bisher sind alle Bemühungen gescheitert, die verschollenen Artefakte wieder aufzutreiben. Meine Freunde aus der ägyptologischen Fachwelt wollen dennoch einen neuen Ermittlungsversuch starten. Bis dahin heißt es, sich weiter in Geduld zu üben. Spuren zur Himmelsgöttin Hathor und ihrem zentralen Heiligtum in Dendera gibt es im Museum jedenfalls zur Genüge. Einen Wink dazu bekommen wir bereits vor dem markanten Haupteingang. Mostafa deutet hinauf zur rot gefärbten Außenfassade. Wir erblicken ein Gesicht mit Kuhhörnern und Sonnenscheibe. Es ist das Haupt der göttlichen Hathor, die als Schlussstein über dem neoklassischen

Torbogen angebracht ist. Menschentrauben, die in der Schlange stehend ungeduldig auf Einlass warten, schenken der »Herrin von Dendera« keine Beachtung. Wir Götterforscher deuten ihr Lächeln als gutes Omen und freuen uns über ihre Begrüßung!

Probleme mit der Narmer-Palette

Nach dem dichten Gedränge an der Pforte und den Sicherheitskontrollen betreten wir die Eingangshalle. Der erste Eindruck: Alles wirkt inzwischen etwas »luftiger«, aufgeräumter, übersichtlicher, aber immer noch recht überfüllt. Im Foyer herrscht wie gewohnt reges Treiben. Bereits in diesem Bereich der Rotonde sind einzigartige Exponate aus den Anfängen der Reichsgründung und aus vordynastischer Zeit ausgestellt.

Im Zentrum steht die über 5000 Jahre alte Narmer-Palette, eines der Prunkstücke im Museum. 64 Zentimeter ist sie hoch, gefertigt aus poliertem graugrünen Schlickstein, beidseitig meisterhaft gestaltet mit Reliefs. Entdeckt wurde das Kunstwerk Ende des 19. Jahrhunderts in Hierakonpolis (»Stadt der Falken«), 15 Kilometer nordwestlich von Edfu. In prä- und frühdynastischer Zeit war der Ort eines der wichtigsten religiösen Zentren Oberägyptens und Hauptkultstätte des Himmelsgottes Horus. Auf der Tafel ist ein früher Herrscher in siegreicher Kriegspose abgebildet, der seine Feinde unterworfen hat. Die hieroglyphische Inschrift bezeichnet ihn als König »Narmer«. Die Rückseite zeigt ihn mit gewölbter weißer Krone, dem königlichen Symbol für Oberägypten, wohingegen er auf der Vorderseite mit der »roten Krone« von Unterägypten dargestellt ist.

Mit der Vereinigung Ober- und Unterägyptens beginnt die ägyptische Geschichte der Pharaonen, die zu einer fast über 3000 Jahre andauernden Herrschaft führte und erst mit der Eroberung durch die Griechen und Römer endete. Die Pharaonen verstanden sich als direkte Abkömmlinge der mythischen Götter, die der Überlie-

Rückseite der Narmer-Palette

ferung nach Jahrtausende vorher vom Himmel gestiegen waren und in Ägypten herrschten. Deshalb besaß jeder ägyptische König einen persönlichen Horusnamen in Erinnerung an die göttliche Herkunft. Ganz ähnlich verhält es sich mit der pyramidenförmigen Rangfolge in der katholischen Kirche. An der Spitze steht der Pontifex, der nach seiner Wahl anstelle des Taufnamens seinen persönlichen Papstnamen annimmt und als irdischer Stellvertreter Christi das Kirchenvolk leitet. Frühere Päpste trugen bei feierlichen Anlässen eine Papstkrone. Sie wird Tiara genannt und ist eine hohe kegelförmige Kopfbedeckung mit Goldreif. Man könnte sie auch für eine Pharaonenkrone halten.

Mit Eigenname und Horusname war es bei den Pharaonen aber noch lange nicht getan. Sie trugen zusätzlich noch den Nebtinnamen (auch Herrinnenname genannt), den Thronnamen und den Goldnamen, also fünf Namen in jedem Fall plus Beinamen und wahrscheinlich auch Kosenamen. Mit dem ganzen Tohuwabohu hinsichtlich der Namensgebung ist auch ein Streit um die korrekte Chronologie ägyptischer Geschichte entbrannt. Von manchen Königen sind nur ihre Horusnamen bekannt. Das führt auch bei der Narmer-Palette zu wissenschaftlichen Debatten. Das Problem: Narmer wird anhand der Palette mehrheitlich als Reichseiniger Ägyptens angesehen, der namentlich zwar durch andere Funde historisch belegt ist, dessen Regentschaft jedoch in keiner heute bekannten Königslisten verzeichnet ist. Davon abgesehen hat bereits um 3100 v. Chr. ein König regiert, der Skorpion II. genannt wurde und die Weiße Krone des Südens trägt. Einige Experten wiederum setzen Skorpion II. mit Narmer gleich. Wer also war der erste Pharao? Wie weit reicht die Herrschaft der Gottkönige zurück in prädynastische Epochen?

Nach griechischen Quellen, Jahrtausende später verfasst, war König Menes (um 3000 v. Chr.) der Reichseiniger und Gründer der ersten Pharaonendynastie. Einige Gelehrte setzen Menes mit Narmer gleich. Andere vermuten, dass die Person Narmer mit König Hor-Aha identisch ist. Wiederum andere bezweifeln, dass die Palette überhaupt die Vereinigung Ägyptens darstellt. Es könnten, so wird spekuliert, auch ganz andere Geschehnisse abgebildet sein. Selbst die Frage, ob die Bilder womöglich gar kein historisches Ereignis illustrieren, sondern lediglich als »Metapher« verstanden werden sollen, steht zur Diskussion. Was bleibt, ist der Eindruck großer Unsicherheiten in der Beurteilung historischer Quellen.

Ungeheuerliches

Nicht nur der Namenswirrwarr macht stutzig. Die Palettenvorderseite zeigt zwei seltsame Kreaturen mit langen verschlungenen Hälsen und Löwenkörpern. Sie bilden eine zentrale kreisrunde Vertiefung, die, so wird angenommen, dem Anrühren von Schminke diente. Die abgebildeten Wundertiere werden als Serpopard, Schlangenhalspanther oder Schlangendrache bezeichnet, doch aus alten Texten ist kein Name für diese Mischwesen bekannt. Es ist keineswegs die einzige Darstellung dieser Art. Im Ashmolean Museum der Universität in Oxford ist das gleiche Motiv auf einer Palette aus Hierakonpolis unter der Listenangabe E 3924 ausgestellt.

Erneut streiten sich die Gelehrten über die ursächliche Bedeutung der merkwürdigen Wesen. Einige Ägyptologen halten die beiden verschlungenen Geschöpfe auf dem Narmer-Relikt für ein Symbol der Reichsvereinigung. Die gängigste These erkennt schlicht mythologische Fabelwesen. Wenn das stimmt, sie also nur Ausgeburten der Fantasie sind, warum werden die Monstren dann von zwei Männern an der kurzen Leine gehalten? Ein Fall für die Kryptozoologen? Berichte über Begegnungen mit saurierartigen Urzeitviechern reichen vom Altertum bis hinein in die Neuzeit. Wir finden sie auf zahlreichen Kunstwerken, auf römischen Mosaiken genauso wie auf Petroglyphen im Amazonas oder auf Nachlässen der Anasazi-Kultur im Südwesten der USA.

Was noch auffällt: Es muss einen alten direkten Kulturtransfer mit Mesopotamien gegeben haben. Wie sonst ist zu erklären, dass sich zeitgleich (um 3500 bis 3000 v. Chr.) im Zweistromland haargenau die gleichen Motive auf Stempelsiegeln finden? Eine wirklich überzeugende Deutung für die bizarren Bildprogramme sucht man in den Annalen der Wissenschaft vergeblich. »Schlangenhalspanther sind die Manifestationen des chthonischen Aspekts des Gottes der natürlichen Vitalität, der sich in allem Leben manifestiert, das aus der Erde hervorbricht«, lautet einer der bemühten Erklärungsversuche für das Unverstandene. (Siehe Abb. 2 im Farbbildteil.)

Die Herkunft der Himmelsgöttin Hathor

Im Gräberfeld von Tarchan, 50 Kilometer südlich von Kairo gelegen, wurden königliche Relikte aus der 0. Dynastie entdeckt, darunter Gefäße, die den eingravierten Namen Hat-Hor (beziehungsweise Hor-Hat) tragen. Ägyptologen schließen nicht aus, dass sie zum Vermächtnis eines Pharao gehören, der um 3100 v. Chr. regierte. Angesichts des derzeit spärlichen Fundmaterials sind genauere Angaben aber nicht möglich. Auffällig ist die namentliche Ähnlichkeit zur Göttin Hathor, auch wenn die Lesart umstritten ist. Ob es eine mythologische Brücke zur Himmelsgöttin gibt, ist unklar.

Was wir belegt wissen, ist, dass Hathor eine der ältesten ägyptischen Gottheiten ist, die man meist als Kuh mit sternenübersätem Leib darstellte oder als menschliches Gesicht mit Kuhohren, Hörnern und Sonnenscheibe. Sie ist eine der wenigen Gottheiten, die mit frontal zugewandtem Antlitz abgebildet wurde. Ihr Name bedeutet »Haus der Gesichter«, die in die Zukunft und zugleich in die Vergangenheit blicken konnten. Später wurde daraus »Haus des Hor«. Hor steht für den Falkengott Horus. Hathor war eng mit dem Königtum verknüpft und diente als göttliche Amme, die die zukünftigen Pharaonen beschützte. Wird Hathor als stehende oder sitzende Mutter dargestellt, die dem Pharao oder ihrem Sohn Ihi die Brust reicht, dann ist sie sehr leicht mit der Göttin Isis, die den Horusknaben stillt, zu verwechseln. Selbst Ägyptologen können die beiden Göttinnen oft nur anhand der Beischrift ihres Namens voneinander unterscheiden.

Wie wurde Hathor zur allumfassenden Muttergöttin des Himmels und der Liebe? Ihre Ursprünge verlieren sich im Nebel der Geschichte. Bereits auf der Narmer-Palette sind ihre Merkmale am oberen Rand zu entdecken: zwei Rinderköpfe in Vorderansicht mit menschlichem Gesicht. Sie flankieren beide Seiten der Tafel, wobei die Vorderseite noch ein zusätzliches Detail enthält: Auf dem Gürtel des siegreichen Königs sind vier Hathor-Säulen eingraviert. Ägyptologen nehmen an, dass nicht Hathor selbst dargestellt ist, sondern die ältere Kuhgöttin Bat, die im Alten Reich mit Hathor mythologisch verschmolz. Die kosmologische Verbindung zur »Schöpferin des Alls« (ähnlich wie bei der Göttin Nut) ist bei beiden Göttinnen gegeben.

Bat wird innerhalb der ägyptischen Mythologie als »Vergöttlichung des Kosmos« und als »Symbol der Milchstraße« angesehen – eine religiöse Vorstellung, die lange vor dem offiziellen Beginn der ersten Pharaonendynastien bestand. Historiker assoziieren den Namen Bat mit der weiblichen Form des Begriffs »Ba«, der ähnlich wie »Ka« mit einem Teilaspekt der »Seele« verbunden wird. Er kann aber auch als »Macht« oder »Gott« gelesen werden. Mit der Verehrung von Bat sind die frühesten Belege über religiöse Praktiken im alten Ägypten verbunden.

Archaischer Himmelskult

Die ältesten Spuren der kosmischen Himmelskuh reichen weiter zurück, als man gemeinhin annehmen möchte. Dazu gibt es ein interessantes Museumsstück, das in einer Vitrine nahe der Narmer-Palette ausgestellt ist. Es ist ein nur etwa 10 Zentimeter großes Schieferplättchen aus der Oase Fayum, das einen stilisierten Kuhkopf mit Sternen hervorhebt. Vor 5600 Jahren wurde es angefertigt und ist damit deutlich älter als die bekannten Aufzeichnungen zu Bat und Hathor. Der Fund wird der prädynastischen Naqada-Kultur zugeordnet, die um 4500 v. Chr. begann und 3000 v. Chr. endete.

Das Plättchen deutet auf eine Verehrung der Sterne und eine tiefe Verbundenheit mit ihnen. »Die frühesten Belege zeigen nicht die Sonne, sondern einen Stern zwischen den Hörnern der Himmelskuh«, bemerkt dazu der deutsche Religionswissenschaftler Prof. Jan Assmann. Aus der Fachliteratur erfahren wir weiter, dass »die kosmische Kuh – die All-Mutter – die Schöpferin des Universums ist. Mit dem Schütteln ihres Euters erschafft die gehörnte Mondkuh den Sternenhimmel.« In der Folge sei daraus die Milchstraße hervorgegangen, so die Mythologie.

Für die deutsche Autorin und Psychotherapeutin Dr. Doris Wolf ist die Darstellung der »Großen Göttin« als Kuhkopf kein Zufall: »Sie entspricht genau heutigen wissenschaftlichen Zeichnungen des Uterus mit Ovarien und Eileitern.« Es stimmt, vergleicht man die schematische Darstellung der inneren weiblichen Geschlechtsorgane mit der Abbildung auf dem Naqade-Plättchen, sind die Übereinstimmungen deutlich sichtbar. Das lässt auf erstaunliche medizinische Kenntnisse in der Vorzeit schließen. »Die stilisierte weibliche Figur mit den erhobenen Armen ist eines von verschiedenen Symbolen für die Himmels- und Mondgöttin, die Königin der Sterne, die ihre Kinder sind«, erklärt Wolf. Mond, Frau und Schwangerschaft sind untrennbar miteinander verbunden. Das erklärt, warum frühe Kalender auf Mondphasen und dem weiblichen

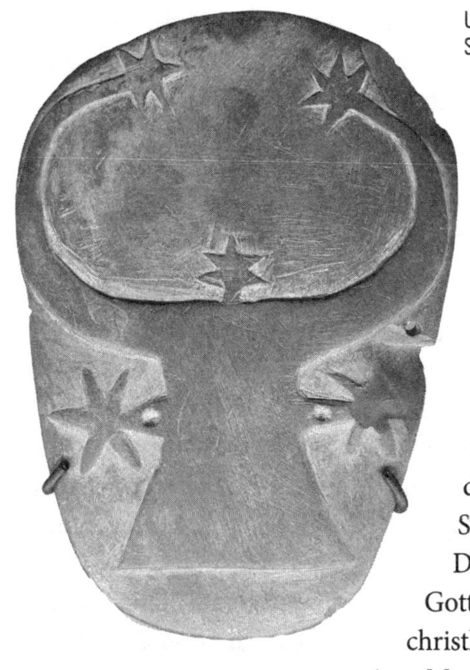
Ur-Hathor, Uterus oder Sternenkult-Relikt?

Zyklus beruhen. Doris Wolf resümiert: »Die offensichtliche Verbindung des Mondes mit den Menstruationszyklen und dem weiblichen ›Mond-Blut‹, welches im Mutterschoß das ungeborene Leben nährt, machte den Mond zum primären Symbol der Muttergöttin.« Daran erinnert ebenso die Gottesmutter Maria, die in der christlichen Tradition oft auf einer Mondsichel dargestellt wird.

Aus der Nachbarvitrine schlägt mich ein faustgroßes jungsteinzeitliches Köpfchen in seinen Bann. Obwohl nur grob aus Ton geformt, ist diese Rundplastik von außergewöhnlicher Ausdrucksstärke. Farbspuren zeigen, dass die Augen ursprünglich in leuchtendem Rot erstrahlten und der Rest des Gesichtes Gelb. Soweit bekannt, ist es mit etwa 6500 Jahren eines der ältesten modellierten Gesichter aus prädynastischer Zeit. 1982 hatten es Forscher des Deutschen Archäologischen Instituts in Merimde ausgegraben, 45 Kilometer nordwestlich von Kairo. Dort liegen die Spuren einer neolithischen Siedlung mit Wurzeln nach Vorderasien. Etwas seltsam muten die Skelettfunde dieser Kultur an. In den Gräbern wurden vorwiegend die Überreste von Frauen gefunden, die größer und kräftiger gebaut waren als die Menschen nachfolgender Kulturen. Ihre »Langköpfe« waren im Verhältnis zu ihrer Breite länger als man anatomisch erwarten würde. Das kleine Tonköpfchen weist Löcher auf, die vermuten lassen, dass es mit

Haaren versehen und auf einen Stock aufgesetzt worden war. Wem gehörte das Zepter? Einer himmelskundigen Priesterin oder einer Urschamanin, welche die »große Mutter« verehrte? (Siehe Abb. 3 im Farbbildteil.)

Die Wunderschale des Prinzen Sabu

Ein paar Schritte vor der Narmer-Palette entfernt liegt etwas versteckt in einer Vitrine eines der attraktivsten Exponate für Prä-Astronautik-Fans: Die Scheibe des Prinzen Sabu! Ihr angestammter Standort befand sich ursprünglich in Saal 42 des Obergeschosses, in dem Funde aus der Frühzeit ausgestellt sind. Vorübergehend war dieses technisch anmutende Einzelstück verschwunden, und man spekulierte schon, es sei im Depot gelandet, um ins neue Giseh-Museum umzuziehen. Dem ist zwar nicht so, trotzdem ist das Kuriosum leicht zu übersehen. Erst als sich unser Trio um die Vitrine versammelt, nähern sich auch andere Besuchergruppen und fragen: Was zum Kuckuck ist das für ein seltsames Ding?

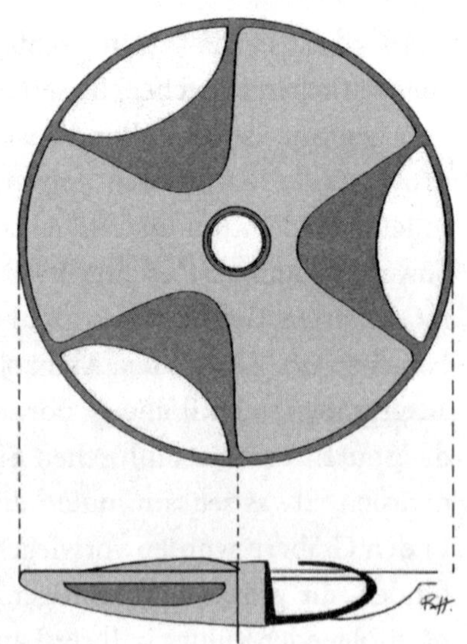

Schematische Darstellung der Sabu-Scheibe

Die offizielle Auskunft dazu ist äußerst dürftig. In der Objektbeschreibung heißt es unschlüssig: »Dieses ungewöhnlich geformte Objekt stammt aus dem Grab von Sabu, einem hohen Beamten im Dienste der Könige der 1. Dynastie Den und Adjib. Es könnte für königliche oder religiöse Zeremonien verwendet worden sein, entweder als Teil eines Opfertabletts oder als Stütze für ein Gefäß oder einen Korb. Er könnte aus zwei Teilen bestanden haben, von denen jedoch nur einer erhalten ist. 1. Dynastie, etwa 2980–2770 v. Chr., Sakkara (Grab von Sabu), Schiefer, JE 71295.«

Weitere ägyptologische Hypothesen schließen nicht aus, dass es ebenso gut der »Sockel einer Öllampe«, ein »zeremonielles Räuchergefäß«, eine »dekorative Vase«, ein »pharaonischer Blumentopf« oder der »Stabaufsatz einer Kultkeule« sein könnte. Was also war die wirkliche Bestimmung dieser Wunderschale? Darüber zerbrach sich bereits der britische Ägyptologe Walter B. Emery (1903–1971) den Kopf. Er entdeckte das Ausnahmeartefakt 1936 am äußersten Nordzipfel des »archaischen Friedhofs« von Sakkara. Dort lag es zentral platziert im Herzen des Mastaba-Grabes 3111, der letzten Ruhestätte von Prinz Sabu. Viel wissen wir nicht über den Verstorbenen, nur dass er der Sohn des Pharao Adjib war und Verwalter einer Provinzstadt, die »Stern aus der Familie des Horus« genannt wurde.

Seine wundersame Grabbeigabe hat einen Durchmesser von 61 Zentimetern, weist eine maximale Höhe von etwas mehr als 10 Zentimetern auf und besteht aus drei symmetrisch nach innen gefalteten »Flügellappen«, die mit dem »Telleraußenrand« verbunden sind. In ihrer Mitte besitzt diese »Rundschale« eine etwa 10 Zentimeter tiefe röhrenförmige Bohrung mit zwei parallelen Rillen. Nur eine triviale Verzierung oder ein Drehverschluss? Emery notiert in seinem Grabungsbericht: »Für das seltsame Design dieses Objekts konnte bislang keine zufriedenstellende Erklärung gefunden werden«. Optisch erinnert der kreisrunde Gegenstand an ein Lenkrad mit Speichen, eine Art Rotations-Propeller oder an eine Schiffsschraube. Aber was hat ein so modern anmutender Gegenstand in einem fast 5000 Jahre alten Grab zu suchen? (Siehe Abb. 7 im Farbbildteil.)

Ungeklärte Steinbearbeitung

Lässt sich eine technologische Funktion nachweisen? Diese Frage ließ mir schon vor 20 Jahren keine Ruhe. Deshalb wandte ich mich an den Raumfahrtingenieur Josef F. Blumrich (1913–2002) und bat um seine Einschätzung. Der Österreicher wanderte 1959 in die USA aus und übernahm bei der NASA die Leitung der Abteilung »Projektkonstruktion«. In dieser Position war er für die Vorplanung der großen Antriebsstufe der Saturn-V-Mondrakete verantwortlich, die 1969 die Apollo-11-Astronauten erfolgreich zum Mond beförderte. Der Experte im Raketenbau antwortete mir brieflich am 29. August 1994: »Wie so oft sind alte Dinge doch sehr interessant anzusehen. Über dem von Ihnen gesandten Material habe ich wiederholt gesessen und auch die Anmerkung dazu gelesen. Auf den ersten Blick sieht die Schale wie etwas ›Technisches‹ aus; aber ich habe keine Ähnlichkeit mit irgendeinem tatsächlichen technischen Detail finden können.«

Nicht nur der Verwendungszweck ist ungeklärt, die exquisite Steinbearbeitung ist ebenfalls ein Mysterium. Emery fand die Grabbeigabe in mehrere Stücke zerbrochen; Grabräuber waren dem Ägyptologen zuvorgekommen. Offenbar achtlos waren die Diebe über den Gegenstand hinweggetrampelt und hatten ihn einfach liegengelassen. Für die Archäologie ein Glücksfall. Erst als mit der Restaurierung die einzelnen Puzzleteile wieder aneinandergefügt worden waren, offenbarte sich seine harmonische Formgebung und grazile Schönheit. Das Erstaunliche: Materialanalysen ergaben, dass die radialsymmetrische Konstruktion sorgfältig aus einem einzigen Schieferblock geschnitzt wurde!

Die Bearbeitung ist so formvollendet ausgeführt, dass man annehmen könnte, der Gegenstand sei gegossen worden oder bestünde aus Porzellan. Winzige Schleifspuren am Relikt verraten, dass die Oberfläche spiegelglatt poliert wurde. Wie dieses Meisterstück frühzeitlicher Steinbearbeitung entstanden ist, weiß man nicht genau, denn: Das Gestein ist zwar mit Kupferwerkzeugen, Feuerstein, Meißel,

Schaber und Handbohrer leicht zu bearbeiten, aber die filigranen Elemente können bei unsachgemäßer Handhabung rasch brechen oder zersplittern. Die Herstellung der hauchdünnen »Schaufeln« setzt hochpräzises Können voraus. Kaum vorstellbar, dass der Künstler ohne vorherige Berechnung und geometrische Schablonenhilfe losgewerkelt hat. Was aber war der wahre Zweck dieser »Schale« in raffinierter propellerartiger Formgebung, die kein Fachgelehrter im Grab eines Adeligen der 1. Dynastie vermuten würde?

Technische Erklärungsversuche

Ein praktischer Gebrauch scheint angesichts des zerbrechlichen Materials eher unwahrscheinlich. Bei der Hypothese vom »Rotationskörper« würde der Mechanismus einer starken Belastung nicht lange standhalten. Das gab auch Josef F. Blumrich zu bedenken: »Schiefer oder der im Grabungsbericht erwähnte Alabaster sind beide ziemlich weiche Gesteine, die wegen ihrer raschen Abnutzung bei ernsthafter Verwendung technisch kaum brauchbar wären.«

Bliebe noch die Idee, dass das »Etwas« lediglich die steinerne *Nachbildung* eines technischen Gerätes ist, das ursprünglich aus Metall bestanden haben könnte. Raketenkonstrukteur Blumrich schloss diese Möglichkeit nicht aus, bedauerte aber, dass er dazu »leider keine Vergleichsmöglichkeit« besitze. Die Vermutung, dass Sabus Wunderschale »die Form eines anfänglich metallischen Objektes kopierte«, hat auch der britische Ägyptologe und Kunsthistoriker Cyril Aldred (1914–1991) in Erwägung gezogen. Wenn es jemals ein Original aus Metall gegeben hat, müsste die Vorlage noch älter gewesen sein und könnte zum Beispiel aus Kupfer bestanden haben.

Hypothesen zur möglichen technischen Anwendung gibt es viele. Einige Forscher und grenzwissenschaftliche Autoren erkennen im Rätselfund die Nachbildung einer Schiffsschraube, eine altägyptische Turbine, den mechanischen Teil eines Pumplaufrades oder ein Teslaventil für Wasserleitungen. 1993 folgte der deutsche Buchautor und

Hobbyhistoriker Klaus Aschenbrenner den Spuren der »Antiliden«, die er für die erste technische Hochzivilisation hält. In der Sabu-Scheibe vermutet er ein Relikt, das bei Rotationsbetrieb im Wasser »einen Schub« erzeugt. Praktische Experimente mit einem Holzmodell im verkleinerten Maßstab 1:10 hätten das bestätigt. Jüngste Experimente mit synthetischen Kopien aus dem 3D-Drucker kommen zu ähnlichen Resultaten: In rotierende Bewegung versetzt, verdrängt die Sabu-Scheibe das Wasser und erzeugt einen starken Wirbel. Sie könnte demnach Bestandteil einer Zentrifugalpumpe gewesen sein.

Die kühnste Spekulation verknüpft die Sabu-Scheibe mit dem Antriebsaggregat von Flugmaschinen. Der amerikanische Prä-Astronautiker und Forscher Zecharia Sitchin (1920–2010) deutet die archäologische Anomalie als »Schwung- oder Flugrad in einem hoch entwickelten Design, das Energie in seinem dünnen Ringrahmen speicherte und in einem flüssigen Schmiermittel rotierte.« Schwungräder kommen in einem Spielzeugkreisel genauso zur Anwendung wie in der Fahrzeugtechnik bei Moped, Auto oder Bahn. Sie sind auch Bestandteil der Raumfahrttechnik und dienen Satelliten bei der Stabilisierung. Das Grundprinzip zur Erhaltung des Drehimpulses wurde bereits vor rund 6000 Jahren mit den ersten Schwungscheiben zum Töpfern erkannt.

Feuerschale oder fliegende UFO-Scheibe?

Im März 2018 befasste sich auch die populäre ZDF-Sendereihe *Terra X* mit den »Ungelösten Fällen der Archäologie«. Dabei durfte die futuristisch anmutende Sabu-Scheibe natürlich nicht fehlen. Angekündigt wurde, dass Flugzeugingenieure das Rätsel der Wunderschale endlich gelöst hätten.

Tatsächlich brachten Luftstromanalysen im Hamburger Forschungszentrum des Flugzeugherstellers Airbus neue Erkenntnisse. Der Technologieexperte Peter Sanders und sein Team ließen im 3D-Druckverfahren exakte Repliken in unterschiedlichen

Größen und aus diversen Materialen herstellen. Als die Kopien im Windkanal getestet wurden, blieb der erwartete Dreheffekt jedoch aus. Jedes der getesteten Sabu-Modelle erzeugte zwar aerodynamische Eigenschaften wie Auftrieb, aber »als Propeller, Turbine oder Triebwerk waren sie nicht geeignet«. Die Funktion als technische Apparatur schließt Sanders für die Sabu-Scheibe aus, weil »die Schaufeln beidseitig symmetrisch sind und sich die Effekte dadurch aufheben«. Für überzeugender hält der Ingenieur die These, dass die ungewöhnliche Grabbeigabe eine »Feuerschale für Zeremonien« war. Und wirklich: Füllt man die Metallvariante der Schale mit Spiritus beziehungsweise Lampenöl und entzündet es, so erzeugen die nach innen gebogenen »Flügel« intensive Verwirbelungen, die einen aufsteigenden Flammentanz entstehen lassen.

»Die Untersuchungen haben gezeigt, dass die Verwendung der Wunderschale als Öllampe möglich ist«, erklärt Sanders, fügt aber hinzu, dass dies noch »keine finale Lösung« sei. Zum Spaß warf der Techniker eine Kunststoffreplik auf dem freien Airbus-Gelände mit kräftigem Schwung in die Luft – und siehe da: »Das Ding fliegt wie eine Eins!« War das Sabu-Relikt am Ende ein Wurfgeschoss? Womöglich der älteste Frisbee der Welt? Würde man das Museumsoriginal aus Schiefergestein himmelwärts schleudern, wäre eine Bruchlandung sicher. Die pharaonische UFO-Scheibe wäre dann wieder in jenen ramponierten Zustand zurückversetzt, in dem sie von Walter B. Emery vor fast 90 Jahren in der Gruft von Prinz Sabu entdeckt wurde: zertrümmert in allerhand Einzelteile!

Einige Fragen drängen sich auf: Wenn die »Untertasse« eine allseits gebräuchliche, wenngleich kunstvoll gearbeitete Öllampe war, warum existiert dann nur dieses eine Exemplar? Weshalb findet sich an keinem Ort in der gesamten Pharaonengeschichte etwas Vergleichbares? Nirgendwo gibt es eine textliche Erwähnung oder ein Abbild davon? Wieso kennt niemand die Herkunft des altägyptischen »Science-Fiction-Steintellers«? Es muss Antworten auf die Funktion der Wunderschale geben. Prinz Sabu kannte ihr Geheimnis und nahm es mit auf seine Jenseitsreise. Für immer?

Cheops' Kreissäge

Wenn wir im Erdgeschoss des Kairoer Museums links den Westflügel entlang spazieren, kommen wir zu Statuen und Sarkophagen aus dem Alten Reich. An den Wänden ist eine Galerie von Scheintüren angebracht. Sie waren Bestandteil des Totenkultes und bildeten in Gräbern spezielle Nischen, wo Opfergaben hinterlegt wurden. Die alten Ägypter glaubten, dass durch diese Portale eine Verbindung hergestellt werden konnte, die es der Seele des Verstorben ermöglichte, ungehindert zurück ins Diesseits zu gelangen.

Unterhalb einer dieser Scheintüren befindet sich ein klotziger Sarkophag aus hartem Rosengranit. Er ist etwa 2,30 Meter lang. Das Objekt wurde um 90 Grad nach vorn gekippt und erlaubt so beim Vorbeigehen einen Blick in sein leeres Inneres. Museumsbesucher schreiten achtlos an ihm vorbei. Bisher hatte es auf Nachfrage vage geheißen, die Granitwanne sei in Sakkara entdeckt worden, stamme wahrscheinlich aus der 5. Dynastie, könne aber älter sein. Sie sei in den 1920er-Jahren in den Besitz des Museums gelangt. Der Sarkophag soll nie Bestandteil eines Grabes gewesen sein, sondern sei als unbrauchbare »Fehlproduktion« entsorgt worden. Diesmal jedoch entdecke ich am Fuße des Exponats ein kleines Schild. Entweder ist es neu hinzugefügt worden, oder ich habe es bei meinen früheren Inspektionen übersehen. Oder es verweist, im Zuge einer Verwechslung auf eine andere Totenkiste? Doch der textliche Bezug auf »Sägeschnitt« und Vergleiche mit historischen Fotos lassen keinen Zweifel: Der Text bezieht sich auf dieses Ausstellungstück. Wir lesen: »Unvollendeter Sarkophag von Königssohn Hordjedef, Wächter von Nechen.« Nechen ist der altägyptische Name von Hierakonpolis, dem Fundort der Narmer-Palette.

Von Hordjedef wissen wir, dass er der Sohn von König Cheops war: In der arabischen Wüste zwischen Luxor und dem Roten Meer findet sich auf einer Felsinschrift im Wadi Hammamat sein Name in einer Königskartusche. Das verwirrt die ägyptologische

Gelehrtenwelt, denn Hordjedef trug nie den Titel eines Pharao. In den bisher bekannten Quellen wird ihm immer nur die Rolle des Prinzen zugeschrieben.

Seine leer aufgefundene Grabstätte ist eine Doppelmastaba, die sich auf dem Ostfriedhof am Giseh-Plateau befindet. Die Krypta blieb unvollendet, genauso wie sein Sarkophag. In der Objektbeschreibung heißt es dazu weiter: »Dieser unfertige Sarkophag ist ein wichtiges Beispiel für Sägearbeiten. Die Säger versuchten, einen Teil des Bodens des Sarkophags für den Deckel abzusägen. Der bereits ausgehöhlte Sarkophag wurde nie richtig fertiggestellt, nachdem die Handwerker den Deckel auf halber Strecke durch den Stein gesägt hatten.« Als Datierung wird »4. Dynastie (König Cheops), etwa 2551–2528 v. Chr., Giseh« angegeben mit der Inventarnummer JE 54938.

Wir erfahren also vom gescheiterten Versuch einer gesägten Steinbearbeitung. Großartig, aber wir erfahren nichts darüber, wie und mit welcher Technik die Steinmetze gesägt haben. Um als Besucher überhaupt auf die Idee zu kommen, dass hier Spuren einer verlorenen Steinsägetechnologie verewigt sind, muss man sich hinter den Sarkophag begeben. Dort ist kaum Platz, weil der Granitsarg recht nah an der Wand platziert wurde. Man fragt sich, wieso versteckt man das eigentliche Highlight dieses Ausstellungsstückes? Vielleicht deshalb, weil Ägyptologen nicht schlüssig darüber Auskunft geben können, welche raffinierte Schneidetechnik zum Einsatz kam?

Schnitt durch den harten Granit, präzise wie von einer modernen Kreissäge

Zwängt man sich also in den schmalen Spalt zwischen Rückwand und Sarkophag, wird die Hälfte eines abgebrochenen Sargdeckels sichtbar. Er hängt noch am Sarkophag, weil er nicht restlos von ihm getrennt wurde. Da die andere Hälfte fehlt, ist die Sicht auf zwei saubere Sägeschnitte frei. Sie führen horizontal etwa einen halben Meter ins Gestein hinein, lotrecht von oben circa 60 Zentimeter hinunter und von unten nach oben senkrecht circa 40 Zentimeter hinauf. Dazwischen sind die Sägeschnitte mit Restgestein von circa 10 bis 20 Zentimetern voneinander getrennt. Die Schlitze am Sargaußenrand sind 2 Zentimeter breit und verjüngen sich hinein ins Gestein bis auf wenige Millimeter. Wie wurde das angestellt? Heute würde man eine von Elektromotoren betriebene Steinkreissäge zum Trennen verwenden. Bei Sägeblättern mit mehr als 50 Zentimetern im Durchmesser käme man aber auch an die Grenzen des Machbaren. Die Blätter besitzen einen Stahlkern, auf dem diamantbesetzte Segmente, sogenannte Disken, aufgelötet sind.

Experimente im Labor zeigen, es funktioniert auch mit dünnen Metalldrähten. Sind sie zum Beispiel mit Diamantenstaub als Schleifmaterial beschichtet, kann mit wenig Kraftaufwand Hartgestein präzise geschnitten werden. Stahldrähte im Alten Reich? Dazu ist nichts bekannt. Kupferdrähte gab es sehr wohl. Ließen sich damit in Kombination mit passendem Schleifmaterial ähnliche Effekte erzielen? Ägyptologen bestätigten mir, dass gemahlener Edelsteinstaub entdeckt wurde, darunter auch solcher von Diamanten. Man schenkte diesen Funden in den Anfängen der Ägyptologie keine besondere Bedeutung, da man einen möglichen Zusammenhang mit einer Technologie zur Steinbearbeitung schlichtweg nicht erkannte. Am Giseh-Plateau, besonders im Bereich der Dioritblöcke vom Fundament des Chephren-Totentempels, sind etliche Sägeschnitte und glatte Schleifspuren erhalten, die mit herkömmlichen Methoden nicht einwandfrei erklärbar sind.

Der Naos von Saft el-Henne mit Kernbohrung

Wir verlassen die Logen des Alten Reiches und begeben uns in den östlichen Trakt der Museumsrotunde. Dort ist der Saal Nr. 24 mit Funden der Spätzeit gefüllt. Im hinteren Bereich stehen Bruchstücke eines Götterschreins aus schwarzem Granit (nach anderer Quelle ist es Diorit) mit der Archivnummer Catalogue Général 70021. Er wird als Naos von Saft el-Henne bezeichnet, benannt nach einer Ortschaft, die nahe der heutigen Stadt Zagazig im östlichen Nildelta liegt. Im späten Pharaonenreich war das der Platz des 20. unterägyptischen Verwaltungsgaues, der altägyptisch Hut-nebes hieß und den Beinamen »Tor des Himmels« trug. (Siehe Abb. 4 im Farbbildteil.)

Den Schrein ließ der bedeutende Bauherr und Pharao Nektanebo I. (380–363 v. Chr.) in der 30. Dynastie für den Lokalgott Sopdu errichten. Dieser galt als »Herr der Fremdländer« und als Bezwinger der Schlangengottheit Apophis, die das Reich der Unterwelt bedrohte. Dargestellt wird Sopdu als Mann mit hoher Federkrone oder als hockender Falkengott, was ihn ikonografisch an Horus annähert. Dazu gibt es auch eine Verbindung nach Dendera, denn Sopdu trug den Ehrentitel »Herr über die nordöstlichen Rebellen des Hathor-Tempels«.

In dieser »Kapelle« befand sich eine heilige Götterstatue des Sopdu. Beides zusammen wurde mit anderen Kultobjekten im Allerheiligsten der Tempelanlage von Hut-nebes aufbewahrt. Es gibt außerdem einen noch nicht ganz entschlüsselten astronomischen Bezug, denn in den Pyramidentexten wird Sopdu als Morgenstern Venus genannt. Nach religiös-ägyptischer Tradition galt ein Naos als »Inneres des Himmels« und wurde als »Wohnort der Götter« verehrt. Aus Saft el-Henne stammen noch weitere ähnliche Götterschreine, die Teile eines größeren gemeinsamen Heiligtums gewesen sein dürften. Der hier beschriebene Überrest ist der sonderbarste, auch wenn er unvollständig ist. Seine Maße: 2,40 Meter Höhe, 1,91 Meter

Breite und 2,13 Meter Länge. Angenommen wird, dass das heute nicht mehr vorhandene Dach in Pyramidenform gestaltet war.

Es lohnt sich, den Schrein genauer zu beäugen. Im Inneren liegt am Boden ein Sockel, etwa 60 Zentimeter lang, 30 Zentimeter breit und 15 Zentimeter hoch. Im Zentrum besitzt er eine polierte runde Vertiefung mit konzentrischen Kreisen. Sie misst im Durchmesser 9 Zentimeter und ist nur ein paar wenige Zentimeter tief.

Der Naos von Saft el-Henne

Kernbohrung mit konzentrischen Kreisen

Offensichtlich eine Kernbohrung. Doch wozu? Sie muss eine besondere Bedeutung zu Sopdu haben. War es das Nest des Falkengottes? Lag darin symbolisch das kosmische Weltenei? Dass der Fundort Saft el-Henne den deutschen Begriff »Henne« für Huhn enthält, ist freilich nur ein drolliger Zufall. Seltsam, egal wie lange ich über den »Eierbecher« mit ungewöhnlicher Steinbearbeitung brüte, nirgendwo finde ich eine Information dazu.

Die sinnigste Erklärung: Die Mulde war zur Verankerung einer Tür bestimmt. Kernbohrungen in Hartgestein waren in der Spätzeit kein Hexenwerk. Allerdings finden sich diese präzisen Bearbeitungsspuren bereits im Alten Reich und sogar Jahrhunderte zuvor – in Zeitabschnitten also, in denen Stahlwerkzeuge unbekannt waren. Verstreut am Giseh-Plateau und auf dem Ruinenfeld von Abusir, 11 Kilometer südlich von Kairo, liegen die erstaunlichsten Nachweise. Im Ägyptischen Museum kann man Kernbohrungen an vielen Sarkophagen, Skulpturen und Steingefäßen entdecken. Auf einem schüsselartigen Objekt, etwa 10 Zentimeter im Durchmesser, sind gleich acht röhrenförmige Spuren zu sehen, die nach dem Entfernen der Kerne entstanden sind. Das Granitgefäß JE 18758 liegt in einer Vitrine im Saal 34 des Obergeschosses. Mit welchen Geräten haben die alten Ägypter diese Gegenstände hergestellt?

Gesichert ist, dass ab der 5. Dynastie der Kupferbohrer zum Einsatz kam. Die Bearbeitung von weicherem Gestein wie Alabaster, Speckstein oder Kalkstein mit Kupferwerkzeugen ist selbst für Laien nachvollziehbar. Doch lassen sich mit dieser Methode ebenso perfekte Aushöhlungen in härtestem Gestein wie Granit, Diorit oder Basalt herstellen? Versuche der experimentellen Archäologie haben gezeigt, es ist mit »einfachen« handgetriebenen Geräten, die eine Kupferkrone besitzen, grundsätzlich möglich. Unter Beimengung von korundhaltigem Schleifsand oder Diamantenpulver können Bohrlöcher und Bohrkerne erzeugt werden, die mit den erhaltenen altägyptischen übereinstimmen. Im praktischen Test glückte das im Jahre 2020 dem Hildesheimer Steinbildhauer Dieter Homeyer und dem Restaurator Jens Klocke. Trotzdem kamen die beiden Experten bei ihrem Fazit ins Grübeln: »Wie wird nun ein solches Loch zu einem dünnwandigen Gefäß mit zwei zarten Henkeln? Wie wird ein Sarkophag mit rechtwinkligen Innenkanten daraus? Wie fügt man die Flanken zweier Granitblöcke so aneinander, als habe man zwei Stück warme Butter zusammengedrückt, ohne dass eine Messerklinge dazwischen passt? Diese Techniken sind uns bis heute ein Rätsel.«

Die Antwort auf meine Anfrage an die Hochschule Luzern am Institut für Maschinen- und Energietechnik vergrößert den Wald der Fragezeichen. Professor Rolf Kamps antwortet mir im März 2023: »Um Sacklochbohrungen und Bohrungen mit zylindrischer Form herstellen zu können, müssen die alten Ägypter meiner Einschätzung nach eine hochentwickelte Kunst in der Herstellung von Werkzeugen und insbesondere von Bohrwerkzeugen gehabt haben. Vielleicht haben sie die Werkzeuge aus Kupfer mit Doleriteinsätzen bestückt, vergleichbar mit einem gegenwärtigen Kernlochbohrer oder Kronenbohrer. Heute wird geklebt oder gelötet. Kleber und Mörtel waren zu jener Zeit bereits bekannt. Das wäre sicher ein spannendes Projekt, solche Werkzeuge nachzubauen und zu sehen, wie weit man in der Bearbeitung von Granit damit kommt.«

Ärgerlich dabei ist nur eines: Trotz emsiger und vielfältiger Bohrlochaktivitäten in nahezu sämtlichen ägyptischen Tempeln sucht man (fast) alle zugehörigen Bohrwerkzeuge vergebens.

Das Geheimnis der Schlangensteine

Die Texte und Bilder auf dem Sopdu-Naos von Saft el-Henne verraten nichts über Steinbearbeitung und den Verbleib der Kurbelbohrer, obwohl alle Wände innen wie außen mit einzigartigem Dekor gestaltet sind. Keine Fläche blieb frei und ungenutzt. Mehr als 400 Götter und Götterfiguren (mit Größen- und Materialangaben) sind abgebildet. Sie preisen Sopdu und den amtierenden König. Auf der größten erhaltenen Außenwand fallen in zentraler Position vertraute Motive auf: zwei sogenannte Schlangensteine!

Meist sind sie paarweise abgebildet und stehen auf einem Basisblock. Ihre Gestalt ist hochrechteckig und oben abgerundet. Sie können ebenso in Form einer Keule dargestellt sein, die sich nach unten hin verjüngt. Im Inneren schlängelt sich eine Schlange senkrecht nach oben. Mit den detaillierten Abbildungen im Hathor-Tempel von Dendera haben sie nur eine entfernte Ähnlichkeit. Doch mit etwas Fantasie erinnern auch diese Gebilde an »Glühbirnen«. Was war damit wirklich gemeint?

Hermann Kees (1886–1964), der als Professor an den Universitäten Göttingen und Ain-Schams in Kairo lehrte, erkannte in den

Schlangensteinen ein Schutzzeichen. In einem Fachartikel aus dem Jahre 1922 beschreibt er die enge Beziehung der Schlangensteine zu den Reichsheiligtümern. Angenommen wird, dass derlei Denkmäler links und rechts vor Tempelpforten platziert waren, um Unheil oder ungebetene Gäste fernzuhalten. Allerdings gibt es auch Darstellungen, die nur einen Schlangenstein zeigen, darunter Relieffragmente aus dem Totentempel des Sahure (einem Urgroßenkel des Cheops) in Abusir und dem Tempel des Osorkon II. in Bubastis.

»Schlangensteine« auf dem Schrein von Pharao Nektanebo I.

Wenn Stelen dieser Art als beschützende Pförtner einst vor Tempeln standen, was gab den Anstoß für diesen »Türsteherkult«? Hermann Kees vermutete, dass »der Ursprung der Schlangensteine älter ist als die Vereinigung der beiden Länder« und vielleicht »erst aus einem anderen Kulturkreis übernommen« wurde. Doch wo finden wir Überreste dieser Denkmäler?

Der Ägyptologe erwähnt ein Kairoer Annalen-Fragment aus der Zeit von König Radjedef, Sohn und Nachfolger des Cheops. In diesen Aufzeichnungen findet sich eine Notiz zur Herstellung eines

Schlangensteins aus Granit. Als Größenangabe werden 14 Ellen genannt. Nimmt man die Maßeinheit der ägyptischen Königselle von 52,4 Zentimetern an, käme man auf einen Monolithen mit einer Höhe von über 7 Metern! Wo hat sich das kolossale Monstrum versteckt? In der gesamten Ausgrabungsgeschichte der Ägyptologie wurden nur zwei Relikte gefunden, die als Schlangensteinmodell taugen – eine Stele aus Sakkara und die Reliefplatte von Athribis.

Der Schlangengott von Athribis

Am Fuße der Nekropole Sakkara, etwa 20 Kilometer südlich von Kairo, befindet sich das kleine sehenswerte Imhotep-Museum. Es beherbergt in sechs Sälen außergewöhnliche Funde, die auf dem Areal rund um die Stufenpyramide von König Djoser entdeckt worden sind. Just als ich es im Februar 2023 erneut besichtigen will, ist es wegen »Renovierungsarbeiten« auf unbestimmte Zeit geschlossen. In Wahrheit hat man die Museumsschätze in einer Hauruckaktion retten und in Depots auslagern müssen, da ihre Unversehrtheit im Zuge von Unwettern, Überschwemmungen und Erdrutschgefahr nicht mehr garantiert werden konnte. Im Mittelbereich des Museums stand ein schmaler, fast 3 Meter hoher Monolith aus Kalkstein. Auf zwei seiner Seiten schlängelt sich wellenförmig vom Boden bis hinauf zur Spitze ein Schlangenrelief. Zuletzt hatte ich dieses Exponat mit der Registriernummer JE 98951 im Januar 2020 gesehen und fotografiert. Gefunden wurde es 1992 bei Ausgrabungen im Areal der Pyramide von König Teti aus der 6. Dynastie. Was hat die Stele zu bedeuten? Ist sie einer dieser ominösen »Schlangensteine«, von denen Hermann Kees berichtet? Der damalige Chefausgräber Dr. Zahi Hawass vermochte es nicht mit Bestimmtheit zu sagen. Er vermutete, dass es ein »Türpfosten« war, der als »zeremonieller Hüter des Königs und des Himmels« vor dem Eingang des Djoser-Komplexes stand. Die Schlangensymbolik wird wiederum als »königliches Schutzsymbol« interpretiert. (Siehe Abb. 5 im Farbbildteil.)

Ein einzigartiges Schmuckstück, das am besten dem Typus »Schlangensteinmotiv« entspricht, gehört zum Bestand des Ägyptischen Museums in Kairo. Es stand 2019 unbeachtet in der linken Ecke der Spätzeit-Halle. Gemeint ist ein Exponat aus dem 14. Jahrhundert v. Chr., das im Tempel von König Amenophis III. in Athribis gefunden wurde. Die Ausgrabungsstätte liegt wenige Kilometer südwestlich der mittelägyptischen Stadt Sohag. Amenophis war für den Transport und die Aufrichtung der circa 20 Meter hohen Memnonkolosse in Theben-West verantwortlich. Wie ihm diese Meisterleistung technisch glückte, wissen wir nicht. Dem weisen Pharao hätte man zugetraut, dass er auch riesige Schlangensteine aufstellte. Doch das einzige entdeckte Exemplar, das am ehesten der mythologischen Beschreibung entspricht, bringt es gerade mal auf 1,50 Meter Höhe, misst am Fuß 30 Zentimeter und ist nur 15 Zentimeter dick. Die Archivnummer dieser aus schwarzem Granit hergestellten Reliefplatte lautet JE 37930. Sie ist birnenförmig und präsentiert eine herausmodellierte Schlange, besser gesagt das, was von ihr übrig blieb, denn ihr Haupt ist abgeschlagen. Die Beischrift besagt lediglich, dass die Stele von Amenophis III. geweiht wurde und für Horus Chentechtai (auch Chenti-Cheti geschrieben) bestimmt war.

Im Januar 2020 habe ich den ominösen Schlangenstein das letzte Mal erblickt, allerdings nun verpackt und reisebereit für den Umzug ins neue Giseh-Museum. Es wäre eine Freude, wenn das Stück nicht im Depot verbleiben müsste, sondern einen würdigen neuen Ausstellungsplatz erhielte. (Siehe Abb. 6 im Farbbildteil.)

Als kleine handgroße Abbildung kann das Motiv der Schlangensteine noch anderweitig im Kairoer Museum entdeckt werden, nämlich auf den beiden reich dekorierten Sarkophagen, die für einen gewissen Taho aus Sakkara bestimmt waren. Weshalb der Tote zwei Särge für seine Jenseitsreise benötigte, ist mir allerdings schleierhaft. Die Granitwannen stammen mutmaßlich aus ptolemäischer Zeit um 304 bis 31 v. Chr. (JE 15038 und JE 15039).

Wer Schlangensteinhieroglyphen entdecken möchte, muss nicht nach Ägypten aufbrechen. Zwei Muster schmücken auch den fast

3 Meter langen Sarkophag des Nes-schu-tefnut im Kunsthistorischen Museum meiner Heimatstadt Wien. Er ist eines der Glanzstücke der Ägyptisch-Orientalischen Sammlung mit der prominenten Inventarnummer 1. Die schwarze Sargwanne stammt, wie die Sarkophage des Taho, aus Sakkara und gehörte dem Schreiber des königlichen Rechnungswesens, der um 300 v. Chr. lebte.

Hermann Kees erkannte in den Schlangensteinmotiven eine Gemeinsamkeit mit den Wandreliefs im Hathor-Tempel von Dendera, die unter Mystery-Freunden als »Glühlampen von Dendera« Berühmtheit erlangten. Es sind in der Hathor-Kultstätte ähnliche Objekte zu sehen, die von Priestern gehalten werden. Anders als seine Fachkollegen sah Kees schon vor 100 Jahren in den Illustrationen keine abstrakten Fantasiebilder, sondern reale Wiedergaben. Keine elektrischen Leuchten zwar, sondern vielmehr königliche Schutzzeichen, deren Aufstellen in Dendera bildhaft demonstriert würde. Kleine Hieroglyphenzusätze, sogenannte Determinative beziehungsweise stumme Deutzeichen in Form einer hochgestellten Schlangensteinsymbolik, lassen sich tatsächlich in etlichen ptolemäischen Tempelbauten finden, in Dendera genauso wie in Edfu, Esna, Kom Ombo und Philae. Was dennoch nicht zur »Palastschützer-These« passt: Nirgendwo existiert ein großartiges Wandrelief, das unverkennbar eine erfolgreich aufgerichtete Schlangensteinstele präsentiert.

Der älteste erhaltene Schrein aus Dendera

Im Ägyptischen Museum begegnet man der Göttin Hathor an vielen Ecken und Enden. Wir erblicken ihr ausgeprägtes Antlitz in Vitrinen als winziges Amulett und Sistrum, oder entdecken in den Gängen ihr Haupt als kolossales mehrgesichtiges Säulenkapitell. Am auffälligsten ist Hathor in der 4 Meter langen Kapelle von Thutmosis III. aus Deir el-Bahari (westlich des Nils gegenüber der Stadt Luxor) ausgestellt. Nicht als menschliche Person, sondern in

Lebensgröße als bunt bemalte Kuh, die unter dem Sternenzelt den König säugt.

Sucht man nach Zeugnissen aus ihrem zentralen Heiligtum in Dendera, wird es mühseliger. Ein bedeutendes Überbleibsel hatte ich bei meinen bisherigen Museumsbesuchen übersehen, obwohl es gar nicht so klein ist: die Gebäudereste der Ka-Kapelle aus der Regierungszeit des Königs Mentuhotep II. Nebhepetre (Mittleres Reich, 11. Dynastie, um 2050 v. Chr.). Sie ist im Atrium zu Füßen der gewaltigen Statuengruppe von Amenophis III. platziert. Eine Tafel, die das Schaustück erklärt, habe ich nicht gefunden, aber aus den Quellen und Recherchen weiß ich, dass diese Kapelle tatsächlich im Tempelbezirk von Dendera stand (Archivnummer JE 46068).

Das heutige Hathor-Heiligtum ist in griechisch-römischer Zeit errichtet worden, doch die Bauurkunde reicht bis zurück ins Alte Reich. Glaubt man den Überlieferungen, dann führt der Ursprung noch weiter zurück in eine mythische Epoche der Horusgefährten. Kein Zweifel, der Hathor-Tempel der Ptolemäer steht auf Fundamenten viel älterer Bauwerke, die im Laufe der langen Geschichte abgerissen, erneuert oder renoviert wurden. Von allem, was bisher aus dem Boden von Dendera ans Tageslicht befördert wurde, ist der Schrein von Mentuhotep II. das älteste erhaltene Zeugnis. Es ist der klare Beweis dafür, dass bereits vor mehr als 4000 Jahren ein bedeutendes Heiligtum für Hathor in Dendera existiert haben muss.

4000 Jahre alte Hathor-Kapelle aus Dendera

Bei näherer Begutachtung der Texte und Bilder bestätigt Dendera-Experte Mostafa Dahshor, dass die Kapelle eng mit der religiösen Verehrung der Göttin Hathor in Beziehung steht. Schon die Türpfosten enthalten in Hieroglyphenschrift den Namen der Göttin. Abgebildet ist sie mehrmals in Frauengestalt mit typischem Hathor-Kopfschmuck. Auf einem Relief ist zu sehen, wie sie das lebensspendende Anch-Zeichen vor die Nase von Mentuhotep II. führt. Auf einem anderen Bild wird der junge König von Hathor gestillt und von Horus gekrönt. Die Beischrift dazu wird übersetzt mit: »Du bist der durch meinen Schutz Geleitete. Ich lasse dich täglich mit Leben vereinen. Ich habe dich mit meiner Milch aufgezogen. Ich habe die Feinde vor dir niedergeworfen.«

Die Ausmaße des Schreins: Höhe bis 2,37 Meter, Breite 1,30 bis 1,45 Meter, Tiefe bis 2,30 Meter. Das Relikt besteht aus Kalkstein und macht einen ramponierten Eindruck. Das Kuriose: Dies liegt nicht am Alter. Die Kapelle wurde 1916 etwa 60 Meter westlich des Hathor-Hauptgebäudes in gutem Zustand vorgefunden. Erst die Lagerung vor dem Abtransport nach Kairo setzte der Weihestätte zu: Der Baum, unter dem die Funde in Dendera lagerten, wurde infolge eines Sturms entwurzelt und krachte auf den Schrein. Dabei kam es zur Zerstörung mehrerer Blöcke und der Reliefs.

Merkwürdig ist vor allem das zentrale Bild an der inneren Rückwand. Es zeigt eine für Ägyptologen bekannte Dekoration, die jedoch in ihrer Ikonografie und Stilistik einzigartig ist. Sie wird als Wiedergabe des »Feinderschlagens« interpretiert; eine brutale Szene, die wir bereits auf der Narmer-Palette finden. Das Befremdliche: Hier im Schrein von Mentuhotep II. ist der »Gegner« kein unterlegener Krieger, sondern eine Pflanze! Gelehrte erkennen in dem stabartigen Gegenstand, um den sich ein dünner Strang windet, eine »Sonderform« des Symbols der Reichsvereinigung von Ober- und Unterägypten. Es wird »Sema-taui« genannt und war im Neuen Reich auch die Erscheinungsform des Sonnengottes »Hor-Semataui«. Es ist jener facettenreiche Schlangengott Harsomtus,

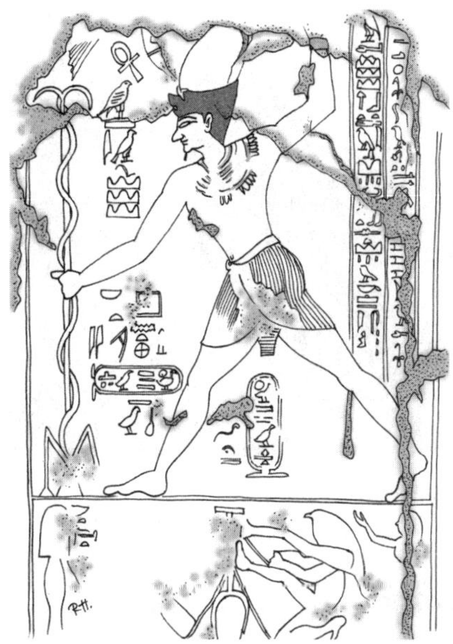

Seltsames Motiv in der Hathor-Kapelle: der Pharao im Kampf mit einer Pflanze

der uns in Dendera auch im Zusammenhang mit den »Glühlampen«-Reliefs begegnet. Dazu passen Artefakte im Göttersaal des Obergeschosses. In einer Vitrine liegt neben einer Metallschlange ein stabähnlicher Gegenstand, um den sich ein Draht windet. Er wird als »Schlange« interpretiert und sieht genauso aus wie die »Pflanze« auf dem Mentuhotep II.-Relief. Als Herkunft wird Dendera genannt!

Der skurrile Anlass, den Todfeind als papyrusähnliches Gewächs zu betrachten, ihn um einen Stab herumzuwickeln und ihn dann mit einer Keule erschlagen zu wollen, ist mir nicht schlüssig. Schon gar nicht, wenn mit diesem bizarren Szenario die Reichsvereinigung dargestellt werden sollte. Da die Texte dazu nicht eindeutig Auskunft geben, bleibt unklar, was mit diesem »Pflanzenstreit« und der »Wickelspule« wirklich gemeint ist. Grünzeug, Schlange oder Kupferdraht? Zu Letzterem passt eine weitere Kuriosität, die mein Kollege Hans-Werner Sachmann im Frühjahr 1990 in einer Vitrine des Obergeschosses fotografierte: isolierte Kupferdrähte mit der Sammelnummer 668! Heute werden Kupferdrähte, die mit einer isolierenden Lackschicht überzogen sind, bevorzugt zum Bau von elektrischen Spulen, Transformatoren und Maschinen verwendet. Was war ihre Funktion im Pharaonenreich? Meine Suche nach den seltsamen Exponaten blieb erfolglos, nur der Fotonachweis existiert.

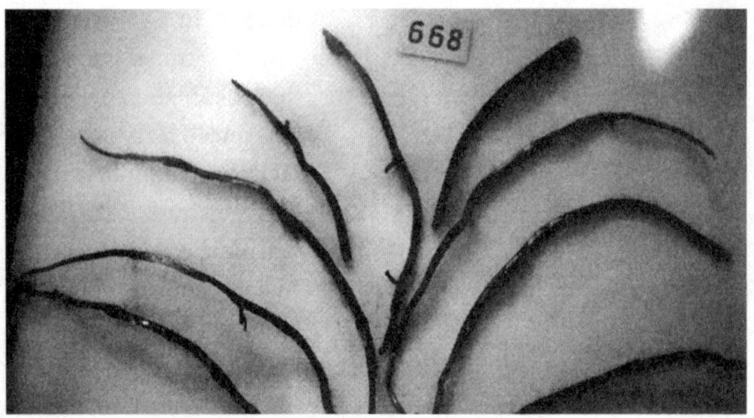

Eine besondere Kuriosität: isolierte Kupferdrähte

Verschandelte Königsstatue?

Von König Mentuhotep II., der frühe Spuren in Dendera hinterließ, gibt es eine lebensgroße Sitzstatue, die in der Fachwelt für viel Diskussion sorgt (Archivnummer JE 36195). Sie befindet sich im Westflügel und eröffnet die Galerie des Mittleren Reiches. Die Skulptur thront auf einem monolithischen Block, ist 1,38 Meter hoch und wurde aus Sandstein gefertigt. Der Pharao trägt die hohe knallrote Krone Unterägyptens sowie einen falschen Königsbart und ist mit einem weißen Hebsed-Gewand bekleidet. Es wurde üblicherweise bei Jubiläumsfesten getragen, wenn der König ab dem 30. Regierungsjahr die Erneuerung seiner Macht feierte. Die Arme sind vor der Brust gekreuzt, wobei die zugehörigen Königsinsignien, Krummstab und Dreschflegel, fehlen. Mentuhoteps Hautfarbe wurde pechschwarz ausgeführt. Schuhe fehlen, allerdings wirken seine nackten Füße geradezu monströs, passen proportional nicht zum restlichen Körper. War der Bildhauer ein Stümper? Möglich, doch ich bezweifle das. Der königliche Gebieter hätte eine Verunstaltung seiner Würde nicht akzeptiert. Der arme Steinmetz wäre mit dieser unbeabsichtigten Karikatur des Herrschers garantiert einen Kopf kürzer gemacht worden.

Einige Ägyptologen mutmaßen, der König hätte an Elephantiasis gelitten, einer unheilbaren Krankheit, die zu abnormen Vergrößerungen von Körperteilen führt. Vergleichbare Darstellungen des Herrschers lassen das nicht erkennen, und eine medizinische Analyse ist aufgrund der verschollenen Mumie nicht möglich. Und warum ist seine Hautfarbe schwarz? Vermutet wird, dass der König als Totengott Osiris dargestellt wurde. Andere Gelehrte schlagen vor, die dunkle Farbe könnte ein Hinweis auf die nubische Herkunft des Herrschers sein. Oder sie beziehe sich auf den Namen »Ägypten«, das die Kinder der Pharaonen »kemet«, zu Deutsch »Schwarzland«, nannten eine Anspielung auf den dunklen, fruchtbaren Nilschlamm, im Gegensatz zur hellroten Wüste, die als »ta descheret« (auch »deshret«) bezeichnet wurde. (Siehe Abb. 11 im Farbbildteil.)

Absonderlich mutet nicht nur das Aussehen der Statue an, die Umstände ihrer Auffindung durch den berühmten Archäologen Howard Carter (1874–1939) sind es nicht minder. Der Brite arbeitete im November 1898 in Deir el-Bahri auf der Westseite des Nils gegenüber der Stadt Luxor. Nach einem plötzlichen Regenguss war er gerade dabei, hoch zu Ross in sein Quartier zurückzureiten: »… da gab der Boden unter den Hufen des Pferdes nach und brachte uns beide zu Fall. Später schaute ich in das kleine Loch, das sich dort gebildet hatte, und sah Spuren von Steinarbeiten.« Carter hoffte auf eine große, unberührte Begräbnisstätte gestoßen zu sein, und ließ den Platz im Januar 1900 unter großem Aufwand freilegen. In 17 Metern Tiefe stieß er auf einen Korridor, der 150 Meter weiter abwärts in den Berg hineinführte. Am Ende kam eine unberührte Kammer zum Vorschein, in der sich allerdings nur ein leerer Sarkophag und eine in Leinen eingewickelte seltsame Plastik befand – das schwarze Sitzbildnis von König Mentuhotep II. Der Zweck dieser Anlage ist rätselhaft. Carter war bitter enttäuscht von diesem »Jahrhundertfund« und benannte den Zugang zur Stätte nach seinem vierbeinigen Entdecker »Tor des Pferdes«. Nach Jahren ergebnisloser Grabungstätigkeit glückte dem Ausgräber 22 Jahre später dann doch noch das Wunder: Die Entdeckung und Öffnung des Grabmals von Tutanchamun – dem großartigsten Fund in der Geschichte der Ägyptologie!

Aus Tutanchamuns Schatzkammer

Wenn Busse mit Touristen aus aller Welt das Ägyptische Museum erstürmen, ist für ausgedehnte Erkundungen meist keine Zeit. Die Besuchermassen beschränken sich dann auf wenige Highlights und eilen sodann hinauf ins Obergeschoss. Dort ist in mehreren Schauräumen der berühmte Goldschatz von Tutanchamun zu sehen, den ein Grabungstrupp unter der Leitung von Howard Carter am 6. November 1922 im Tal der Könige fand.

Abertausende Fundstücke förderten die Ausgräber zutage, darunter prunkvolle Sarkophage, Totenmasken, Streitwägen und Kisten voll mit Goldschmuck. Aus Platzgründen waren nie alle Schätze ausgestellt. Das soll sich mit dem neuen Großen Giseh-Museum ändern, wo erstmals als Hauptattraktion der vollständige Grabschatz zu sehen sein wird. So jedenfalls wird es kunstinteressierten Ägyptenfreunden seit Jahren versichert. Jetzt, wo ich diese Zeilen zu Papier bringe, steht der Eröffnungstermin für das neue Museum immer noch in den Sternen. Die großen und schweren Stücke sowie einige herausragende Kleinodien sind längst ins Giseh-Museum gewandert. Die meisten Kostbarkeiten, die leicht zu transportieren sind, verbleiben vorerst am alten Ausstellungsort am Tahrir-Platz.

Das gilt auch für das Glanzstück der Tutanchamun-Sammlung: die lebensgroße 54 Zentimeter hohe Totenmaske des Königs, die Kopf, Schultern und Brust des Pharao bedeckte. Sie besteht aus massivem Gold mit kostbaren Edelsteinen als Einlagen. Stolze 11 Kilogramm wiegt das gute Stück und wurde im 14. Jahrhundert v. Chr. hergestellt (JE 60672). Das Meisterwerk ägyptischer Goldschmiedekunst zieht jeden Besucher magisch an. Ein winzi-

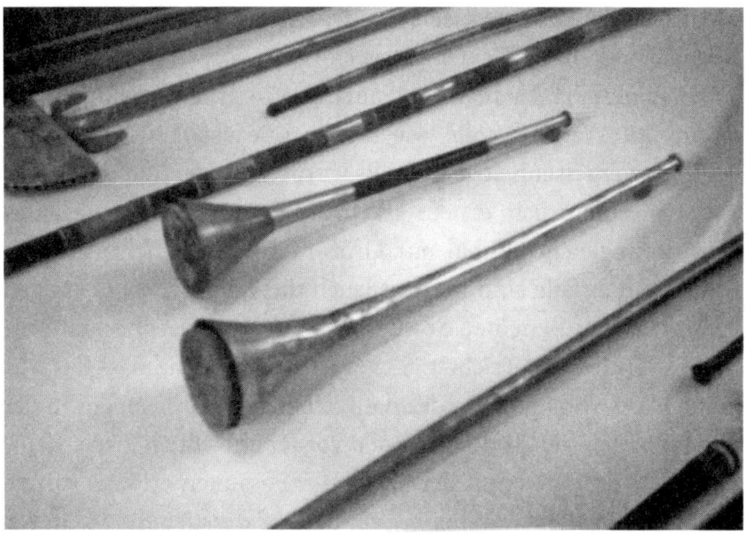

Fanfaren des Pharao mit akustischer Schallmagie?

ges Detail bleibt dem Betrachter jedoch verborgen: 1980 hatten Labortechniker der französischen Eastman-Kodak-Tochterfirma in Paris ein Röntgenbild angefertigt. Die Aufnahme verblüffte die Fachleute: Die äußerlich makellos hergestellte Maske zeigte in der Radiografie im Gold der rechten Wange eine Strukturunregelmäßigkeit. Das Kuriose: Sie befindet sich exakt an jener Stelle, an der die Mumie von Tutanchamun eine kleine Narbe aufweist. Die Radiologen haben für dieses Phänomen keine Erklärung. (Siehe Abb. 8 im Farbbildteil.)

Eine andere Merkwürdigkeit wird als »Zufall« abgetan, skurril ist sie allemal. Es geht um die beiden trompetenähnlichen Fanfaren des Pharao. Eine hat es in sich. Es ist eine 58 Zentimeter lange Silbertrompete mit Mundstück und einem bemalten Stopfer aus Holz (JE 62007). Man vermutet, dass die Blasinstrumente, altägyptisch »Scheneb« genannt, für Signale im Militärwesen zum Einsatz kamen. Ein Ohrenschmaus sind ihre Klänge nicht; um 45 n. Chr. verglichen griechische Historiker ihre Akustik mit »Eselsgeschrei«. Als das erhaltene Exemplar aus dem Tut-Schatz 1954 gereinigt und sodann probeweise geblasen wurde, fiel in ganz Kairo und den Nachbarstädten die Elektrizitätsversorgung aus.

Reiner Zufall? Als man die Fanfare 1974 erneut aus der Vitrine für eine Wartung holte, war der Energieausfall 20 Jahre zuvor längst in Vergessenheit geraten. Es wurde geblasen und der Blackout wiederholte sich, erneut brach die Stromversorgung zusammen, wenngleich diesmal nur Groß-Kairo davon betroffen war. Alle Stromausfälle sind bezeugt, auch die ägyptischen Zeitungen haben darüber berichtet. Soweit bekannt, wurde seither auf weitere Experimente verzichtet. Sicher ist sicher. Nicht, dass das Militärgebläse womöglich so dramatisch endet wie im Fall der in der Bibel überlieferten Todesposaunen vor Jericho (Buch Josua, Kapitel 6, Vers 20): »Als nun der Schall der Posaunen ertönte, stürzte die Mauer in sich zusammen, und das Volk erstieg die Stadt, ein jeder gerade vor sich hin.« Flunkerei oder die Nachwirkung antiker Schallkanonen?

Geflügelter Skarabäus mit E.T.-Bezug

Die Begräbnisstätte des Pharao, die bei ihrer Entdeckung bis unter die Decke mit unschätzbar wertvollen Beigaben vollgestopft war, enthält ein Füllhorn an Mysterien, die verblüffen. Das 15 Zentimeter hohe und 14,4 Zentimeter breite »Mond-Pektoral« ist eines dieser Wunderdinge (JE 61884). Der berühmte Brustschmuck zeigt in der Mitte einen kleinen geflügelten Skarabäus. Es scheint ein durchsichtiger Edelstein zu sein, der grüngelblich schimmert. Das Material war lange Zeit unbekannt. Carter hielt das Stück für Chalcedon, eine Variante des Minerals Quarz. Spätere Untersuchungen legten den Verdacht nahe, dass es sich um libysches Wüstenglas handeln müsse, kurz LDSG genannt (= Libyan Desert Silica Glass). Es besteht aus fast reinem Siliziumdioxid mit einer ungewöhnlichen Mischung aus den Elementen Chrom, Eisen, Kobalt, Nickel und Iridium. Es ist eines der seltensten Mineralien auf unserem Planeten. Nicht zuletzt deshalb, weil sein Ursprung im Weltall liegt!

1998 bestätigten Strukturanalysen des italienischen Mineralogen Vincenzo de Michele, dass Tutanchamuns Bruststein tatsächlich aus Wüstenglas besteht. Das irritiert aus mehreren Gründen. Einerseits ist es in der gesamten Pharaonengeschichte das einzige Stück aus goldgelbem Wüstenglas, das ein ägyptischer Künstler jemals zu einem Schmuckstück verarbeitet hat! Anderseits bleibt die Herkunft mysteriös. Bislang wurde das Mineral nur nahe dem Gilf el-Kebir-Plateau an der Wüstengrenze zwischen Libyen und Ägypten gefunden. Geologen nehmen an, dass es vor Jahrmillionen beim Aufprall eines Meteoriten entstanden ist. Demnach sei das Gestein unter enormer Hitzeeinwirkung tausender Grade geschmolzen, hätte sich dann abgekühlt und wäre zu Wüstenglas erstarrt.

Was bei dieser These stört: Bisher wurde kein Impaktkrater gefunden, der das Phänomen geologisch erklären würde. Wissenschaftler halten es deshalb für möglich, dass die Steinverglasung durch einen aus Eis bestehenden Himmelskörper entstanden ist, etwa dem Teil eines Kometen, der über der Wüste explodierte, ohne einen Krater zu hinterlassen. Bewiesen ist das keineswegs. Die utopisch anmutende Alternative, dass die Steinschmelze durch eine nukleare Explosion bewirkt wurde, halten nur Prä-Astronautiker für möglich. Die Idee mag abwegig klingen. Dennoch wäre eine geologische Vergleichsanalyse zwischen Wüstenglas und geschmolzenem Gestein, das nach Atomtests entstanden ist, durchaus interessant. Vor allem deshalb, weil es vielerorts rund um den Globus ungeklärte Steinverglasungen gibt. Wir finden sie oberhalb von Cuzco in Peru genauso wie im schottischen Knock Farril oder bei der historischen Siedlung Mohenjo-Daro, die zur bronzezeitlichen Indus-Kultur gezählt wird. Welche gewaltigen Energieblitze der Urzeit brachten härtestes Gestein zum Verdampfen?

Tutanchamuns Mondamulett ist eines der aufwendigsten Schmuckstücke des gesamten Grabschatzes. Es muss für den jungen König eine enorme Wichtigkeit gehabt haben. Die kunstvoll gestaltete Symbolik entspricht der kosmologischen Theologie des Neuen Reiches: Der Skarabäus mit ausgebreiteten Flügel verkörpert die schöpferische Kraft der aufgehenden Sonne, ist Sinnbild des Sonnengottes Re und der Wiedergeburt. Auf seinen ausgebreiteten Flügeln trägt er Sonne und Mond in der Himmelsbarke empor zu den Sternen. An der Spitze schwebt eine Mondsichel mit dem gekrönten König, flankiert von Sonnengott Re-Harachte und dem Mondgott Thot.

Symbolträchtiger könnte ein kosmisches Schmuckstück nicht sein: geschliffen aus verglastem Gestein, das durch die glühende Hitze eines außerirdischen Himmelskörpers entstanden ist! Welcher Meister hat das Wüstenglas vor mehr als 3300 Jahren zum Juwel verarbeitet? Kam der Stein als Geschenk in die Königsfamilie? Wusste der Pharao, dass sein Skarabäus eine direkte Verbindung zum Universum hatte? Wenn ja, wer hat es ihm verraten? (Siehe Abb. 9 im Farbbildteil.)

Der kosmische Dolch

Tutanchamuns Brustschmuck ist nicht die einzige Grabbeigabe mit außerirdischer Abstammung. Im Grab des jung gestorbenen Pharao befanden sich zwei Dolche, die in den Bandagen der Mumie an den Oberschenkeln eingewickelt waren. Einer hat eine Goldklinge, der andere eine Klinge aus Eisen (JE 61584A, 61584B). Das verdutzt die Fachwelt, denn nach klassischer Auffassung steckte die Eisenverarbeitung im 14. Jahrhundert v. Chr. noch in den Anfängen. Man befand sich damals bekanntlich in der Bronzezeit, wo Legierungen aus Kupfer und Zinn der gebräuchliche Werkstoff waren.

Insofern passt der 32 Zentimeter lange rostfreie Edelstahldolch nicht in dieses althergebrachte Weltbild. 2016 fanden Forscher heraus, dass die Klinge einen hohen Nickelgehalt mit Spuren von Kobalt enthält und aller Wahrscheinlichkeit nach aus Meteoriteneisen gefertigt wurde. Gleiches gilt für einen Armreif und eine königliche

Kopfstütze. Diese Grabbeigaben bestehen mithin aus »Himmelseisen«, wie die alten Ägypter das überirdische Metall nannten. Die kosmische Herkunft war den Pharaonen offenbar bewusst. Das seltene Metall war wertvoller als Gold und wurde als Geschenk der Götter hochgeschätzt. (Siehe Abb. 10 im Farbbildteil.)

In den 3400 Jahre alten Amarna-Briefen wird der kosmische Eisendolch erwähnt. Das Amarna-Archiv ist eine Sammlung von Tontafeln in akkadischer Keilschrift aus dem Palastarchiv von »Ketzerkönig« Echnaton in Achet-Aton, dem heutigen Tell el-Amarna. Der Text auf einer der Tafeln lässt vermuten, dass der Dolch aus Anatolien stammt. Demnach soll der König des nordsyrischen Reiches Mittani das »Himmelseisen« Pharao Amenmophis III., dem Großvater Tutanchamuns, zum Geschenk gemacht haben. Das würde zu anderen metallischen Fundsachen passen. Die älteste bekannte Waffe aus »Himmelseisen« ist ein verrosteter Dolch aus einem bronzezeitlichen Hethitergrab in Alaca Höyük in der Türkei. Das Eisenrelikt wurde vor 4300 Jahren hergestellt.

Gemäß der Lehrmeinung gilt Tutanchamuns Dolchklinge als ältester Eisenfund in Ägypten. Eigenartig, denn es existieren eine Reihe von Spuren, die noch viel weiter in graue Vorzeit zurückreichen. Dazu zählen 5300 Jahre alte Eisenröllchen einer Halskette, die 1911 in zwei Gräbern in Gerzeh, 80 Kilometer südlich von Kairo, gefunden wurden. Sie bestehen wiederum aus dem Eisen eines Meteoriten. Bereits lange vor der »amtlichen« Eisenzeit wurde das Metall zu dünnen Plättchen gehämmert, anschließend eingerollt und zu Schmuck verarbeitet. Heute befinden sich die außerirdischen Raritäten im Petrie Museum of Egyptian Archaeology in London.

Meteoriteneisen lässt sich leichter verarbeiten als irdisches Eisen. Artefakte, die nicht ins Schema passen, gibt es dennoch. 1837 entdeckten Mitarbeiter der Howard-Vyse-Expedition eine rechteckige Metallplatte von etwa 26 mal 9 Zentimetern und einer Dicke von circa 4 Millimetern. Bemerkenswert ist der Fundort: nahe dem Ausgang des südlichen »Luftschachtes« aus der Königskammer in der Cheopspyramide! Das würde auf ein Alter von mindestens 4600 Jahren schließen lassen. Skeptiker können das nicht glauben und hegen den Verdacht, dass die »unmögliche Platte« von irgendjemandem erst zu einem viel späteren Zeitpunkt dort platziert wurde. Von wem und wozu? Die Echtheit der Platte, die heute im Britischen Museum in London aufbewahrt wird, bestätigten mehrere zeitgenössische Ägyptologen unabhängig voneinander. Metallurgische Studien von El Sayed El Gayer und M. P. Jones aus den Jahren 1989 und 1992 belegen: Es ist eine Tafel aus Eisen! Allerdings fiel das Metall nicht vom Himmel, sondern es stammt aus einem irdischen Eisenvorkommen. Es muss, so das Resultat der metallurgischen Analyse, unter hohen Temperaturen um die 1100 Grad geschmiedet worden sein!

Verflucht!

Als am 2. März 1939 Howard Carter mit 64 Jahren in seiner Wohnung in London verstarb, sprach man vom »Fluch des Pharao«, der alle Frevler heimsucht, die die letzte Ruhestätte des Gottkönigs störten. Übersinnliche Kräfte, tödliche Schimmelpilze oder radioaktive Substanzen, die bei einigen ägyptischen Mumien gemessen wurden? Egal woran man glaubt: Rund 50 Personen, die bei der Tutanchamun-Entdeckung beteiligt waren, kamen unter ungewöhnlichen oder nicht ganz geklärten Umständen zu Tode, darunter der schottische Finanzier der Ausgrabung Lord Carnarvon. Er starb 1923 kurz nach der Graböffnung im Alter von 56 Jahren infolge eines Moskitostichs an der Wange.

Es gibt Ungereimtheiten, die sicher nicht mit »überirdischen Mächten« zu erklären sind: Kleinodien mit Tutanchamuns Thronnamen, die nachweislich aus der berühmten Pharaonengruft stammen. Sie tauchten im Nachlass des Archäologen und in großen Museumshäusern der Welt auf, ohne dass ihre Herkunft ordnungsgemäß registriert worden war. Einmal wurde Carter beim Schwindeln erwischt. Er hatte eine bemalte Büste des Pharao in einem Behälter verschwinden lassen. Kontrolleure der Altertümerverwaltung entdeckten das Meisterstück in einer »Weinkiste«. Der Brite redete sich heraus, und der Skandal blieb aus. War das die einzige Truhe, die aus dem Land geschmuggelt werden sollte, oder nur eine von vielen? Nicht weniger brisant: 5400 Grabbeigaben, aber kein einziges Totenpapyrus kam ans Licht? Wo sind die Schriftrollen des Pharao? In einem Schreiben, datiert vom 1. Dezember 1922, also unmittelbar nach der Graböffnung verfasst, notiert Lord Carnarvon: »Es gibt einige Papyrusrollen ...« Sie tauchten aber nirgendwo auf. Wie kann das sein?

Heute zweifelt kaum ein Historiker mehr daran, dass Howard Carter ein großer Ausgräber war, aber ebenso – belegt durch zeitgenössische Dokumente ein dreister Langfinger! Der berühmte Schatzgräber muss bereits vor der offiziellen Öffnung des Grabes in Tutanchamuns Totenstätte eingestiegen sein, um dort heimlich Stücke zu entwenden, die er dann illegal an Museen außerhalb Ägyptens verhökerte oder an Freunde verschenkte. Eine ungeklärte Frage quält die ägyptologischen Detektive nach wie vor: Wohin verschwand Tut's »Zauberstab«? Zu Carters Zeiten war er definitiv noch da, seit 1968 wird das »beste Stück« des jungen Pharao vermisst und ist seither nie wieder aufgetaucht. Wer stahl den Penis des jugendlichen Herrschers?

Das vermeintliche oder tatsächliche Verschwinden von Exponaten hat im Kairoer Museum eine gewisse »Tradition«. Von Instandsetzungen oder Umgestaltungen der Vitrinen, Auslagerungen ins Archiv oder in andere Sammlungen über fehlende oder falsche Inventarnummern bis hin zu Diebstahl und Vandalismus – der Gelegenheiten boten sich viele. Auch das museumseigene Putzkommando sollte man im Auge behalten. Wer im Jahre 2015 die Goldmaske des Tutanchamun sehen wollte, bekam nur ein Hologramm zu Gesicht. Das Original war zu diesem Zeitpunkt in den Händen von Restauratoren. Der peinliche Grund: Beim Abstauben brach Tut's Spitzbart ab. Die Reinigungskräfte versuchten ihr Malheur zu vertuschen und klebten den Zeremonienbart mit

Kunstharz stümperhaft wieder an. Die Schandtat wurde bemerkt, und Spezialisten retteten, was zu retten war.

Das »Vogel-Flugzeug« der Pharaonen

Es gibt Fälle, wo einfach bestritten wird, dass ein nicht mehr aufzufindender Gegenstand jemals existiert hat. Hin und wieder kommt es aber doch zu Momenten des Glücks. Dann nämlich, wenn ein verschollen geglaubtes oder lange Zeit verstecktes Artefakt überraschend wieder auftaucht. Das betrifft auch eine erstaunliche Grabbeigabe, die 1898 nahe der Stufenpyramide von König Djoser gefunden wurde. Seit 1919 ist sie Ausstellungsstück im Ägyptischen Museum und wird heute offiziell als »Taube von Sakkara« bezeichnet. Das Exponat trägt die Sammelnummer 6347 und ist im Saal 22 des Obergeschosses zu finden. Eine letzte Kontrolle meinerseits erfolgte im Februar 2023. Die »Sakkara-Taube« gehört zu meinen erklärten Lieblingen im Museum. In den letzten Jahrzehnten wechselte das wundersame Vöglein die Vitrinen, hatte sich »unsichtbar« gemacht oder war gar »ausgeflogen«.

Ein halbes Jahrhundert lang lag das Exponat inmitten verschiedener Vogelfiguren unbeachtet in einem Glaskasten, bis Ende der 1960er-Jahre der Arzt und Altertumsforscher Prof. Dr. Khalil Messiha (1924–1999) bei seinem Anblick stutzig wurde. Das seltsame Ding sah nicht wie ein gewöhnlicher Vogel aus. Gemeinsam mit seinem Bruder Hismat Messiha, einem Luftfahrtingenieur, kam er zu dem Schluss, dass dieses Artefakt mit seinem hochgestellten »Seitenruder« eher dem Modell eines Segelflugzeugs gleicht.

Von der Nase bis zum Heck ist der Flieger 14 Zentimeter lang, hat eine Flügelspannweite von 18 Zentimetern und wiegt 39 Gramm. Auf der rechten Vorderseite ist ein Auge aufgemalt. Spuren erweiterter Dekoration, etwa Vogelfedern oder Beine, sind nicht erkennbar. In den Unterkörper wurde ein kleines Loch gebohrt. Es dient als Befestigungshilfe für einen dünnen Holzstiel;

auf einem solchen ist das Schaustück auch heute montiert. Geschnitzt wurde die »Flugzeug-Taube« vor etwa 2250 Jahren aus dem Holz einer Maulbeerfeige, Sykomore genannt. Die Baumart wurde im Pharaonenreich als »Himmelsbaum« verehrt und galt als Erscheinungsform der Göttin Nut, die das Himmelsgewölbe symbolisierte.

Mein Foto als Beweis!

1979 glückte mir als junger Frechdachs eine Farbaufnahme des sonderbaren Tieres. Heute, wo jeder eine Handykamera bei sich trägt, ist fotografieren kein Problem. Selbst mit Profifilmequipment sind Museumsbesuche erlaubt. Man holt sich dafür lediglich beim Ticketschalter für ein paar Pfund eine Genehmigung und hat freie Hand. Vor 40 Jahren war das anders. Eine alte Aufnahme der »Sakkara-Taube«, die anonym im Internet kursiert, stammt von mir. Zu meiner Verteidigung darf ich jetzt, als »Oldie«, entlastend anführen, dass ich seinerzeit zu dieser Ordnungswidrigkeit genötigt wurde.

Noch Ende der 1970er-Jahre galt der ägyptische Gleiter bei Skeptikern und Wissenschaftspublizisten als Erdichtung von Erich von Däniken, der in seinem 1973 veröffentlichten Bestseller *Meine Welt in Bildern* erstmals Schwarzweißfotos dazu präsentierte. Für den deutschen Psychiater und Fernsehmoderator Prof. Hoimar von Ditfurth (1921–1989) war das nicht hinnehmbar. Er führte in der ZDF-Doku-Reihe *Querschnitte* einen geradezu Heiligen Krieg gegen alles, was sich thematisch im Dunstkreis grenzwissenschaftlicher Themen und Thesen bewegte. Seit seinem Besuch im Ägyptischen Museum wurde der »Wissenschaftspolizist« nicht müde, die Existenz des Exponats 6347 und die Seriosität all jener, die sich darauf beriefen, infrage zu stellen.

Daraufhin schickte ich Ditfurth eine Kopie meines heimlich gemachten Fotos und erhielt 1981 prompt eine Antwortkarte. Der

»Komischer Vogel« aus Sakkara; Foto des Autors aus dem Jahr 1979

Neurologe erwiderte schriftlich: »Ich habe das Ding wirklich nicht gefunden (auch der wiss. Museumsleiter, dem ich das Bild aus D's Buch zeigte, nicht). Inzwischen habe ich schon von anderer Seite gehört, dass ich mich in diesem Punkt geirrt habe. Das ist natürlich bedauerlich, ändert aber ebenso natürlich nicht das Geringste an der wiss. Beurteilung der haarsträubenden ›Argumentation‹ von D. Aber wer, wie Sie anscheinend auch, an diesen Unsinn glauben will, dem kann man mit Argumenten ohnehin nicht helfen, Pardon!«

Pardon, aber als Selbstdenker benötige ich keine Denkhilfen und verwahre mich ebenso gegen Denkverbote. Daran hat sich nach 4 Jahrzehnten Beschäftigung mit archäologischen Anomalien nichts geändert, zumal viele der vorgebrachten »Argumente« mancher Skeptiker alles andere als besiegelte Gegenbeweise sind. Und heute? Eine offene Debattenkultur in der Gesellschaft und Wissenschaft, die strittige Themen universell hinterfragt, vermisse ich mehr denn je. Für manche Genies und Experten scheint es nur *die* Wissenschaft zu geben, nur *eine* Wahrheit zu existieren, der sich alle andersdenkenden Sichtweisen unterzuordnen haben. Erstaunlich, denn Geschichte und Forschung sollten uns »Geistesgrößen« des 21. Jahrhunderts doch eines gelehrt haben: Der Pfad der Wissenschaften ist lang, steinig und gepflastert mit Irrtümern. Laufend wird unser Weltbild durch neue Erkenntnisse erweitert.

Es gibt keine unumstößliche Wahrheit. Wäre es so, würden wir noch heute glauben, die Erde sei eine Scheibe und das Zentrum des Universums.

Walter Ernsting alias Clark Darlton (1920–2005), deutscher Science-Fiction-Altmeister und Gründungsautor der größten Weltraum-Romanserie *Perry Rhodan*, wusste es: »Alle Wege zur Wahrheit sind gepflastert mit Spekulationen!«

Spekulationen und neue Studien

Das Miniaturflugzeug der Pharaonen ist kein Hirngespinst! Inzwischen bestätigten Flugexperimente mit größeren maßstabsgetreuen Modellen den bisherigen Eindruck: Der komische Vogel besitzt die aerodynamische Form moderner Tragflächen, und das senkrecht stehende Seitenruder entspricht dem Leitwerk heutiger Flugzeuge!

1998 nahm sich der deutsche Radaroffizier und Flugbautechniker Peter Belting des Fliegers an. Anhand der Messdaten rekonstruierte er einen vergrößerten Nachbau aus Balsaholz. Unterstützt wurde er von Kollegen aus der Experimentalarchäologie, Dr. Algund Eenboom und Studiendirektor Peter Fiebag. Um die Flugeigenschaften des »Pharaonenflugzeugs« zu testen, wurde das Modell mit einem Propeller und einem Elektromotor ausgestattet, der sogar Loopings ermöglichte. Versuche mit abgeschaltetem Motor zeigten, dass der Flieger vor allem als Segelgleiter hervorragende Eigenschaften im Flugverhalten besitzt.

Im Frühjahr 2021 erfuhr ich aus erster Hand von einem neuen interdisziplinären Projekt, an dem neben Peter Fiebag und Algund Eenboom vor allem der Ingenieur Dr. Uwe Apel, Professor am Institute of Aerospace Technology (IAT) der Hochschule Bremen, federführend mitwirkt. Die wissenschaftliche Studie hat zum Ziel, das aerodynamische Design und die flugtechnischen Eigenschaften der archäologischen Kuriosität zu prüfen. Dafür ist die originalgetreue Modellierung einer dreidimensionalen Kopie anhand von 3D-Scans notwendig. Aber wie kommt man an das Original, das gesichert hinter einer Glasvitrine im Ägyptischen Museum verwahrt wird?

Da kam mir »mein« weltoffener Vorwortverfasser Prof. Ahmed M. Osman in den Sinn, der in Sakkara gerade eine bedeutende Ausgrabungsstätte leitet. Der Kontakt wurde unbürokratisch vermittelt, und das ehrgeizige Projekt erhielt somit Unterstützung von höchster Stelle. Der Ägyptologe erhielt die Konzession zum Studium des Exponats mit Zustimmung des Secretary General of Supreme Council of Antiquities, dem Permanent Committee sowie des Ägyptischen Museums. Nachdem der wundersame Vogel im September 2021 sein Nest verlassen durfte, wurden detaillierte Fotos angefertigt, anhand derer mit entsprechender Software die aerodynamische Berechnung vorgenommen wurde. Mittels Computertechnik konnten dann exakte Duplikate der »Sakkara-Taube« angefertigt werden.

Die Studien zu diesem Projekt sind noch nicht abgeschlossen, aber die Macher der *Terra X*-TV-Dokureihe bekamen Wind von der Sache. Am 23. Januar 2022 strahlte das ZDF eine neue Folge von *Ungelöste Fälle der Archäologie* aus. In einer kurzen Sequenz ging dabei auch das »Flugzeug der Pharaonen« in die Luft. Erfrischend unkonventionell äußerte sich der stellvertretende Direktor des Kairoer Museums, Dr. Mohammed Ahmi Fahmy, zur »Sakkara-Taube«: »Dass die alten Ägypter den Vogel in ein Grab legten, zeigt, dass sie dabei waren, ein Flugzeug zu erfinden. Das war eindeutig kein Vogelmodell, sie wollten ein flugfähiges Gerät erfinden, wenn sie es nicht schon erfunden hatten.« (Siehe Abb. 12 im Farbbildteil.)

Archytas und Amun

Konstruierte Flugvehikel im Altertum? Überlieferungen dazu gibt es etliche. Eine der Interessantesten führt ins 4. Jahrhundert v. Chr. zum griechischen Philosophen, Mathematiker und Ingenieur Archytas von Tarent. Ihm werden zahlreiche erstaunliche Erfindungen zugeschrieben, darunter eine fliegende Maschine in Gestalt einer hölzernen Taube! Der lateinische Schriftsteller Aulus Gellius beschreibt das Wunderwerk im 2. Jahrhundert n. Chr. in seinem Werk *Noctes Atticae*. Demnach bestand das mechanische Gerät aus einem leichten stabilen Hohlkörper in Vogelform. Im Inneren befand sich die Blase eines größeren Tieres, die mit Pressluft gefüllt war. Ein Ventil ermöglichte das Öffnen und Schließen durch ein Gegengewicht. Setzte man die Taube auf einen Baum, konnte sie selbstständig von Ast zu Ast fliegen. Beim Öffnen des Ventils kam es zum Aufstieg, sobald sie landete, schloss sich das Ventil wieder automatisch dank eingebauter Mechanik beziehungsweise durch das innere Gegengewicht. Mithilfe der Kraft und dem Druck der herausströmenden Luft aus der Blase gelang ein Kunstflug von einigen Hundert Metern. Wenn eine aerodynamische Holztaube im antiken Griechenland existierte, warum nicht ähnliche Flugmodelle zeitgleich im griechisch-römischen Ägypten?

Die Studien zur »Sakkara-Taube« gehen weiter. Es soll angeblich acht ähnliche antike Miniaturgleiter geben, die irgendwo in einer Kiste des Museumsmagazins aufbewahrt werden. Jedenfalls hat das Prof. Kahlil Messiha behauptet, als ich ihn mit Peter Krassa im Oktober 1980 im Kairoer Sakakini-Palast interviewte. Damals erklärte er uns auch, dass er die zugehörigen Inventarnummern kenne. Die wären jetzt bei der weiteren Recherche sehr hilfreich. Doch leider vergaß ich in jugendlicher journalistischer Nachläs-

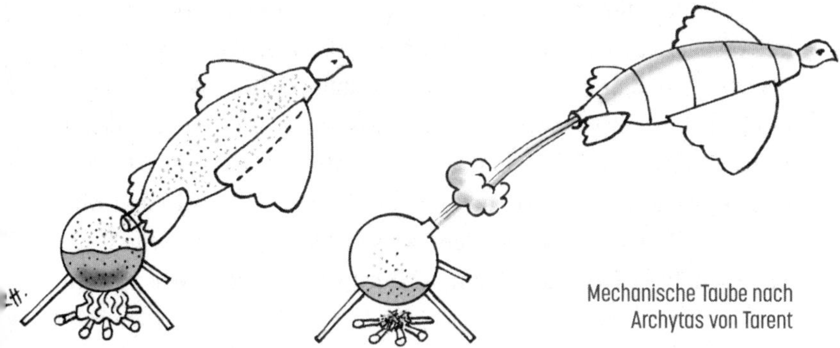

Mechanische Taube nach Archytas von Tarent

sigkeit nachzufragen und das Ganze zu notieren. Angenommen, die Utensilien werden gefunden – was war ihr Nutzen? Messiha hielt es für möglich, dass, irgendwo verborgen unter dem Wüstensand oder in einer noch unentdeckten Kammer, ein großer antiker Flieger auf seine Entdeckung wartet, der dem Miniatursegelflugzeug einst Pate gestanden hat. Konkrete Hinweise für diese fantastische Hypothese gibt es allerdings nicht.

Dafür aber existiert ein schriftlicher Hinweis, der direkt zum Besitzer des Segelflugzeugmodells führt. Er heißt altägyptisch »Padi-Imen«. Nach Prof. Messiha stand dieser Name auf einem Tuch, das gemeinsam mit dem flugfähigen Artefakt in Sakkara geborgen wurde. Die Übersetzung der Hieroglyphen lautet sinngemäß »Geschenk des Amun«, wobei das Zeichen »pa« in einer Lesart auch als Begriff für das Wort »fliegen« verstanden werden kann. Hier knüpft die Verbindung zum ägyptischen Min-Kult an: Ab dem Neuen Reich, etwa um 1570 v. Chr., ging Gottheit Min eine Symbiose mit verschiedenen anderen Göttern ein. So mit dem Sonnengott Re als Min-Re oder mit dem Falkengott als Min-Horus, *und* schließlich wurde Min mit dem Schöpfer- und Luftgott Amun gleichgesetzt. Amun wiederum bedeutet »Der Verborgene« und hatte den Beinamen »Herr des Lufthauchs«! In der ägyptischen Mythologie heißt es: »Amun verkörpert den unsichtbaren Lebenshauch und bringt Bewegung und Leben in die tote Masse des Chaos.« Ein fliegendes Geschenk aus luftiger Höhe? Die Bezeichnung für einen pharaonischen Segelflieger könnte nicht treffender sein!

Wo finden sich weitere archäologische Wunderwerke, die bisher vernachlässigt wurden? Sagenhafte Pharaonenschätze, die von Altertumsforschern vorschnell als »religiös-kultisch« oder »magisch« abgestempelt werden, ohne dass wir ihren ursprünglichen Verwendungszweck kennen? Ich behaupte, die Magazine, Depots und Schubladen sind voll davon! Nicht nur im Ägyptischen Museum zu Kairo, überall in den Wissenstempeln der Welt. Dort, in verstaubten Kellerarchiven, schlummern sie nach wie vor, die

»Störfaktoren«, die nicht ins vertraute Schema passen oder für die eine gesicherte Klassifizierung bis heute fehlt.

Es ist keine Schande sich einzugestehen, dass wir über viele Facetten unserer Herkunft und Geschichte noch nichts Genaues wissen. Diese augenfälligen Lücken ohne dogmatische Scheuklappen schließen zu wollen, sollte uns allen am Herzen liegen. Die vielleicht wichtigsten Eigenschaften, die dafür mitzubringen sind: Offenheit und vor allem Neugierde!

Teil 2

Kraftzentrale Cheopspyramide

»Der Verstand ist am Ende und kann sich an gestern nicht erinnern.«

Papyrus Prisse,
»Die Lehre des Ptahhotep«,

13. Dynastie,
Abschrift eines älteren Textes aus dem Alten Reich um 2500 v. Chr.

Weltwunder Cheopspyramide

Geheime Kammern, verlorenes Wissen und atmosphärische Blitzenergie

Schmuckloses Weltwunder

Reisende aus allen Herren Ländern wollen sie zumindest einmal in ihrem Leben gesehen haben: die majestätischen Pyramiden von Giseh am westlichen Stadtrand von Kairo. Man kann in ihrem Schatten gemächlich zu Fuß über das Wüstenplateau auf Entdeckertour gehen, sie von innen erkunden, Gräber und Tempel des Alten Reiches besuchen, dem sagenhaften Sphinx die Ehre erweisen und danach einen Sonnenuntergang genießen. Das Erlebte bleibt garantiert für immer unvergessen. Wer sich dieses Abenteuer bisher nicht gegönnt hat, der sollte dies trotz des touristischen Massenansturms und der bakschischhungrigen Einheimischen baldmöglichst nachholen.

Als Herzstück des Wundersamen überstrahlt die mächtige Cheopspyramide alles. Die gesamte altägyptische Monumentalarchitektur kennt nichts Vergleichbares und raubt jedem Besucher den Atem. Man nennt sie auch Akwit – die Große. Als einziges der sieben antiken Weltwunder hat sie sich mit ihren Nachbarn, der Chephrenpyramide und der Mykerinospyramide, ins 21. Jahrhundert hinübergerettet. Folgt man der ägyptologischen Lehrmeinung, dann wurde das Bauwunder in der 4. Dynastie um 2600 v. Chr. errichtet. Im Vergleich zu anderen ägyptischen Pyramiden ist sie ein anonymes Denkmal, völlig schmucklos, ohne Dekor, Inschriften oder Fragmente, die auf einstige Grabbeigaben schließen lassen.

Fragt man Ägyptologen nach dem Warum, wird die große Leere mit früher Beraubung begründet und damit, dass erst mit der 5. Dynastie begonnen wurde, die Königsgräber mit Pyramidentexten und Bildern zu dekorieren. Wer in Sakkara jemals in die Unaspyramide gekrochen ist, erkennt den augenfälligen Unterschied. Diese Grabpyramide war mit ihrer ursprünglichen Höhe von 43 Metern kleiner als ihre Vorgänger, aber ihr Inneres ist mit Inschriften geradezu übersät. Die Texte und geometrischen Bildornamente wurden rund um den schwarzen Sarkophag des Pharao angebracht. Die Inhalte geben Anweisungen zum »Himmelsaufstieg des Königs« und seinem »Erscheinen in der Götterwelt«. Dazu behagt die mit einem Sternenmeer geschmückte Giebeldecke. Die Sprüche und Beschwörungen der Unas-Grabstätte dienten als Grundlage für alle nachfolgenden Totenliturgien wie den Sargtexten und dem ägyptischen Totenbuch. Einfallsreich: Die königlichen Grabdekorateure haben zusätzlich raffinierte Effekte eingebaut, die Besuchern der Sargkammer gewöhnlich verborgen bleiben. Dazu ein Tipp: Wer mit seiner Taschenlampe in einem bestimmten schrägen Winkel nahe zur linken und rechten Wand strahlt, staunt über Gestalten, die zwischen dekorierten Scheintüren plötzlich plastisch sichtbar werden! Zusätzlich wurden in den Wänden ein paar Alabastersteine verbaut, die bei direkter Bestrahlung ein mystisches Licht erzeugen. (Siehe Abb. 13 und 14 im Farbbildteil.)

Könnten ebenso ähnliche Effekte über verborgene Informationen in der Cheopspyramide sichtbar gemacht werden? Hinterlassene Spuren, die vielleicht nur unter UV-Licht oder mithilfe akustischer Schallkameras zu bemerken sind?

Die Unterwelt der Djoserpyramide in Sakkara

Wenn die Schmucklosigkeit der Cheopspyramide damit begründet wird, dass erst 250 Jahre später mit der Unaspyramide um 2350 v. Chr. die Dekorierung und Schriftgestaltung begann, so

Grabkammer in der Stufenpyramide von Sakkara, circa 2700 v. Chr.

stimmt das nicht. Denn im Vergleich zur Cheopspyramide ist die etwa 100 Jahre ältere Stufenpyramide von Pharao Djoser in Sakkara ein geradezu reiches Schatzdepot.

Die berühmte Pyramide aus der 3. Dynastie ist der älteste Monumentalbau Ägyptens und ragt mit 61 Metern Höhe wie eine versteinerte Treppe zum Himmel empor. Der Baumeister Imhotep hatte sie um 2700 v. Chr. im königlichen Auftrag errichtet. Die Gruft führt hinab in einen fast 30 Meter tiefen Schacht mit einer Grundfläche von 7 mal 7 Metern. Im Zentrum befindet sich Djosers Grabkammer. Sie besteht aus gewaltigen Rosengranitblöcken, die mühsam aus Assuan herangeschafft wurden. Diese bilden eine 4 Meter hohe Kammer mit den Innenmaßen 1,65 mal 1,65 Meter. Der Zugang erfolgte über eine runde Deckenöffnung, die man nach der Bestattung mit einem über 3 Tonnen schweren »Granitstöpsel« verschlossen hatte. Die gleiche Baukonstruktion findet sich im südlichen Areal des Djoserpyramidenkomplexes. Die Funktion dieser zweiten Anlage ist noch ungeklärt. »Provisorisches Grab«, »Doppelgänger-Grab«, »symbolisches Ka-Grab« und »Vorläufer späterer Kultpyramiden« sind die gängigsten Fachinterpretationen.

Das Einzigartige der Djoserpyramide ist, dass ihr Unterbau einem weit verzweigten Labyrinth mit Schächten, Gängen und Galerien gleicht, das in 30 Metern Tiefe rund um die Grabkammer angelegt ist. In mehreren Etagen und Räumen finden sich Säulen, Nischen und Aberhunderte von kleinen grünblauen Fayence-Kacheln, die als Wandfliesen die Kammern schmücken. Heute sind es vor Ort nur noch wenige, denn die meisten Plättchen fanden fragwürdige Wege in große Museen, vor allem ins Museum of Fine Arts in Boston und ins Metropolitan Museum of Art in New York. Bruchstücke besitzt auch das Ägyptische Museum in Kairo und das Imhotep-Museum in Sakkara. (Siehe Abb. 16 im Farbbildteil.)

Was man in der Unterwelt von König Djoser noch fand: »Opfertische« aus Alabaster und drei Flachreliefs, die, bildhaft und mit Hieroglyphen beschrieben, den König bei »rituellen Handlungen« zeigen. Was Touristen nicht zu Gesicht bekommen, hat mir der deutsche Bauingenieur Axel Klitzke verraten: »In der zweiten Ebene, rund 30 Meter unter der Erde, liegt in einem Gang ein wundervoller Alabastersarkophag! Es sieht so aus, als hätte ihn ein Transportunternehmen auf dem Weg verloren. Leider ist auch in diesem unterirdischen System ein Phänomen zu bemerken, das man ebenso von anderen Ausgrabungsstätten kennt: überall Dreck und Unrat. Ich finde diese Situation völlig unwürdig für so ein prachtvolles Exemplar!«

Strahlt man den Sargdeckel mit einer Lichtquelle an, wird ein mystisch gelblich-oranges Leuchten reflektiert. Es soll noch ein zweites Alabasterstück existieren sowie Bodenfragmente anderer Sarkophage, die für Angehörige der königlichen Familie bestimmt waren. Axel Klitzke ließ mich noch etwas wissen: »Von Professor Drehfahl, einem ehemaligen Direktor des Deutschen Institutes für Ägyptologie in Kairo, der leider schon verstorben ist, erfuhr ich im Jahre 2015, dass das unterirdische System eine Länge von circa 6 Kilometern einnimmt!« Das ist durchaus glaubwürdig, wenn man weiß, dass erst rund 20 Prozent der Nekropole Sakkara als ausgegraben und erforscht gelten. (Siehe Abb. 15 im Farbbildteil.)

Obwohl die Grabkammer und viele Korridore der Djoserpyramide längst geplündert wurden, stießen Archäologen in 33 Metern Tiefe auf noch unversehrte Schächte. Einer enthielt über 40 000 (!) Gefäße, die aus unterschiedlichen Materialien gefertigt sind. Darunter polierte Vasen, Becher und Schalen, die aus härtestem Basalt und Diorit herausgearbeitet wurden. Mit welchen Werkzeugtechniken, ist nicht restlos geklärt. Als wäre das nicht bemerkenswert genug, stammen die meisten Artefakte aus Zeiten weit vor der Herrschaft Djosers, nämlich aus der Frühdynastie um 3000 v. Chr.

Widersprüche im Pyramidenvergleich

Wenn man von den reichhaltigen Grabfunden in der Djoserpyramide weiß und sich dann wieder dem Bauwerk zuwendet, das König Cheops und damit dem mächtigsten Pyramidenbesitzer aller Zeiten zugeschrieben wird, dann findet man dort absolut nichts. Nicht einmal einen Scherbensplitter. Lediglich eine schmucklose leere Granitwanne ohne Deckel steht in der sogenannten Königskammer; mutmaßlich der klotzige Sarkophag des verstorbenen Pharao. Wo aber sind die Würdigungen von Cheops Regentschaft? Was geschah mit der Königsmumie? Liegt sie noch in einer bislang verborgenen Kammer? Wurde wirklich alles bereits in der Antike oder spätestens mit den Abbasiden im 9. Jahrhundert geplündert? Historisch belegt ist, dass es spätestens dann mit der Totenruhe vorbei war.

Wer, wie der Autor dieser Zeilen, das Privileg genießt, in der Cheopspyramide übernachtet zu haben, wundert sich über die raue Bausubstanz im Inneren der gigantischen Anlage. Ein Hinweis darauf, dass die Pyramide nicht religiös-kultischen, sondern praktisch-technischen Zwecken gedient haben könnte? Was bei diesem Wunder in Stein besonders irritiert: Die geometrischen und mathematischen Einmessungen sind mit einer unfassbar hohen Genauigkeit vorgenommen worden. Eine solche Perfektion wurde in nachfolgenden Monumentalbauten nie wieder erreicht. Das ist seltsam, denn sollte es nicht genau umgekehrt sein? Ist es nicht vielmehr so, dass die Menschen aus den Erfahrungen der Vergangenheit lernen, im Laufe der Zeit ihr Wissen erweitern und ihre Technik optimieren, um künftig etwas Besseres zu erschaffen?

Trotz all dieser Widersprüche besteht für Ägyptologen kein Zweifel: Die Große Pyramide ist die letzte Ruhestätte von König Cheops, den die Ägypter Chufu nannten. Als Belege werden vor allem die Grabbauten und Inschriften der 4. Dynastie am Giseh-Plateau genannt sowie ein verstecktes und umstrittenes »Chufu-Graffiti« aus dem Pyramideninneren, das 1837 in einer der »Entlastungskammern« oberhalb der Königskammer entdeckt wurde. Auch gibt es ein 2013 in Wadi al-Graf gefundenes Papyrusfragment, das den Abbau und die Verschiffung von Tura-Kalksteinen für die Cheopspyramide notiert. Allerdings beziehen sich diese Bauaktivitäten immer nur auf die weiße Außenverkleidung, nie auf das Kernmauerwerk der Pyramide. Schließlich existieren noch die berühmten Berichte des Historikers Herodot, der mehr als 2 Jahrtausende nach des Königs Regentschaft die alten Volkslegenden über den »tyrannischen König Cheops« wiedergibt, die er während seiner Ägyptenreise im 5. Jahrhundert v. Chr. von Priestern erfahren hat.

Insgesamt nicht zwingend erdrückende Beweise. Was wir ziemlich gesichert wissen: Das heutige Giseh-Plateau entspricht nicht demjenigen zur Zeit des Pyramidenbaus. Bezieht man die Pyramiden von Chephren und Mykerinos in die Bautätigkeit mit ein, wurden in der Umgebung schätzungsweise 4 700 000 Kubikmeter Kalkstein für die Errichtung der Architekturwunder abgebaut. (Siehe Abb. 18 im Farbbildteil.)

Für das vermeintliche Grabmal des Cheops wurden über 2,5 Millionen Tonnen Steinblöcke auf einer quadratischen Grundfläche von 5,3 Hektar aufgetürmt. Das Gesamtgewicht umfasst an die 6 Millionen Tonnen Kalkstein sowie Granit, der mühsam per Schiff vom weit entfernten Assuan-Steinbruch herangeschafft wurde. Jeder dieser Steinklötze ist mindestens 2 Tonnen schwer, manche der Quader im inneren Kammersystem haben sogar ein Gewicht von 200 Tonnen!

Seit dem Altertum streiten Gelehrte darüber, welche logistischen und bautechnischen Hilfsmittel diese enorme Höchstleistung ermöglichten. Was dem Ganzen noch die Krone aufsetzt: Glaubt man Überlieferungen und der gängigen Lehre, dann wurde das antike Weltwunder in weniger als 20 Jahren Bauzeit aus dem Wüstenboden gestampft. Respekt! Davon können sich die Architekten der Gegenwart, allen voran die Giseh-Baumeister des Großen Ägyptischen Museums, eine Scheibe abschneiden.

Portal ins Innere

2. März 2023. Ich sitze in meiner Wiener Denkwerkstatt vor meinem Computer und haue in strenger Schreibklausur in die Tasten. Die Geisterstunde ist bereits angebrochen, als ich für heute die letzten Gedanken zum Buchmanuskript zu Papier bringe. Ich checke abschließend die Nachrichten und bin perplex: »Neue Kammer in der Cheopspyramide nachgewiesen!« lautet die Sensationsmeldung, die noch in dieser Nacht um die Welt geht. Alles sehr spannend, und doch ärgerlich. Warum hätten »Cheops Kammerjäger« nicht schon 2 Wochen früher Entdeckerglück haben können?

Zu jenem Zeitpunkt spazierte ich gemeinsam mit Freundin Elvira und Ahmed M. Osman über das Giseh-Plateau. Bei der Gelegenheit krochen wir auch in Totengrüfte und erkundeten abseits touristischer Pfade Grabkammern und Tempelruinen des Alten Reiches. Von den News rund um die Große Pyramide verriet mir »mein« Ägyptologieprofessor nichts. Er wird zu diesem Zeitpunkt allenfalls geahnt haben, dass eine neue Entdeckung unmittelbar bevorstehen könnte. Nun verstehe ich auch, warum ich während meiner Giseh-Erkundung nicht hinauf zum ursprünglichen Eingang durfte.

Die Pforte ins Kammersystem liegt auf der Nordseite, 17 Meter über Bodenniveau auf der 19. Stufe der Steinblockreihen. Eine schwere Eisentür verriegelt heute den engen absteigenden Gang. Den zugehörigen Schlüssel verwahrt allein die Antikenverwaltung. Über dem Eingangskorridor liegen in drei Schichten meterhohe Steinquader. Darüber befinden sich zusätzlich zwei Lagen an wuchtigen Blöcken, die in Form eines Giebeldachs arrangiert wurden. Die ungewöhnliche Konstruktion, auch Chevron-Form genannt, erinnert an den Giebelabschluss der fünf »Entlastungskammern« oberhalb der Königskammer. Bautechnisch beispiellos und wahrlich gigantisch!

Der Eingang, den Touristen heute betreten, liegt fast 10 Meter tiefer und ein paar Meter seitlich versetzt westlich. Es ist der »Grabräubertunnel«, den, so wird erzählt, Kalif al-Ma'mūn 832 n. Chr. gewaltsam in die Pyramide hineingeschlagen hat. Dabei stießen die Eindringlinge um die Blockiersteine herum genau auf jene Kreuzung, die über den absteigenden Korridor in die Felsenkammer führt, sowie mit dem aufsteigenden Korridor zur Königinnenkammer und weiter hinauf über die Große Galerie direkt zur Königskammer. Die Geschichte erzählt, die Schatzsucher hätten weder Bestattungsreste noch Grabbeigaben vorgefunden, nur den leeren Sarkophag aus Rosengranit ohne schriftliche Hinterlassenschaften, die auf den verstorbenen Gottkönig hingewiesen hätten. Auch fand sich nirgendwo eine Spur von der Mumie des Pharao. Das verwirrt Ägyptologen bis heute.

Gelang der große Coup bereits in der Antike? War es wirklich Glück und Zufall, dass die Einbrecher im Auftrag des Kalifen zwar ohne Beute blieben, die Pyramide aber nahezu prophetisch an der richtigen Stelle aufbrachen? Oder gaben bereits ältere Quellen den richtungsweisenden Tipp? Vom griechischen Historiker Strabon wissen wir, dass er 25 v. Chr. Ägypten bereiste. In seinem Werk

Geographika erwähnt er eine verborgene Luke: »Diese hat in mäßiger Höhe auf einer der Seiten einen Stein, der herausgenommen werden kann. Wird er herausgehoben, so führt ein gekrümmter Gang bis zur Gruft hinab.« (15. Buch, 3. Kapitel)

Kein Zweifel, Strabon wusste von einem Zugang ins Innere der Pyramide. Doch welchen meinte er? Existierte neben dem großen verschlossenen Pyramideneingang zusätzlich ein kleiner versteckter Durchlass? Wenn ja, bleibt unklar wann und von wem er installiert wurde. Bereits von den Baumeistern oder erst unter späteren Königen? Hatte man den Zugang ins Innere geöffnet und danach wieder versiegelt? Die Bezeichnung »gekrümmter Gang« würde zum schiefen Verlauf des al-Ma'mūn-Tunnels passen, doch dieser sei erst Jahrhunderte später durch die Grabräuber des Kalifen entstanden, versichern uns Archäologen. Ebenso gut könnte der Grieche mit seiner Anspielung aber auch gemeint haben, dass man sich im Inneren nur in stark gebückter Haltung fortbewegen kann, was beim abwärts führenden Einstiegskorridor mit seinen 1,20 Metern Höhe der Fall ist. Mit »unterirdischer Gruft« kann eigentlich nur die Felsenkammer, die 32 Meter unterhalb der Pyramide liegt, gemeint gewesen sein. Zu den oberen Kammern und der Großen Galerie gibt Strabon keine Hinweise.

Wussten die arabischen Schatzjäger von der »Geheimtür« womöglich aus älteren Erzählungen, oder erfuhren sie es von den Einheimischen? Denkbar wäre auch, dass der versteckte Zugang erst mit dem Raubbau an der Außenverkleidung sichtbar wurde. Ob er sich bereits an jener Stelle befand, an der die Arbeiter des Kalifen eingedrungen waren, woraufhin sie den vorhandenen Einlass nur vergrößerten, lässt sich nicht mehr eruieren. Den ursprünglichen Eingang kannte der Kalif offenbar nicht. Sonst hätte er wohl kaum mühsam einen neuen Tunnel graben lassen, wo doch das eigentliche Portal nur wenige Meter darüber liegt, oder? Doch vielleicht kannte er ihn sehr wohl, wusste aber bereits, dass er dort auf massige Blockiersteine stoßen würde, und versuchte daraufhin, diese durch einen neuen Tunnel zu umgehen?

Zeitlose Weisheit

Wenn Touristen die Große Pyramide betreten, dann über den »Grabräubertunnel«. Die Besichtigung der ursprünglichen Pforte einige Meter höher ist nicht gestattet. Dabei ist sie für jeden Sonntagsforscher sehr verlockend. Nicht nur, weil darüber jüngst eine neue Kammer entdeckt wurde, sondern wegen der vielen Graffiti, die hier an den gewaltigen Gewölbesteinen angebracht wurden. Aus der Entfernung sind die Inschriften nicht zu erkennen. Der »normale« Tourist bemerkt sie nicht, und Internet und Reisebüros liefern dazu auch nichts Erhellendes.

Jeder Ägyptenfan kennt das berühmte Zitat »Alles fürchtet sich vor der Zeit, aber die Zeit fürchtet sich vor den Pyramiden.« Fragt man nach der Urquelle, heißt es, dies sei eben ein Sprichwort aus Ägypten. Herrschaftszeiten noch mal, das stimmt, aber welcher Poet hat diese Weisheit wo und wann verkündet? Wenig bis gar nicht bekannt: Eine verblasste Inschrift, die inhaltlich dem Zitat entspricht, ist zentral auf dem größten Gesteinsblock über dem Eingang der Pyramide verewigt! Sie lautet: »*Leur masse indestructible a fatigué le temps – Delille*«. Sinngemäß übersetzt: »Ihre unzerstörbare Masse hat die Zeit ermüdet.« Mit Delille ist der französische Dichter Abbé Delille (1738–1813) gemeint, ein Zeitgenosse von Napoleon Bonaparte. Es gibt allerdings noch eine ältere Quelle, die zum arabischen Historiker und Dichter Umara al-Yamani (1121–1174 n. Chr.) führt. Aus ihr dürften Delille und andere Sprücheklopfer geschöpft haben:

Bauten, davor die Zeit sich sogar fürchtet,
wo sonst doch fürchtet alles in der Welt die Zeit.

Kuriose Kritzeleien

Auf dem rechten oberen Giebelblock der Pyramidenpforte überrascht noch eine andere, längere Inschrift, die in elf Spalten 442 Hieroglyphen mit sieben Kartuschen, einen Serech-Thronnamen und das Determinativ für eine Pyramide enthält. Im ersten Moment denkt man tatsächlich an Schriftzeichen aus der Pharaonenzeit. Da der Text für Ägypten aber untypische Namen wie »Elisabeth«, »Friedrich« oder »Wilhelm« enthält, ist klar, das kann nicht antik sein. Wer hat sich diesen Streich erlaubt? Der Scherzbold heißt Carl Richard Lepsius (1810–1884) und war Sprachforscher und Begründer der modernen Ägyptologie in Deutschland. Er leitete von 1842 bis 1845 die Preußische Expedition nach Ägypten und Nubien, die ihn mit seinem Team auch zu den Pyramiden von Giseh führte. Aus seinen Briefen geht hervor, dass Lepsius in Würdigung an den Preußenkönig Friedrich Wilhelm IV. den Hieroglyphentext über dem Eingang der Cheopspyramide anbringen ließ!

Da lesen wir ins Deutsche übersetzt beispielsweise: »So sprechen die Diener des Königs, dessen Name Sonne und Fels Preußens ist, Lepsius der Schreiber« (Spalte 1). Oder: »Dem Landesvater, dem Huldreichen, dem Liebling der Weisheit und der Geschichte, dem Hüter des Rheinstromes, den Deutschland erkoren, dem Lebensspender allezeit« (Spalte 5). Zum Datum der Abfassung heißt es »… am siebenundvierzigsten Geburtstage Seiner Majestät auf der Pyramide des Königs Cheops« (Spalte 9). Und weiter: »Im dritten Jahre, im fünften Monat, am neunten Tage der Regierung Seiner Majestät; im Jahre 3164« (Spalte 10). Zuvor in Spalte 8 die Lösung zum Datum: »Im Jahre unseres Heilandes 1842, im zehnten Monat, am fünfzehnten Tage«.

Neben der Existenz »deutscher Hieroglyphen«, ihrer Urheberschaft und der Jahresangabe »3164«, erstaunt noch etwas: In welcher Nacht- und Nebelaktion war es Lepsius und seinen Mitstreitern gelungen, unbemerkt auf einer 1,5 Quadratmeter großen Fläche bestechend echt aussehende Hieroglyphenimitationen anzubringen? Und das alles in sehr ungünstiger Höhenlage über dem Eingang der Cheopspyramide? Geklärt ist das bis heute nicht.

Ein Schriftkuriosum habe ich noch anzubieten. Am Boden in der hinteren Mulde unterhalb der Giebelblöcke, nahe der Stelle, wo Ingenieure des »ScanPyramids«-Projekts mit einer Endoskopkamera eine verborgene Kammer bestätigten, ist ein Tetragramm ins Gestein eingraviert. Angesichts der vielen »Namensverschönerungen«, die Touristen in früheren Jahrhunderten hinterlassen haben, kann man es leicht übersehen. Die Inschrift besteht aus vier Symbolen. Von links nach rechts beginnt sie mit einem »V«, dann folgt ein »Kreis, der von einer horizontalen Linie geteilt wird«, dann »drei waagrechte Linien« sowie ein »Kreis mit zwei senkrechten Strichen«.

Tetragramm am Eingang der Großen Pyramide: Was bedeuten die vier Symbole?

Die Symbole passen weder zu bekannten ägyptischen Hieroglyphen, noch entsprechen sie den üblichen Namenskritzeleien von Wichtigtuern, die darauf erpicht sind, ihre Anwesenheit in diesem Weltkulturerbe gut lesbar zu verewigen. Doch die vier Zeichen sind anonym und unverstanden. Es wäre interessant zu erfahren, ob sie wirklich durch Vandalismus entstanden sind oder vielleicht doch älter sein könnten als angenommen. Mit den heutigen Untersuchungsmethoden müsste es möglich sein, dies genau festzustellen. Doch niemand scheint sich dafür zu interessieren. Derweil rätseln Privatforscher über die Bedeutung der Zeichen: »Vier Elemente der Natur«, »Verbindung zu den vier Himmelsrichtungen«, »Mathematische Formel«, »Buchstabensymbolik des Gottesnamen Jahwe – JHWH«, »Schriftzeichen einer verlorenen

Zivilisation« oder »Verschlüsselte Mitteilung der Atlanter« werden als »Übersetzungen« angeboten. Versteckte Botschaft aus dunkler Vergangenheit oder doch nur neuzeitliches Gekritzel?

Triumpf der Kammerjäger

Das Fassungsvermögen der Großen Pyramide beträgt heute über 2,3 Millionen Kubikmeter. Vom bekannten Kammersystem abgesehen, ist alles dicht gefüllt mit Abermillionen Granit- und Kalksteinklötzen. Oder existieren im Inneren noch weitere verborgene Kammern und Korridore, die auf ihre Entdeckung warten? Darüber wird seit Jahrhunderten gegrübelt.

Mit der interdisziplinären Mission »ScanPyramids«, die im Jahr 2015 von der Universität Kairo, dem französischen Heritage Innovation Preservation Institute (HIP) und dem ägyptischen Antikenministerium koordiniert wurde, erwarteten die Kammerjäger neue Erkenntnisse zur inneren Baustruktur der Großen Pyramide. Und tatsächlich: Im Herbst 2017 gaben Forscher des Projekts mit einer Veröffentlichung im britischen Wissenschaftsmagazin *Nature* bekannt, dass sie über der Großen Galerie einen »flugzeuggroßen« Hohlraum von mindestens 30 Metern Länge aufgespürt hätten! In Fachkreisen wird er »ScanPyramids Big Void« (SP-BV) genannt. Ebenso sei ein kleinerer Raum über dem ursprünglichen Eingangsbereich lokalisiert worden, der den Namen »ScanPyramids North-Face-Corridor« (SP-NFC) erhielt. Die bislang unbekannten Räume wurden mittels der Messinstrumente der Myonen-Tomografie enthüllt, mit deren Hilfe das Weltwunder »durchleuchtet« wurde. Kontrollmessungen mehrerer unabhängiger Teams kamen zum gleichen Ergebnis: Die Anomalien sind real!

Aber welche Schlüsse dürfen daraus gezogen werden? Existiert unabhängig vom bekannten Kammersystem noch ein weiteres, getarntes? Dr. Zahi Hawass, Ägyptens berühmtester Ägyptologe, der für seine hemmungslose Selbstdarstellung berüchtigt ist, winkte gleich nach der Entdeckung ab. »Sie haben nichts gefunden«, meinte er damals schroff in einem Interview mit der *New York Times* und ergänzte, dass solche Baulücken seit den 1990er-Jahren bekannt seien. »Diese Scan-Befunde bieten der Ägyptologie nichts. Null.« Reagierte der frühere Generalsekretär der ägyptischen Altertümerverwaltung deshalb so gereizt, weil die Hohlräume diesmal nicht von ihm entdeckt wurden? Oder hatten die Baumeister der Cheopspyramide tatsächlich geschummelt und Berge von Steinquadern einsparen wollen?

Da fällt mir ein Witz ein, der seit Jahren in Ägypten kursiert. Wo auch immer eine Baugrube ausgehoben oder eine Wasserleitung verlegt wird, hüpft garantiert Zahi Hawass mit seinem Schlapphut heraus. Der Grund ist, dass der »Indiana Jones Ägyptens« mit so ziemlich jedem Spatenstich omnipräsent zu sein scheint. Ohne ihn läuft nichts. Selbst heute, mit 76 Jahren, hat der ehemalige Minister für Altertumsgüter bei Grabungstätigkeiten noch seine Finger im Spiel.

Anfang März 2023 dann gelang der physische Beweis eines bislang unerforschten Korridors oberhalb des ursprünglichen Py-

2023 lieferte das Endoskop die Aufnahmen einer versteckten Kammer in der Cheopspyramide

ramideneingangs. Direkt unterhalb des Giebeldachs gibt es im Mauerwerk eine Aushöhlung mit zwei »zapfenartigen« Strukturen. Dieser Bereich wurde irgendwann durch Grabräuber aufgebrochen, ohne dass der Durchbruch in die verborgene Kammer führte. Das glückte erst Wissenschaftlern unter Beteiligung der Technischen Universität München (TUM), ohne dass das Gestein durch eine Bohrung beschädigt wurde. Es genügte eine winzige Gesteinslücke, um eine 5-Millimeter-Endoskopkamera ins Innere zu führen. Was »Kosmische Strahlenmessungen« zuvor angekündigt hatten, fand im Live-Video die endgültige Bestätigung: Über der Pforte existiert tatsächlich ein unberührter 9 Meter langer Korridor, der 2 Meter breit und über 2 Meter hoch ist! Aber wozu? Er scheint leer zu sein und war gewiss kein »Hohlraum zur Einsparung von Baumaterial«. Der Raum besitzt in Fortsetzung zum Eingang ein sorgsam konstruiertes Giebeldach. Eine Mühsal, die von den genialen Architekten der Großen Pyramide sicher nicht aus Jux und Tollerei auf sich genommen wurde. Was war der Zweck?

Korridor zur Königsmumie?

Gibt es am Ende des Raumes einen erweiterten Zugang, einen Korridor oder einen Schacht, der direkt zum großen Hohlraum über der Galerie führt? Die »ScanPyramids«-Analysen können das vorerst nicht bestätigen. Für kleine Verbindungstunnel reicht die Genauigkeit der verfügbaren Messmethoden offenbar nicht aus. Doch der Videobeweis zur »Vorkammer« bestätigt die Messungen der Myonen-Tomografie. Man darf gut begründet annehmen, dass das bei den Aufzeichnungen zum gewaltigen Hohlraum über der Großen Galerie genauso gilt. Dann aber muss es auch einen Korridor zu dieser unbekannten Kammer geben. Wer findet ihn, ohne etwas vom Weltkulturerbe zu zerstören? Dr. Hawass? Inzwischen hat sich der bekannteste Ägypter erneut zu Wort gemeldet, diesmal weitaus zuversichtlicher: »Das könnte die wichtigste Entdeckung des Jahrzehnts sein!« Die »Pyramiden-Scans« hält der Ägyptologe nun für eine durchaus brauchbare Hilfe bei der Suche nach der Mumie von König Cheops. Er vermutet, die echte Grabkammer des Pharao verstecke sich »unter oder am Ende des jetzt bestätigten Geheimganges«.

Noch ist unklar, was sich hinter der Rückwand der entdeckten »Chevron-Kammer« befindet. Cheops »Kammerjäger« wollen das in weiteren Untersuchungen klären. Dazu ist der Einsatz unterschiedlicher Prüftechniken und neuer Verfahren geplant sowie die Installierung verbesserter Myonen-Scan-Messgeräte an mehreren Seiten der Pyramide.

»Endlich geht es mit der Cheopsforschung weiter«, freut sich auch der Ingenieur Friedhelm Krämer. Der deutsche Techniker und Roboterentwickler kennt das Innere der Cheopspyramide wie seine Westentasche. Seine handlichen Roboterfahrzeuge, ausgestattet mit speziellem Steuerungssystem und Endoskopkamera, waren bereits erfolgreich im Hightecheinsatz. Im März 2016 wurden Krämers Miniroboter in einen schmalen Mauerschacht der Sultan-Hasan-Moschee geschickt. Dabei konnten unterhalb des Gebäudes Säulen eines antiken Tempels und ein verborgenes Gangsystem entdeckt werden. Für neue Erkundungen in den Schächten der Cheopspyramide stünden seine Roboterfahrzeuge startklar zur Verfügung. Von dem Insider wollte ich wissen, wie er die Kammerjagd in der Großen Pyramide einschätzt: »Der aktuell gefundene Korridor ist die Bestätigung alter Vermutungen. Schon 1987 hatten Forscher der Waseda-Universität in Tokio bei ihrer Untersuchung darüber berichtet. Sie hatten auch drei Probebohrungen im Gang zur Königinnenkammer (auf der rechten Seite) durchgeführt.«

Damals wurde eine »Verletzung« des Bauwunders offenbar noch geduldet. Nachgefragt: Welche Schlüsse sind aus der Hohlraumbestätigung zu ziehen? Friedhelm Krämer hat einen Verdacht: »Ich denke, der neue Korridor geht hinter einer Sperrwand weiter und führt zum großen Hohlraum über der Galerie. Sonst macht doch der Gang keinen Sinn, oder? Dort im Verborgenen könnte die Mumie des Pharao liegen. Oder eventuell Informationen aus uralter Zeit. Es bleibt sehr spannend!« (Siehe Abb. 17 im Farbbildteil.)

»Luftschächte« zu den Sternen

Die schmerzlich vermisste Mumie von König Cheops zu finden wäre eine Weltsensation. Was aber, wenn in geheimen Kammern ganz andere Schätze entdeckt würden? Schriftliche Aufzeichnungen oder Relikte einer vergessenen Technologie, die mit der Zeitfolge der Pharaonenreiche nicht zusammenpassen? Dann würde das vertraute archäologische Geschichtsbild zerbröseln. Nur einmal als Gedankenspiel erwogen: Angenommen, Forscher entdecken einen Antigravitationsgenerator, eine Zeitmaschine oder eine elektrische Wunderlampe. Würde das Unfassbare von der Altertümerverwaltung und über staatliche Medien offiziell verkündet werden? Oder bliebe das Unbegreifliche und Unbequeme unter Verschluss?

Provokante Fragen, die sich nicht nur »Verschwörungstheoretiker« stellen. Bereits 1993 sorgten neue Entdeckungen in der Cheopspyramide für wilde Spekulationen. Damals untersuchte der deutsche Ingenieur Rudolf Gantenbrink in der Königinnenkammer einen der beiden vermeintlichen »Luftschächte«. Die Konstruktion, gemeinsam mit zwei weiteren Schächten in der Königskammer, ist bautechnisch einzigartig. In keiner der 120 bekannten Pyramiden Ägyptens findet sich eine Parallele! Warum haben die Baumeister diese Schächte exakt auf Sternbilder des südlichen und nördlichen Himmels ausgerichtet? Über ihre astronomische Orientierung und Funktion streiten Fachexperten und Hobbyarchäologen gleichermaßen.

Als Gantenbrink seinen »UPUAUT«-Roboter in den Südschacht der Königinnenkammer schickte, war nach 58 Metern Schluss. Ein polierter weißer Kalksteinblock mit zwei Kupferbeschlägen stoppte die Weiterfahrt. 2002 wurde die Sperre mittels eines neuen Roboterfahrzeugs durchbohrt und ein Endoskop durch die Öffnung geführt. Zum Vorschein kam ein kleiner Hohlraum, der am Ende erneut mit einem Blockierstein abschließt. 2011 wurde mit dem »Projekt Djedi« dieser Bereich genauer unter die Lupe genommen. Dabei wurden rote Markierungen am Gestein bemerkt. Eine Ähnlichkeit mit bekannten Steinmetzzeichen oder Hieroglyphen haben sie nicht. Dennoch gehen Ägyptologen davon aus, dass es sich um schlichte »Bauarbeiter-Graffiti« handelt. Die gleiche Machart zeigt der Nordschacht.

Geht man davon aus, dass eine verborgene Kammer existiert und eine königliche Sargkammer meist von drei schützenden Blockiersteinen versiegelt wird, dann könnten sich hinter dem entdeckten Raum im Südschacht noch zwei weitere Hohlräume befinden. Die »Luftschächte« in der höher gelegenen Königskammer führen bis zu den Außenseiten der Cheopspyramide. Anders in der Königinnenkammer. Hier enden sie etwa 15 Metern vor der Pyramidenaußenwand. Warum? In der himmelwärts führenden Verlängerung des Schachtes, wäre jedenfalls noch genügend Platz für ein perfektes Versteck. Seit Jahrzehnten fanden keine weiteren Schachterkundungen mehr statt. Zumindest offiziell. Oder haben Sie jemals wieder etwas Neues zu den »Luftschacht«-Entdeckungen erfahren? Weshalb gab es einen Forschungsstopp? Kein Budget, Desinteresse oder erlaubt es das ägyptologische Dogma nicht?

Die frostigen Worte des deutschen Ägyptologen Prof. Dr. Rainer Stadelmann (1933–2019), ehemaliger wissenschaftlicher Direktor des Deutschen Archäologischen Instituts in Kairo, schallen mir noch heute in die Ohren: »Es gibt mit Sicherheit keine weitere Kammer! Es gibt keinen Raum hinter dem Stein!« Wie kann man das wissen? Röntgenblick? Es wäre in meinen Augen zu wünschen, dass dank Myonen-Tomografie und aktueller Entdeckungen auch den »alten« Fingerzeigen zu möglichen Geheimkammern wieder mehr Beachtung geschenkt wird.

Depot seltsamer Dinge

Mit der Ungewissheit wachsen auch Träume und Gerüchte. Hartnäckig überdauern fantastische Legenden, die von der Existenz geheimer Archive in der Großen Pyramide erzählen. Angeblich sei in einer Kammer das universelle Wissen der ägyptischen Priesterschaft aufbewahrt. Als bevorzugte Quelle wird der »Zungenbrecher« Taqī ad-Dīn Abū l-'Abbās Ahmad ibn 'Alī al-Maqrīzī (1364–1442) angeführt, kurz al-Maqrīzī. Er war ein bedeutender Historiker der arabischen Welt, Richter, Prediger und Schriftsteller, der etwa 200 Werke verfasste. In einer seiner Schriften wird das Rätsel um die verschwundene Nase des Sphinx gelüftet. Comicfans werden irrtümlich darauf beharren, dass ein Fehltritt des Galliers Obelix dafür verantwortlich zeichnet. Dagegen war nach al-Maqrīzī der Täter ein strenggläubiger Derwisch eines Sufiklosters namens Mohammed Saim el-Dar. Er soll den Zinken der 20 Meter hohen Monumentalskulptur im Jahre 1378 brutal abgeschlagen haben. Im Anschluss, so wird erzählt, sei der religiöse Fanatiker von einer aufgebrachten Volksmenge gelyncht worden.

In seinem Hauptwerk *Hitat* nimmt al-Maqrīzī Bezug auf die Große Pyramide, ihr legendäres vorsintflutliches Alter und ihre verborgenen Geheimnisse. Der Historiker beruft sich hierbei auf ältere arabische und koptische Manuskripte, die er aus den Kairoer Bibliotheken zusammenfasste. Die meisten der Originalquellen gelten heute leider als verschollen oder sind längst zerstört, darunter die muslimische Handschrift *Sīrat al-Ma'mūn* aus dem 12. Jahrhundert.

In den Überlieferungen des *Hitat* wird nicht Cheops als Bauherr der Großen Pyramide genannt, so wie es der griechische Historiker Herodot (um 480–420 v. Chr.) in seinen *Historien* postuliert hatte, sondern ein mythischer König namens Sūrīd Ibn Salhouk, besser bekannt als Saurid. Manche Chronisten erkennen in ihm Idris oder den ägyptischen Weisheitsgott Thot, den die alten Griechen mit ihrem Götterboten Hermes gleichsetzten. Wieder andere behaupten, die Person Saurid sei mit dem hebräischen Propheten Henoch identisch, einem der biblischen Urweisen.

In einer Passage heißt es, dass dieser sternenkundige Regent 300 Jahre vor der Sintflut eine Vision gehabt hätte. Er sah eine kosmische Katastrophe herannahen, bei der sich »die Erde kehrte mit ihren Bewohnern, die Menschen in blinder Hast flüchteten und die Sterne herabfielen«. Eine Warnung zum drohenden Einschlag eines Asteroiden? Genau so liest es sich. Dazu erfahren wir im *Hitat* weiter von einer »geheimen Besprechung«. Dabei hätten oberste Priester aus allen Provinzen Ägyptens mithilfe astrologischer Berechnungen der Sternenkonstellationen den unheilvollen Zukunftstraum von Saurid gedeutet. Als Folge wurde der Bau der Großen Pyramide beschlossen, um darin das Menschheitswissen der damaligen Zeit für zukünftige Generationen zu bewahren.

Die Pyramide als Wissenschaftsbunker und Zeitkapsel? Mehrere arabische Chronisten, die König Saurid als Erbauer der Großen Pyramide nennen, erzählen, dass er »in der westlichen Pyramide 30 Schatzkammern aus farbigem Granit anlegen ließ; die wurden angefüllt mit reichen Schätzen, mit Artefakten und Bildsäulen aus kostbaren Edelsteinen, mit Geräten aus vortrefflichem Eisen, wie Waffen, die nicht rosten, mit Glas, das sich zusammenfalten lässt, ohne zu zerbrechen, mit seltsamen Talismanen, mit verschiedenen Arten der einfachen und der zusammengesetzten Heilmittel und mit tödlichen Giften«.

»Biegsames Glas«? Im Mittelalter muss ein solcher Wunderwerkstoff als Ammenmärchen verstanden worden sein. Heute ist er kein Hirngespinst: »Wickelbares Glas« findet in der Elektronik längst Anwendung und wird in Form von faltbaren Displays bei Mobilgeräten immer beliebter. Industrielle Herstellung von »rostfreiem Eisen«? Seit dem 19. Jahrhundert keine Flunkerei. Ohne rostfreien Stahl wären viele Kühlgeräte und Kernfusionsreaktoren nicht realisierbar. Woher wissen wir, dass mit »magischen Zaubergeräten«, die in alten Schriften Erwähnung finden, keine fortgeschrittene Technologie gemeint war? Verlorenes Wissen, das spätere Generationen in Unkenntnis missverständlich zu »Aberglauben« und »Hexenwerk« abqualifizierten?

Blendwerke oder alternative Geschichte?

Glaubt man verschmähten Legenden, dann wurden in Kammern der Großen Pyramide nicht nur »wundersame Dinge« verwahrt, sondern ebenso Berge von »gelehrten Schriftenrollen« und »geheimen Büchern der Erkenntnis«. Wurde etwas davon gefunden? Bereits in antiken Zeiten, lange bevor der Kalif al-Ma'mūn die Pyramide im 9. Jahrhundert aufbrechen ließ? Ein Manuskript aus dem Inneren der Cheopspyramide soll im Besitz des ägyptischen Priesters Manetho aus Sebennytos in Unterägypten gewesen sein. Haltlose Fantastereien, Wunschdenken? Oder vielleicht doch das berühmte »Körnchen Wahrheit«?

Wenn das Werk jemals existierte, wie fand es seinen Weg zu dem Chronisten? Was geschah später damit? Manetho lebte im 3. Jahrhundert v. Chr., also zur Zeit der hellenistischen Ptolemäer-Dynastie. In dieser Epoche soll die legendäre Bibliothek von Alexandria samt dem antiken Gedächtnis der Menschheit bei der Zerstörung des Palastreviers von Alexandria vernichtet worden sein. Verbreitet wird oft, die danach wiederaufgebaute Bibliothek sei im Jahre 48 v. Chr. durch Julius Cäsar schließlich endgültig vernichtet worden. Die meisten Historiker halten diese Behauptung für einen Mythos. Auch die Legende aus dem 13. Jahrhundert, wonach Araber 642 bei der Eroberung Alexandrias Restbestände der »heidnischen Bibliothek« zerstört hätten, bleibt unbewiesen. Wahrscheinlicher ist, dass die reiche Sammlung von bis zu 700 000 Schriftrollen (die Schätzungen zu den Bestandzahlen gehen stark auseinander) mit erstaunlichen Kenntnissen aus den Anfängen der Zivilisation bereits Jahrhunderte vor Christi Geburt verloren ging. Ob dabei allenfalls auch sämtliche Informationen zum Pyramidenbau sowie Errungenschaften aus vorsintflutlicher Zeit ein Opfer der Flammen wurden, wissen wir nicht.

Ebenso wenig wissen wir, wer für den sagenhaften König Saurid einst Pate stand. Im *Hatit* wird erzählt, dass er auf der Spitze der Großen Pyramide eine Schrift hinterlassen habe, die ihn und nicht Cheops als Bauherrn auswies. Betrüblich, denn just das Pyramidion, der oberste Teil der Großen Pyramide, fehlt, wurde geraubt oder zerstört. Gleiches gilt für die weiße Außenverkleidung aus geglättetem Tura-Kalkstein. Nach Herodot haben sich darauf Inschriften befunden. Schade, dass dies nicht mehr überprüft werden kann. Die hell leuchtenden Pyramidenblöcke wurden im Mittelalter fast vollständig abgetragen. Sie dienten als Baumaterial in Häusern, Palästen, Moscheen und an der Stadtmauer von Kairo.

Der eiserne Götterthron

Vor Jahrzehnten wurden in den »Luftschächten« der Königinnenkammer türartige »Blockiersteine« mit Kupferbeschlägen entdeckt. Das hatte bis dahin kein Archäologe für möglich gehalten. Allein ihre Existenz brachte die Ägyptologie in Verlegenheit. Was kommt erst auf uns zu, wenn demnächst neue Korridore und Kammern aufgespürt werden? Oder wenn ein Zugang zur lokalisierten riesigen Räumlichkeit über der Großen Galerie gelingt? Vielleicht mit einem Roboterfahrzeug über den Nordschacht der Königskammer? Was wird man vorfinden? Eine Kammer, vollgestopft mit Papyri aus der 4. Dynastie oder den Leichnam von König Cheops? Dann wären alle Skeptiker blamiert, die das ägyptologisch verbürgte Alter der Großen Pyramide stets angezweifelt haben.

Und umgekehrt? Was tun, wenn das Aufgefundene nicht mit der Chronologie der ägyptischen Geschichte übereinstimmt? Unlesbare Botschaften, unverstandene Gegenstände, vorpharaonische Hinterlassenschaften? Solange verborgene Kammern verschlossen und unerforscht bleiben, wird es viel gedanklichen Spielraum für verwegene Spekulationen geben. Bei Jägern des Fantastischen werden dabei gerne Atlanter und Außerirdische ins Feld geführt.

Als ich auf der Suche nach Hinweisen zu hinterlassenen Relikten in der Großen Pyramide war, stieß ich auf die ungewöhnliche Hypothese des italienischen Astrophysikers und Archäoastronomen Prof. Giulio Magli. Er fand im Aufbau der Cheopspyramide eine Entsprechung in den Pyramidentexten, auch wenn diese erst ab der 5. Dynastie belegt sind. Der Wissenschaftler studierte die religiösen Sprüche genauer und stellte fest, dass sie wie Anleitungen für eine erfolgreiche Himmelfahrt zu lesen sind. Demnach müsse der verstorbene Pharao, gehüllt in rituelle Kluft, auf einem »Thron aus Eisen« Platz nehmen, bevor er die »Tore zum Himmel« passieren darf, um dann zum nördlichen Himmel aufzusteigen und die »Heimat der Götter« in den Tiefen des Alls zu erreichen. Maglis Verdacht, den er 2018 in einer Presseaussendung verraten hat: Im Hohlraum über der Galerie liegt eine lang gezogene Kammer, die analog zu altägyptischen Begräbnisritualen eine besondere Rolle gespielt haben dürfte. Magli ist überzeugt davon, dass an der höchsten Stelle dieses Raumes, exakt unter der Spitze der Pyramide, ein eiserner Thron steht!

Ein spezieller Sitzplatz aus Metall, der beim Durchschreiten der Himmelstore besetzt werden muss? Mit den modernen Augen eines Prä-Astronautikers gesehen, erinnert die Beschreibung an das Cockpit einer Space-X-Rakete kurz vor ihrem Start ins Weltall. Selbst wenn man diesen Vergleich für Fantasy hält: Bereits mit dem Fund eines Eisenreliktes hätte die ägyptologische Wissenschaft Probleme. Es wäre ein klassisches Out-of-place-Artefakt, egal ob das Stück geschmiedet wäre oder aus Meteoriteneisen bestünde.

Wo aber sind nun die Textpassagen zu finden, die einen solchen »Eisenthron« und seine Verbindung zur Sternenwelt belegen? In den Medien las ich als Quelle stets nur »Pyramidentexte«. Das ist ungenau und unzureichend. Schließlich war die Recherche doch erfolgreich: In der Universität Zürich liegt die Dissertation

Die Feinde des Königs in den Pyramidentexten von Dr. phil. Georg Meurer vor. Im Abstract der Studie heißt es: »In ihrer Gesamtheit begründen die Pyramidentexte die theologische Konzeption zur Bewahrung von Fortexistenz, Angedenken und Macht des verstorbenen Königs in Ägypten«, wobei »eine Gruppe der Pyramidentexte dem Schutz des verstorbenen Herrschers auf seinem Weg zu den Sternen dient«.

Und tatsächlich finden sich in den Übersetzungen der Pyramidentexte, so wie es Giulio Magli behauptet, mehrfach Passagen zum Götterthron aus »ehernem Erz«, einer alten Bezeichnung für »aus Eisen bestehend«. An einer Stelle heißt es beispielsweise: »Mögest du stehen an der Spitze der unvergänglichen Sterne, und mögest du sitzen auf deinem ehernen Thron, von dem die Toten entfernt sind.« Bemerkenswert: Mit den nicht näher genannten »Toten«, so führt Meurer an, können ebenso gut »Götter« gemeint gewesen sein. Welche »Götter«? Imaginäre Totengeister oder kosmische Himmelsbewohner aus Fleisch und Blut?

Thronähnliche Felsstruktur in 32 Metern Tiefe unter der Cheopspyramide

Postskriptum: In der Felsenkammer unterhalb der Cheopspyramide liegt ein bizarres Steingebilde. Es soll der unfertige, grobe und letztlich missglückte Versuch für den Bau der Königskammer gewesen sein, der schließlich aufgegeben wurde. Eine These, der ich nicht folgen kann. Die herausgearbeiteten Gesteinsstrukturen habe ich mir genau angesehen. Sie wurden mit Meißeln fein nachbearbeitet. Die Mühe macht sich nur jemand, für den das eigentliche Heiligtum eben genau diese sonderbare Struktur darstellt, die in dieser Form erhalten bleiben sollte. Südseitig links, im mittleren Bereich, ist aus dem Felsen eine Struktur herausgehauen, die wie ein steinerner Thron wirkt. Ein idealer Platz zum Sitzen und meditieren. Es muss kein Kontext zum oben Beschriebenen bestehen, aber wer weiß?

Die Bernsteinwirkung

Beinahe 4000 Jahre lang war die Cheopspyramide das höchste Gebäude der Welt! Ursprünglich erreichte dieser antike Wolkenkratzer samt Außenverkleidung eine Höhe von rund 147 Metern. Das entspricht ziemlich genau 280 ägyptischen Königsellen. Da die letzten Meter zur Spitze heute fehlen, misst die Pyramide bis zur Plattform jetzt »nur« noch 139 Meter. Die meisten Pyramiden waren – genauso wie die Obelisken mit einem Pyramidion gekrönt, das mit einer kostbaren Metallschicht überzogen war und die Strahlen der aufgehenden Sonne zurückwarf. Dieses glänzende Material trägt den Namen Elektrum, es wird aber auch Elektros oder Elektron genannt, mit etymologischer Herkunft aus dem Griechischen. Gemeint ist eine natürliche oder künstliche Legierung aus Gold und Silber, die zurückführt zum goldgelb leuchtenden Bernstein. Das altgriechische Wort für Bernstein lässt sich wiederum von Elektrum herleiten und wird mit »hell, glänzend, strahlend« assoziiert.

Der Gleichklang mit modernen Begriffen wie »Elektroden«, »Elektrizität« oder »elektrostatisch« ist kein Zufall. Wird Bernstein über ein Tierfell, aber auch Textilien wie Wolle oder Seide gerieben, kommt es zu einer elektrostatischen Aufladung – bekannt als Phänomen der Reibungselektrizität. Sie wurde bereits um 550 v. Chr. von dem griechischen Naturphilosophen Thales von Milet beschrieben.

Wusste man auch im alten Pharaonenreich bereits vor Jahrtausenden von der magischen Anziehungskraft des versteinerten Harzes? Beobachtet haben die Zeitgenossen von Cheops die elektrostatischen Effekte bestimmt, ob auch in ihrer Ursache verstanden, wird von Archäologen allerdings bezweifelt. Unbestritten ist, dass Bernstein im Altertum zu Heilzwecken verwendet und in Gräbern ägyptischer Pharaonen entdeckt wurde, darunter auch in der berühmten Schatzkammer von König Tutanchamun.

Es mutet schon kurios an, dass fossiler Bernstein auch der moderne Namensgeber für das negativ geladene stabile Elementarteilchen Elektron und im weiteren für elektrischen Strom – Elektrizität wurde. Dazu hat der englische Arzt und Naturforscher William Gilbert im Jahre 1600 den Begriff »Electrica« geprägt, den er aus dem griechischen Elektron für Bernstein ableitete. Auch unterschied er als Erster eindeutig zwischen Magnetismus und der statischen Elektrizität. Knapp 100 Jahre später entdeckte sein Landsmann William Wall im Jahre 1708, dass von einem elektrisch geladenen Stück Bernstein Funken sprühen, die einem Blitz ähnlich sehen.

Das Funkenexperiment von Werner von Siemens

Was hat nun Blitzelektrizität mit der sonnenglänzenden Metallschicht der Pyramidenspitzen zu tun? Neben der Bezeichnung als Elektron vielleicht mehr als wir erahnen denn: Auf der Spitze der Cheopspyramide sprühen tatsächlich elektrische Funken! Ein Phänomen, das der deutsche Erfinder und Industrielle Werner von Siemens (1816–1892) am eigenen Leib verspürte. Der Begründer der modernen Elektrotechnik beschreibt sein Erlebnis über »stark elektrische Erscheinungen auf der Cheopspyramide« in seinen Lebenserinnerungen. Darin erfahren wir, dass Siemens 1859 das Land am Nil besuchte.

Es war am Vormittag des 14. April. Siemens erklomm mit Freunden und einer Gruppe arabischer Begleiter die Große Pyramide. Oben auf der etwa 10 Quadratmeter großen Plattform angekommen, bemerkte er das Aufkommen eines Windes, der stärker wurde und zum Sturm zu werden drohte. Als Siemens einen Finger himmelwärts streckte, vernahm er eine »prickelnde Empfindung«, die von einem »singenden Ton« begleitet wurde. Er schreibt: »Dass es sich hierbei um eine elektrische Erscheinung handelte, ergab sich daraus, dass man einen gelinden elektrischen Schlag bekam, wenn man aus einer Weinflasche zu trinken versuchte. Durch Umhüllung mit feuchtem Papier verwandelte ich eine solche, noch gefüllte Flasche mit einem metallisch belegten Kopfe in eine Leidener Flasche, die stark geladen wurde, wenn man sie hoch über den Kopf hielt. Man konnte dann aus ihr laut klatschende Funken von etwa 1 Zentimeter Schlagweite ziehen.«

Mit der Leidener Flasche ist die Urform eines Kondensators gemeint, bestehend aus einem Glasgefäß mit Metallbelägen auf der Innen- und Außenseite. Damit lassen sich elektrische Ladungen speichern und kleine Blitze erzeugen. Erfunden wurde der »Funkenapparat« Mitte des 18. Jahrhunderts. Siemens, der mit der Funktion bestens vertraut war, versetzte die Einheimischen mit seinem »gottlosen Experiment« in Schrecken. Im weiteren Verlauf trieb er es auf die Spitze: »Ich stand gerade auf dem höchsten Punkte der Pyramide, einem großen Steinwürfel, der in der Mitte der Abplattung lag, als der Scheich des Arabertribus sich mir näherte und mir durch unsern Dolmetscher sagen ließ, der Tribus hätte beschlossen, wir sollten sofort die Pyramide verlassen. Als Grund gab er auf Befragen an, wir trieben offenbar Zauberei, und das könnte ihrer Erwerbsquelle, der Pyramide, Schaden bringen. Als ich mich weigerte, ihm Folge zu leisten, griff er nach meiner linken Hand, während ich die rechte mit der gut armierten Flasche – in offenbar beschwörender Stellung – hoch über den Kopf hielt.«

Dann setzte Siemens die Flasche als »Verteidigungswaffe« ein, indem er den Flaschenkopf zur Nase des Arabers drehte: »Als ich sie berührte, empfand ich selbst eine heftige Erschütterung, aus der zu schließen der Scheich einen gewaltigen Schlag erhalten haben musste. Er fiel lautlos zu Boden, und es vergingen mehrere, mich schon ängstlich machende Sekunden, bis er sich plötzlich laut schreiend erhob und brüllend in Riesensprüngen die Pyramidenstufen hinabsprang.« Die anderen Einheimischen taten es ihm gleich und entfernten sich fluchtartig von der Pyramidenspitze. In diesem Moment sah sich Siemens als »Herr der Pyramide« und notierte amüsiert: »Napoleon ist der ›Sieg am Fuße der Pyramiden‹ nicht so leicht geworden wie mir der meinige auf ihrer Spitze!«

Antike Blitzableiter?

Der Pionier der Elektrotechnik machte noch eine spannende Beobachtung, als er bemerkte, dass er und sein Gefolge »die beschriebenen Erscheinungen nur auf der Spitze der Pyramide« wahrgenommen hatten. »Schon einige Stufen tiefer«, so protokollierte er, »waren sie nur noch sehr schwach, und in der Ebene konnten wir gar keine elektrischen Erscheinungen mehr entdecken.«

Wir kennen dieses Phänomen der atmosphärischen Elektrizität, die als Luftelektrizität bezeichnet wird. Sie ist immer da, selbst bei gutem Wetter. Aufgrund von kosmischer Strahlung und natürlicher Radioaktivität wird Luft ionisiert. »In der Atmosphäre besteht ein vertikales Spannungsgefälle von etwa 130 Volt pro Meter«, erklärt dazu das *Wetterlexikon*. »Mit zunehmender Höhe nimmt die Feldstärke dann exponentiell ab. Die Erdoberfläche bildet den negativen Pol. Dieses elektrische Feld wird durch den Fluss von Ionen in der Luft aufgebaut. Gewitter tragen dazu bei, dass die Intensität des elektrischen Feldes verringert wird.«

Elektrische Funken und Himmelsblitze? Da kommt einem Benjamin Franklin (1706–1790) in den Sinn. Er war einer der Gründungsväter der Vereinigten Staaten und experimentierte gerne. Der Amerikaner bewies, dass elektrische Phänomene in der Atmosphäre sich nicht grundsätzlich von jenen im Labor erzeugten Blitzen unterscheiden. In seinen Studien kam Franklin zur Erkenntnis, dass »Blitze alle Eigenschaften besitzen, die bei elektrischen Maschinen auch zu finden sind«. Weltruhm erlangte der Naturwissenschaftler anno 1752 mit seiner Erfindung des Blitzableiters.

Heute sind die meisten Gebäude mit einem solchen ausgestattet. Das Prinzip entspricht einem geerdeten elektrischen Leiter, der am Dach angebracht ist. Bei Einschlägen wird der Blitzstrompfad an dem zu schützenden Objekt vorbeigeführt und in den Boden abgeleitet. Aber war Franklin wirklich der Erste, der Fangeinrichtungen für Stromschläge in Form metallischer Stangen erprobte und als Blitzschutzanlage erkannte?

Der deutsche Historiker, Meteorologe und Autor Prof. Dr. Richard Henning (1874–1951) spürte dieser Frage nach. An der Existenz antiker Blitzableiter zweifelte der Naturforscher, hielt aber anderseits Platons Atlantis-Saga und das Ungeheuer von Loch Ness durchaus für glaubwürdig. In seinem Buch *Wo lag das Paradies? – Rätselfragen der Kulturgeschichte und Geographie* liefert Henning trotz großer Skepsis interessante Hinweise zur möglichen Nutzung von Blitzableitern im Altertum. Er stützt sich dabei auf das »strittige Beweismaterial« zweier bedeutender Professoren der Ägyptologie: Heinrich Brugsch-Pascha und Johannes Dümichen. In Fachstudien widmeten sich beide Gelehrte Ende des 19. Jahrhunderts den turmhohen Obelisken, die an ihren Spitzen mit Goldkupferlegierungen beschlagen waren und »mit Flaggen geschmückte Masten oder ›Flaggbäume‹ trugen«. Hennig ergänzt dazu: »Diese Masten, die, vom Erdboden beginnend, in steinernen Rinnen an den Obelisken entlangliefen und noch hoch über diese hinausragten, liefen in einer scharfen Spitze aus, zu dem ausgesprochenem Zweck, die Unwetter zu verscheuchen …«

Im ptolemäischen Horus-Tempel von Edfu, 85 Kilometer südlich von Luxor, hat Brugsch 1865 die Wandtexte kopiert und erste

Übersetzungen vorgenommen. Eine Inschrift soll lauten: »Doppelmastbäume sind an ihrer Stelle in ihrer Gestalt von Paaren, um zu brechen das Unwetter, dieses, des Himmels. Eine Flagge ist auf ihrer Spitze aus weißem Zeuge, blauem Zeuge.« Und an anderer Stelle: »Ihre Mastbäume aus Zedernholz reichen bis zum Himmelsgewölbe und sind mit Kupfer des Landes beschlagen.«

Dümichen wiederum weiß von einer Inschrift im Hathor-Tempel von Dendera, die noch deutlicher auf einen Blitzableiter hinweist: »Der Portalbau, dessen Bekrönung zum Himmel ragt, auf seinen beiden Seiten zwei Holzmasten, an ihrer Spitze beschlagen mit Kupfer; Pyramidenspitzen befinden sich an ihnen, um zu brechen das aus der Höhe kommende Unwetter.«

»Es fällt in der Tat schwer, nach der in den Inschriften von ihnen angegebenen Beschreibung eine andere Bestimmung für sie anzunehmen als die von Blitzableitern«, stellt Johann Dümichen fest und resümiert: »Sollte es zulässig sein, den Ägyptern bereits die Kenntnis des Blitzableiters zuzuschreiben, dann würden wir zweifellos in jenen hochragenden Mastbäumen der ägyptischen Tempel die ältesten Blitzableiter haben.«

Zu fast identischer Schlussfolgerung gelangt Heinrich Brugsch: »Eine vergoldete Kupferspitze auf einer riesengroßen Spitzsäule aus Granit stellte einen Blitzableiter dar, wie man sich ihn nicht besser wünschen könnte« und ergänzt: »Die Blitzableiter im größten Stile, den je die Welt gesehen, ›schnitten das Gewitter‹ und dienten gleichzeitig zum Schutze der zu ihren Füßen liegenden Tempel.« (Siehe Abb. 20 im Farbbildteil.)

Blitzableiter in Wüstengebieten? Skeptiker werden dagegen halten: Wozu? Gewitter und Blitzeinschläge kommen in Ägypten selten vor. Das stimmt, aber wenn es zu Unwettern kommt, dann kann es ordentlich »blitzen« und »schütten«. Ich habe das bei meinen Aufenthalten im Land der Pharaonen schon mehrmals miterlebt. Hinzu kommt, dass die klimatischen Wetterbedingungen vor Jahrtausenden ganz andere gewesen sein können als heute. Von der Trockenwüste Sahara, die sich von der afrikanischen Atlantikküste bis zum Roten Meer erstreckt, wissen wir, dass es dort immer wieder Feuchtperioden mit heftigen Monsunregen gegeben hat.

Wenn es am Firmament blitzte und donnerte, dann konnte das von Urvölkern als Zeichen der erzürnten Wetter- und Himmelsgötter verstanden werden. Das Volk der Etrusker, das um 800 v. Chr. bis knapp vor Christi Geburt in Nord- und Mittelitalien lebte, entwickelte aus dieser Vorstellung heraus sogar eine eigene religiöse »Blitzlehre«. Mit ihr wurde versucht, den Willen der Götter zu deuten. Zeit, Ort und Richtung der beobachteten Blitze spielten dabei eine bedeutende Rolle. Sie bildeten die Grundlage von Prophezeiungen, die das gesamte Leben und Schicksal der Etrusker bestimmten. Interessant dabei ist, dass ihre Priester nicht nur die Himmelsregion nach Blitzerscheinungen absuchten, sondern selbst in der Lage gewesen sein sollen, Blitze herbeizurufen. Ein gekurvter Kultstab aus Metall, Lituus genannt, soll dabei behilflich gewesen sein.

Ägyptologisches Donnerwetter

Vor mehr als 100 Jahren haben die Indizien zum antiken Wissen über Blitzableiter einen heftigen Expertenstreit unter Ägyptologen ausgelöst. Schließlich wurde die These wieder verworfen, weil, so lautete das abweisende Urteil, man die Überlieferungen und Texte »nicht wortwörtlich« verstehen dürfe. Dazu schrieb Prof. Dr. Adolf Erman (1854–1937), ehemals Direktor der ägyptischen Abteilung der Königlichen Museen zu Berlin, am 9. Februar 1909 auf eine Anfrage an Richard Henning: »Wenn man all diese Phrasen der ägyptischen Texte wörtlich nehmen wollte, so könnte man die wundersamsten Dinge darin finden. Wir mit unserem nüchternen europäischen Verstande sind leicht geneigt, die nichtssagenden Phrasen des Orientalen ernst zu nehmen, und wir müssen uns erst durch Übung daran gewöhnen, den Inhalt zu verstehen.« Wenn nun in den Texten »Flaggenmasten« genannt werden, »die Wolken des Himmels stechen«, dann sei damit lediglich eine nichtssagende Redensart gemeint, etwa vergleichbar mit unserem Ausdruck von »himmelhohen Häusern« oder »Wolkenkratzern«, die ja auch nicht wirklich bis in den Himmel ragen und schon gar keine Wolken kratzen. Das heißt, die Textinformationen sind schlicht als erklärte Übertreibungen zu begreifen.

Mutet dennoch etwas hochmütig an. Ebenfalls kein gutes Haar ließ Prof. Wilhelm Spiegelberg (1870–1930) an der pharaonischen Blitzableiterhypothese. Der ehemalige Direktor des Lehrstuhls für Ägyptologie in München bemängelt die Übersetzung von Brugsch. Seiner Deutung zufolge, sei nicht vom »Gewitter« die Rede, das am Himmel »geschnitten« oder »gebrochen« würde, sondern von einer »Wolke«. Nach Spiegelbergs Bewertung enthalten die Texte in Edfu und Dendera »nicht die geringste Andeutung, dass die Flaggenmasten der Pylonen oder die Obelisken als Blitzableiter gedient hätten. Die von Brugsch dahin gedeuteten Ausdrücke beschreiben lediglich poetisch die Höhe der Bauteile, die bis zum Himmel oder bis in die Wolken ragen«. Sein Fazit: »Der Gedanke, dem Himmel seine Blitze zu nehmen, ist der Ausfluss einer modernen Weltanschauung, die mit der des Orients im schärfsten Widerspruch steht.«

Man kann sich in eine Idee verrennen. Dinge können missverständlich oder falsch interpretiert werden. Niemand von uns war dabei, als die Inschriften und ihre Sinngebung vor Jahrtausenden in Stein gemeißelt wurden. Weder alternative Forscher mit fantastisch anmutenden Theorien, noch Vertreter geltender Lehrmeinungen, die am Erlernten festhalten wollen. Elektrizität im Altertum? Unmöglich! Die wenigsten Archäologen berücksichtigen bei diesem kategorischen Urteil, dass es im Verlauf der Menschheitsgeschichte mehrere Höhen und Tiefen auf dem Gebiet der wissenschaftlichen Forschung gegeben haben kann. Warum sollten sich altägyptische Priester, Wissenschaftler ihrer Zeit, nicht ebenfalls bereits am »Gipfel« ihres Bemühens befunden haben? Die Liste ungeklärter archäologischer »Kultobjekte«, die eine technische

Interpretation erlauben, ist lang. Manche Errungenschaften der Moderne könnten letztlich nur Wiederentdeckungen alten Wissens sein, das in früheren Zeiten bereits in anderer oder ähnlicher Natur existierte. Gehörte die Existenz wirksamer und bewusst angewandter Blitzableiter dazu?

Vor langer Zeit am Tempelberg

Könnten Obelisken, Fahnenmasten und Säulen als Blitzableiter gedient haben? Dazu befragte ich den Mechatroniker Herbert K. Fuchs, der die Sachlage skeptisch sieht, aber nicht für gänzlich unmöglich hält: »Es könnte eventuell sein, zumindest müsste aber dann eine elektrisch leitende Verbindung zur Erdoberfläche bestehen. Die Hypothese, dass zum Beispiel ein Obelisk nur mit einer metallverkleideten Spitze dafür herhalten soll, halte ich für absolut unwahrscheinlich! Der Stein leitet den elektrischen Strom nicht! Zumindest nicht in trockenem Zustand. Ist ansonsten ja ein guter Isolator. Es sei denn, er wäre innen teilweise hohl und hätte darin etwas Ähnliches wie einen metallüberzogenen Mast beziehungsweise Pfosten, der mit der metallischen Spitze in Berührung steht und Kontakt mit dem (Erd-)Untergrund hat.«

Ein Hinweis zur antiken Blitzableiterfunktion führt nach Jerusalem zum Salomonischen Tempel. Das behaupten zumindest Legenden vom Heiligtum des Königreichs Juda, das einst auf dem Tempelberg thronte. Mit der Eroberung durch die Babylonier wurde es 587 v. Chr. zerstört. Im Alten Testament und in den hebräischen Urtexten heißt es im 1. Buch der Könige: »Und er formte die beiden Säulen aus Bronze: achtzehn Ellen betrug die Höhe der einen Säule, und ein Faden von zwölf Ellen umspannte sie; ihre Wandstärke war vier Finger breit, und innen war sie *hohl*; ebenso war die andere Säule …« Sie wurden vor dem Eingang des Tempels platziert, ragten etwa 9 Meter in den Himmel und schlossen im oberen Kapitell mit »Knäufen« und »Zinken« in Form einer Lotusblüte ab – dem

Symbol für Licht. Man gab der linken Bronzesäule den Namen Boas und der rechten den Namen Jachin. Warum, ist nicht restlos geklärt. Eine Sinngebung lautet »Der Herr (wird diesen Tempel) schützen.«

Der Grund für das Aufstellen der Doppeltürme vor der Pforte des Salomonischen Tempels wird in der Bibel nicht genannt. Die Geschichte ist ebenso seltsam wie die Beschreibung der ominösen Schlangenstelen, die nach der These von Hermann Kees als Schutzsymbole vor ägyptischen Königspalästen aufgestellt wurden. Eine Gemeinsamkeit findet sich ebenso zu Obelisken, die oft paarweise vor Eingängen ägyptischer Tempelanlagen standen.

Der heilige Hügel im Südosten der Altstadt von Jerusalem bildet am Gipfel ein 14 Hektar großes künstliches Plateau. Dort befinden sich die Reste des Heiligtums, das Herodes der Große im Jahre 21 v. Chr. auf den Fundamenten des Vorgängerbaues errichten ließ. Vom Untergang blieb auch diese Neugestaltung nicht verschont. Bereits 70 n. Chr. zerstörte die römische Armee den Prachtbau. Erhalten sind Teile der Umfassungsmauer, darunter ein Abschnitt im Westen, der als »Klagemauer« zu den heiligsten Stätten des Judentums zählt.

Der Palast muss einst ein architektonisches Juwel gewesen sein. Der jüdisch-hellenistische Zeitzeuge und Historiker Flavius Josephus (37–100 n. Chr.) schwärmt in einem Werk: »Der äußere Anblick des Tempels bot alles dar, was nur Auge und Seele entzücken konnte. Auf allen Seiten mit dicken, goldenen Platten bekleidet, schimmerte er in der Morgensonne im hellsten Feuerglanz und blendete die Augen gleich den Sonnenstrahlen.« Und an anderer Stelle: »Seine Spitze starrte von scharfen goldenen Spießen« und »kupferne Regenröhren leiteten das Regenwasser vom goldenen Dach des Tempels in die Zisternen.«

Dienten die goldenen Spitzen auf dem Herodianischen Tempel nur der Zierde und Macht? Die lapidare Erklärung nennt »Vogelschreck« als Grund für die »spitzfindige Konstruktion«. Von Blitzeinschlägen ist am Tempelberg nichts überliefert. Heute steht auf dem Gottesberg eines der wichtigsten islamischen Heiligtümer der im 7. Jahrhundert errichtete Felsendom. Im Mittelpunkt des Schreins liegt der Gründungsfelsen. Er soll jenen Startplatz markieren, von dem Religionsstifter Mohammed seine Himmelfahrt antrat. Der Aufstieg wird im Koran beschrieben. Wir erfahren, dass dem Propheten für seine Himmelfahrt der Engel Gabriel und ein fliegendes Reittier zur Seite standen. Es trug den Namen Buraq. Das Wort leitet sich von *barq* ab – zu Deutsch: Blitz! (Siehe Abb. 19 im Farbbildteil.)

Die Lade Gottes

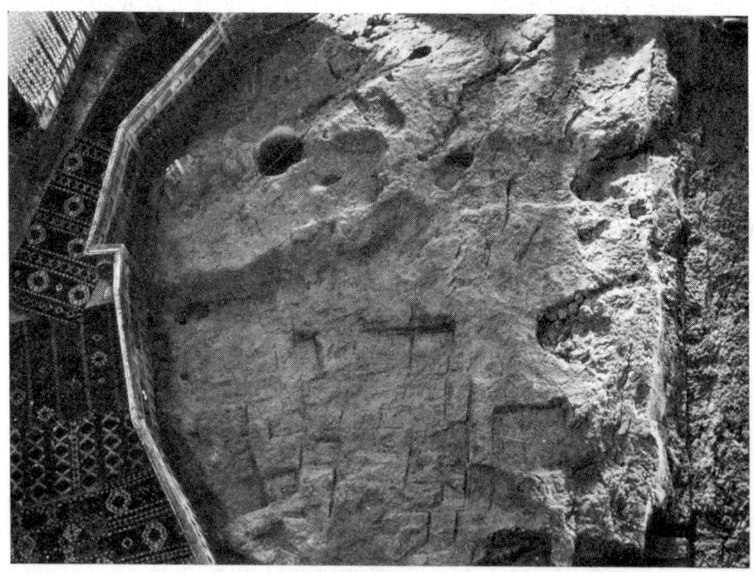

Felsendom am Tempelberg in Jerusalem – die Stelle, an der Prophet Mohammed mit einem geflügelten Wundertier seine Himmelsreise angetreten haben soll

Der Tempelberg scheint ein geeigneter Start- und Landeplatz für antike Himmelsreisen gewesen zu sein. Lange vor Prophet Mohammed ging bereits ein anderer Prophet in die Luft: König Salomon, Namensgeber und Erbauer des ersten jüdischen Tempels am Gottesberg. Nach Angaben der Bibel soll der Herrscher im 10. Jahrhundert v. Chr. regiert haben. Es heißt, er sei im Besitz wundersamer Apparaturen gewesen wie einem Fluggerät, das dank göttlicher Bauanleitung in den Himmel entschweben konnte. Das fliegende Vehikel soll vom Tempelberg in den Besitz der legendären Königin von Saba gelangt sein. Im 30. Kapitel des altäthiopischen Nationalepos *Kebra Nagast* erfahren wir, dass der liebestolle Salomon seiner exotischen Geliebten 6000 Fuhrwerke zum Geschenk machte. Die Karren waren voll beladen mit »kostbaren, wünschenswerten Geräten«, darunter »Gefährte, in denen man auf dem Land fuhr, ein Fahrzeug, das auf dem Meere fuhr, und einen Wagen, der durch die Lüfte fuhr, den er (Salomon) gemäß der ihm von Gott verliehenen Weisheit angefertigt hatte«.

Die Handschrift verrät auch, dass Salomon mit der Königin von Saba ein Kind namens Menelik zeugte. Eine Überlieferung erzählt, dass der adelige Spross zum ersten König von Abessinien gekrönt wurde und den heiligsten Kultgegenstand der Israeliten nach Äthiopien brachte: die sagenumwobene Bundeslade.

Gemäß der Heiligen Schrift handelte es sich hierbei um eine goldene Truhe, die »Gottes Gegenwart« repräsentierte sowie seinen Bund mit dem Volk Israel. Der biblische Prophet Mose hat sie genau nach göttlicher Anweisung anfertigten lassen. Sie bildet den Auftakt für die Erzählung vom Auszug aus der ägyptischen Sklaverei nach Kanaan, »wo Milch und Honig fließen«. Während einer 40 Jahre währenden Wanderschaft ins Gelobte Land wurde die Bundeslade gemäß Altem Testament stets mitgeführt. Sie wurde bei dem langen Marsch von Tempelpriestern vorangetragen, um das jüdische Volk daran zu erinnern, dass Gott mit ihnen war. (Buch Numeri, Kapitel 10, Vers 33–36) Als sie den Jordan in das verheißene Land überquerten, wurde die Bundeslade ebenso vorangetragen und ließ die Wasser teilen. (Buch Josua, Kapitel 3, Vers 13–17) Gemäß der alttestamentarischen Überlieferung wurden in dieser Gottestruhe die Steintafeln mit den Zehn Geboten aufbewahrt, ebenso Aarons grünender Wunderstab und ein Behälter mit dem Himmelsbrot Manna.

Theologie versus Technik

Den Bauplan zur Bundeslade erhielt Mose am Gottesberg Horeb (andere Quellen sprechen vom Berg Sinai). Dort kam der Volkstribun der Israeliten erstmals mit der »Herrlichkeit des Herrn« in Kontakt, die sich ihm als »lodernder Dornbusch« offenbarte. Ähnlich einer künstlichen Projektion oder einem Hologramm sah es nur so aus, denn in der Überlieferung heißt es: »Da erschien ihm (Mose) der Engel Jahwes inmitten einer Feuerflamme, die aus einem Dornbusch aufloderte. Als er hinsah, nahm er wahr, dass der Dornbusch wohl brannte, aber (vom Feuer) nicht verzehrt wurde. Da dachte Mose: ›Ich will doch hingehen und das seltsame Schauspiel betrachten, warum der Dornbusch nicht verbrennt.‹ Als Jahwe sah, dass er herantrat, um nachzusehen, rief Gott ihm aus dem Dornbusch zu: ›Mose, Mose! Tritt nicht näher heran! Ziehe deine Schuhe von deinen Füßen, denn der Ort, auf dem du stehst, ist heiliger Boden!‹ Und er fuhr fort: ›Ich bin der Gott deines Vaters, der Gott Abrahams, der Gott Isaaks und der Gott Jakobs.‹ Da verhüllte Mose sein Angesicht; denn er scheute sich, vor Gott aufzuschauen.« (Buch Exodus, Kapitel 3, Vers 1–3,6)

Bibelfeste Experten streiten über das genaue historische Datum des Exodus. Die Angaben schwanken zwischen 15. und 13. Jahrhundert v. Chr. Der überirdische Auftrag zum Bau der Gotteslade wird im Buch Exodus, Kapitel 25, Vers 1–22 genau beschrieben: »Fertige eine Lade aus Akazienholz an, zwei und eine halbe Elle lang, eineinhalb Ellen breit und eineinhalb Ellen hoch. Überziehe sie innen und außen mit purem Gold und befestige eine Kranzleiste aus Gold ringsherum. Gieße für sie vier goldene Ringe und bringe sie an vier Ecken an, und zwar zwei Ringe an ihrer einen und zwei Ringe auf ihrer anderen Seitenwand. Ferner sollst du Stangen aus Akazienholz anfertigen und sie mit Gold überziehen. Stecke die Stangen durch die Ringe an den Seitenwänden der Lade, damit man sie tragen kann. Die Stangen sollen in den Ringen der Lade bleiben, sie dürfen nicht daraus entfernt werden.«

Über die exakte Umrechnung der Ellenmaße sind sich Bibelwissenschaftler erneut uneins. Es geht nicht klar hervor, welche Elle gemeint ist: Die ägyptische Königselle, die kurze Elle, die israelitische Normalelle, die israelitische heilige Elle, die palästinensische Elle oder eine Geheimelle? Über den Daumen gepeilt können wir von circa 140 Zentimetern Länge und 80 Zentimetern Höhe wie Breite ausgehen. In der weiteren Unterweisung von »oben« heißt es, dass eine »goldene Deckplatte« angebracht werden muss, die in anderen Übersetzungen theologisch als »Sühneplatte«, »Versöhnungsplatte« oder »Gnadenstuhl« bezeichnet wird. Wichtig ist die Anbringung von zwei Cherubim aus Gold, Symbolfiguren für geflügelte übernatürliche Wesen, die mythologisch als engelhafte Diener oder Begleiter Gottes gelten.

Hierzu wieder in der biblischen Gebrauchsanweisung Gottes: »Sodann fertige eine Deckplatte aus reinstem Gold an, zwei und eine halbe Elle lang und eineinhalb Ellen breit. Du sollst ferner zwei goldene Cherubinen anfertigen; in getriebener Arbeit sollst du sie an den beiden Enden der Deckplatte herstellen. Mache einen Cherub an dem einen, den anderen an dem anderen Ende. An den beiden Enden der Platte sollst du die Cherubinen anbringen. Die Cherubinen sollen die Flügel nach oben hin ausgebreitet halten, sodass sie die Deckplatte mit ihren Flügeln überdecken, während ihre Gesichter einander zugekehrt sind; gegen die Deckplatte sollen die Gesichter der Cherubinen gerichtet sein. Die Deckplatte sollst du oben auf die Lade legen; in die Lade aber lege das Zeugnis, das ich dir übergeben werde.«

Das Beste zum Schluss der Bedienungsanleitung: »Dort (auf der Platte) will ich dir begegnen und mit dir von der Deckplatte herab zwischen den beiden Cherubinen, die auf der Gesetzeslade sind, alles bereden, was ich dir an die Israeliten auftragen werde.« In manchen Bibelübersetzungen heißt es deutlicher: »In einer Wolke werde ich über der Deckplatte erscheinen.« Oder in Numeri, dem 4. Buch Mose, Kapitel 7, Vers 89: »Und wenn Mose in das Offenbarungszelt ging, um mit ihm (Jehova) zu reden, hörte er die

Stimme, die zu ihm sprach von der Stelle über der Deckplatte her, welche auf der Lade des Zeugnisses liegt, von der Stelle zwischen den beiden Cherubinen; und er redete zu ihm.«

Die Bundeslade als Instrument der Gottbegegnung und himmlisches Kommunikationsgerät zwischen Irdischem und Überirdischem? Allmächtiger! Wie erklären sich frei schwebende Erscheinungen aus einem Wolkengebilde heraus? Offenbar benötigte Jahwe technische Hilfsmittel wie ein »Sprechfunkgerät« oder einen »Reaktor mit holografischer Bildwiedergabe«. Hätte der allwissende Schöpfer des Universums nicht andere Mittel und Wege zur Verfügung gehabt, einen telepathischen Fingerschnipp vielleicht, um dem Erdenkind Mose göttliche Nachrichten und Anweisungen zu übermitteln? Die Lade Gottes funktionierte offenbar auch umgekehrt, wenn es darum ging, mit Gott in Kontakt zu treten. Dazu lesen wir im Bibelkapitel der Psalmen 130, Vers 1 und 2: »Aus der Tiefe rufe ich zu dir o Herr. Höre, Herr auf meine Stimme! Mögen deine Ohren lauschen auf mein lautes Flehen!« War der Allmächtige des Alten Testaments womöglich doch nicht so allmächtig wie behauptet? Falls die »Herrlichkeit des Herrn« es nicht war, beschwört das blasphemische Fragen herauf: Wer verbarg sich dann hinter dieser als »Gott« erklärten Superintelligenz, die keine anderen Götter neben sich duldete?

Wohin verschwand die göttliche Reliquie?

Aus den Überlieferungen wissen wir, dass die Bundeslade vor rund 3000 Jahren im Allerheiligsten des Salomonischen Tempels aufbewahrt wurde. Doch wie lange? Die meisten Bibelhistoriker vermuten, sie sei spätestens im 6. Jahrhundert v. Chr. mit der Belagerung Jerusalems durch Nebukadnezar II. zerstört worden. Oder die Plünderer verschleppten das himmlische Heiligtum gemeinsam mit anderen Wertsachen nach Babylonien. Dagegen spricht, dass der Verlust weder irgendwo beschrieben noch beklagt wird. Könnten noch Reste unter dem Felsendom gefunden werden? Eine Spurensuche nach Geheimgängen ist nicht möglich, da islamische Behörden jede Grabung auf dem Gelände des Tempelberges strengstens verbieten.

Was »Jägern des verlorenen Schatzes« als bescheidene Hoffnung bleibt: Die Bundeslade könnte rechtzeitig vor drohender Zerstörung in Sicherheit gebracht worden sein. Vermutete Orte, die für ein solches Versteck infrage kommen, gibt es viele. Sie reichen von einem Schlupfwinkel am Berg Nebo im Ostjordanland, über noch unentdeckte Qumran-Höhlen im Westjordanland oder Ritterburgen des Templerordens, die im Mittelalter Teile der Lade als »Idol« verehrt haben könnten, bis hin zum Geheimarchiv des Vatikans und unterirdischen Schächten auf der kanadischen Insel Oak Island.

Eine Spur führt in die nordostafrikanische Republik Äthiopien. Glaubt man der Legende, dann war Salomons Flugapparat dabei behilflich, die »Gotteslade« per Luftfracht zum Horn von Afrika zu überführen. Tatsächlich soll in einer Kapelle der alten Kaiserstadt Aksum neben der koptischen Kirche St. Maria von Zion die echte Reliquie aufbewahrt sein, die »Tabot« genannt wird. Angeblich, denn niemand außer dem auf Lebenszeit auserwählten Hüter des mit Stacheldraht umzäunten Schreins darf in ihre Nähe und einen Blick auf die Truhe werfen. Was sich auch immer in der Marienkirche von Aksum befindet, es entzieht sich nicht nur der Öffentlichkeit, sondern ebenso jeder archäologischen Überprüfung. Doch Hand aufs Herz: Wenn es wirklich das Original wäre, hätte der Israelische Staat dann nicht schon längst Mittel und Wege gefunden, den bedeutendsten Schatz der Juden wiederzuerlangen? Notfalls mit einer »Spezialoperation« ihres Auslandsgeheimdienstes Mossad? Stattdessen Stillschweigen. Der Verbleib der Bundeslade mit ihrem brisanten Inhalt bleibt ein ungelöstes Mysterium der Geschichte.

Biblische Strahlenopfer

Denkbar wäre: In Aksum befinden sich mit »Tabot« tatsächlich Holzreste der heiligen Truhe, nicht aber ihr ungeklärter Inhalt. Die Bundeslade lediglich als Aufbewahrungsort für Gesetzestafeln, Aarons Stab und einen Behälter mit himmlischem Mannabrot überzeugt nicht, denn: Die Lade Gottes war ein äußerst gefährlicher Kultgegenstand, der bei unsachgemäßer Handhabung zu tödlichen Unfällen führte. In der Bibel wird ausdrücklich betont, dass nur auserwählte Priester, die in vorgeschriebenen »Kultgewändern« gekleidet waren, sich der Gotteslade nähern durften. Dazu war es Vorschrift, eine spezielle Kopfbedeckung mit »Stirnblatt« zu tragen und freiliegende Haut mit »heiliger Ölsalbe« zu bedecken. Nur wenn alle Vorsichtsmaßnahmen befolgt wurden, war ein Berühren oder Tragen der Truhe unbeschadet möglich. Wer die Regeln missachtete, bekam ihre furchtbare Wirkung zu spüren. In der Bibel verdeutlichen das mehrere Geschehnisse. (Siehe Abb. 21 im Farbbildteil.)

So waren laut Heiliger Schrift unter anderem die Philister die Leidtragenden. Sie hatten (lange nach Moses Himmelfahrt) die Israeliten in der Schlacht von Eben-Ezer besiegt und als Siegesbeute die Bundeslade in Besitz genommen. Stolz brachten sie das Diebesgut nach Aschdod und stellten es im Tempel ihres Gottes Dagon auf. Dort wurde die harmlos wirkende Reliquie vom Volk in Augenschein genommen und wahrscheinlich auch berührt. Wie gefährlich dieses Ding sein konnte, ahnten sie nicht. Schon in der ersten Nacht kam es zur Katastrophe. Dazu im 1. Buch Samuel Kapitel 5, Vers 6: »Die Hand Jahwes aber lag schwer auf den Bewohnern von Aschdod, der jagte ihnen Schrecken ein, indem er sie mit Beulen heimsuchte.«

Schockiert brachte man das todbringende Kultobjekt an einen Ort namens Gat. Aber auch dort: »… legte sich die Hand Jahwes über die Stadt und rief eine sehr große Bestürzung hervor. Er schlug die Männer in der Stadt, groß und klein, sodass Beulen an ihnen ausbrachen.« (Samuel Kapitel 5, Vers 9)

Nach einem erneuten Umzug, diesmal in die Stadt Ekron, geschah das gleiche Unheil, und so beschlossen alle Philisterfürsten: »Schafft die Lade des Gottes Israels fort, auf dass sie an ihren Platz zurückkommt und nicht unser Volk umbringt!« Nach 7 Monaten war die Gotteslade (samt »Sühnegeschenk« in Form von Gold) wieder bei ihren Eigentümern in einem Schrein der Stadt Bet Schemesch. Doch selbst hier musste man um Leib und Leben fürchten, trotz Brand- und Schlachtopfer für den »Herrn«: »Der Herr aber schlug die Einwohner von Bet Schemesch, weil sie in die Lade des Herrn hineingeschaut hatten. Er schlug vom Volke 70 Mann. Da trauerte das Volk darüber, dass Jahwe es so schwer geprüft hatte.« (1. Buch Samuel Kapitel 6, Vers 13–19) Es erhebt sich die Frage: Kamen die ungeschützten Opfer womöglich durch radioaktive Strahlung zu Tode, weil sie die Schutzmaßnahmen missachteten? Eine harmlose Holzkiste war die Bundeslade jedenfalls nicht.

Jahwes Todesblitze

Wozu eine lebensgefährliche Kiste als Bindeglied zu Gott? Der Regisseur Steven Spielberg hat die Bundeslade im ersten Teil der *Indiana-Jones*-Reihe als »Strahlensender« mit todbringenden Folgen auf die Leinwand gebracht. Gewiss, ein fantastisches Hollywoodabenteuer aus dem Jahre 1981 mit fiktivem Drehbuch. Doch die Gefährlichkeit für nicht Eingeweihte, die diese Gotteslade ausstrahlte, beruht nicht bloß auf der blühenden Fantasie der Filmindustrie. Jeder kann die Texte im Alten Testament nachlesen und sich seinen Reim darauf machen.

Eine ganze Reihe dramatischer Episoden verdeutlicht, dass neben der Strahlengefahr ebenso tödliche Stromschläge aus der Lade herausblitzen konnten. Ein Beispiel im 2. Buch Samuel, Kapitel 6, Vers 6–8, schildert einen Unfall beim Transport: »… da streckte Usa seine Hand nach der Lade Gottes aus und hielt sie fest, weil die Rinder sie umwarfen. Da entbrannte der Zorn Jahwes gegen

Nachzulesen im Alten Testament:
Aus der Gotteslade der Israeliten blitzten tödliche Stromschläge.

Usa, und Gott schlug ihn dort wegen seines Vergehens, sodass er dort neben der Lade starb. David war sehr in Erregung darüber, dass Jahwe den Usa so jählings weggerissen hatte.« Die tragische Szene ist in barocken Fresken im Dom St. Nikolaus in der slowenischen Hauptstadt Ljubljana und in der Pfarrkirche Menzingen im Schweizer Kanton Zug anschaulich dargestellt.

Ein gewöhnlicher Arbeitsunfall, der zu einem göttlichen Eingriff umgedeutet wurde? Wenn nicht, kann man angesichts von »Jahwes Zorn« schon den Glauben an den lieben Herrgott verlieren. Wir lesen, dass die heilige Lade umzukippen drohte, ein frommer Jude schreitet hilfreich ein, will verhindern, dass die heilige Fracht zu Schaden kommt und wird – anstelle einer Belobigung vom Allmächtigen – unbarmherzig auf der Stelle mit dem Tode bestraft. Religionstheologisch nicht ganz unproblematisch. Geht man von einem technischen »Elektro- oder Stromunfall« durch Hochspannung aus, weil der arme Usa die Lade ungeschützt berührte, wird das Geschehene durchaus verständlich.

Ein ähnliches Szenario wird im 3. Buch Mose (Leviticus Kapitel 10, Vers 1–5) geschildert. Wieder kommt es beim unsachgemäßen Umgang zum tödlichen Unfall, als die Lade im »Offenbarungszelt« steht. Aarons Söhne Nadab und Abihu nähern sich dem Heiligtum, um zu opfern: »Da ging ein Feuer von Jahwe aus und verzehrte sie; so starben sie vor dem Herrn.« »Verzehrt« könnte man mit »verbrennen« gleichsetzen, weil ja auch »Feuer« mit im Spiel war. Doch ihre Kleidung blieb unversehrt, denn die Leichen wurden anschließend »in ihren Leibröcken« davongetragen. Das würde wiederum für ein »unsichtbares Feuer« sprechen wie radioaktive Strahlung und Stromschläge!

Streitbare Thesen

Der Inhalt der Bundeslade war gefährlich. Das aber passt nicht zu der Vorstellung von den gewöhnlichen Steintafeln mit den Geboten Gottes, die im »Reisekoffer« umhertransportiert wurden. Was aber war dann für die Blitz- und Strahlentragödien verantwortlich? Die tollkühnste These stammt von den beiden britischen Ingenieuren George Sassoon (1936–2006) und Rodney Dale (1933–2020). Sie behaupten in ihrem 1978 erschienenen Buch *The Manna Machine* (dt. 1979: *Die Manna-Maschine*), dass die Israeliten im Besitz einer Apparatur waren, die Nahrung in kultivierter Algenform produzierte – das Himmelsbrot Manna. Damit sei das tägliche Überleben während der Jahrzehnte andauernden Wüstenwanderung garantiert worden. Auf Dauer eine etwas eintönige Verköstigung, aber vegan, und der Hungertod blieb erspart. Die Forscher behaupten weiter, dass diese nahrungsspendende Hightechanlage von einem Kernreaktor angetrieben wurde, der in der Bundeslade lagerte. Die Speicherung von Plutonium beziehungsweise einem nuklearen Brennstoffbehälter könnte zumindest die Gefährlichkeit der heiligen Truhe erklären. Sassoon und Dale glauben mit der Entschlüsselung der Texte im Buch Sohar, das Bestandteil der jüdischen Geheimlehre Kabbala ist, eine Gebrauchsanleitung zu dieser »Manna-Maschine« gefunden zu haben.

Außerirdische Technologie für die auserwählten Kinder Israels? Einen funktionierenden Kernreaktor aus altjüdischen Quellen rekonstruieren zu wollen, wird in der Praxis schon aus Sicherheitsgründen scheitern. Trotzdem gab es Versuche, die Bundeslade nachzubauen. Nicht ihren möglicherweise nuklearen Inhalt, sondern die Truhe, die Mose im Auftrag der »Herrlichkeit des Herrn« anfertigen ließ. Sucht man nach einer technischen Antwort, deuten die Bibeltexte am ehesten auf die Beschreibung eines Kondensators hin, der aus zwei voneinander isolierten Metallplatten bestand, auf denen sich elektrische Ladung sammelte. Spekuliert wird schon lange darüber, ob die Energiespeicherung ähnlich wie bei einer Batterie – für den Betrieb eines Kommunikationsgerätes gedient haben könnte. Prä-Astronautik-Pioniere wie die Autoren Erich von Däniken und Robert Charroux (1909–1978) deuteten bereits in den 1960er-Jahren die Bundeslade als eine Art »Funkgerät« zwischen Mose und der Crew eines außerirdischen Raumschiffes.

Lässt sich die Funktionsweise technisch mit physikalischen und mathematischen Berechnungen überprüfen? Das fragte sich auch Norbert Renz, ein Elektronikentwickler für Mess- und Regeltechnik. Der österreichische Techniker installierte einen Versuchsbau, um die elektrischen Eigenschaften der Bundeslade nach biblischen Angaben computerunterstützt zu messen. Dabei zeigte sich, dass die von Jahwe an Mose übermittelten Anweisungen, die Daten dazu, die verwendeten Materialien und die Größenverhältnisse technische Relevanz haben. Zum Beispiel, was das Gewicht der Cherubim betrifft, oder die Länge der Stangen, mit denen die Lade Gottes getragen wurde: »Bei weiterer Verlängerung der Stangen würden sich die elektrischen Eigenschaften wieder verschlechtern. Wir haben hier also eine rückwirkende Bestätigung dafür, dass die

Position und Länge der Tragestangen, wie sie die Bibel andeutet, sinnvoll und daher glaubhaft sind.«

Doch dass die Bundeslade »ein großer elektrischer Kondensator« mit einer »sehr hohen aufgeladenen elektrischen Gleichspannung« war, »die bei Berührung einen Menschen töten konnte«, bezweifelt Renz. Seine Messdaten zu den Bibeltexten und ihre technische Prüfung als »Mikrofon«, »Antenne«, »Sende- und Empfangsbetrieb« sowie die »Anforderungen an die Gegenstation« überraschten den Fachmann dann aber doch: »Das Resultat offenbart ein technisch funktionierendes Gerät, welches sowohl ein Minimum an Redundanz als auch ein hohes Maß an Synergie in der Lösung der Aufgabenstellung zeigt. Bei der vorliegenden Kapazität der Funktion ein starkes Indiz dafür, dass die Konstruktion bewusst zur Erfüllung dieser Aufgabe gewählt wurde.« War die Bundeslade also doch ein elektrisches Funkgerät für drahtlose Kommunikation? Wenn ja, wäre nur noch eine Frage zu klären: Welcher Nachrichtentechniker funkte damals aus dem Orbit?

Waren die Pyramiden elektrische Kraftwerke?

Könnten die Pyramiden von Giseh, allen voran die Cheopspyramide, ebenfalls einem technologischen Zweck gedient haben? Vertretern der klassischen Archäologie sträuben sich bei dieser Vorstellung die Haare. Skeptiker der herrschenden Lehrmeinung haben naturgemäß weniger Scheu vor unkonventionellen Ideen. Da ihnen angesichts manch geschichtlicher Ungereimtheit die offizielle Erklärung »Grabmal für König Cheops« nicht ausreicht, suchen interdisziplinäre Forscher immer wieder nach neuen Antworten. Alternative Ansichten zur Funktion der Großen Pyramide gibt es so viele wie Pyramiden im Wüstensand. Eine ist utopischer als die andere.

Die kühnste Hypothese bringt Außerirdische ins Spiel, die vor Jahrtausenden auf der Erde landeten. Vertreter der Paläo-SETI-Forschung suchen nach Beweisen, wonach raumfahrende Besucher als kosmische Lehrmeister fungierten, die aufgrund ihrer unverstandenen und überlegenen Technik von unseren Urahnen als überirdische »Götter« angesehen und verehrt wurden. Fakt ist, die Mythologien in aller Welt erzählen davon. Alles nur erfundene Fabelwesen und Hirngespinste? Oder vielleicht doch Erinnerungen an einen konkreten Wissenstransfer, der vor Jahrtausenden von den Sternen zur Erde erfolgte? Das Pro und Kontra erhitzt die Gemüter. Gleiches gilt für eine alternative Fragestellung, die nicht weniger fantastisch ist: Gab es bereits in grauer Vorgeschichte eine hoch entwickelte Zivilisation – Stichwort Atlantis? Gemäß dieser Auffassung könnte die Große Pyramide ein Überbleibsel ihrer Technologie gewesen sein, eine Art Kraftwerk, um elektrische Energie zu erzeugen.

Einer der bekanntesten Verfechter dieser These ist der in die USA immigrierte Engländer Christopher P. Dunn. Der Luft- und Raumfahrtingenieur behauptet, das Weltwunder in Stein sei als Sendegerät genutzt worden, um »harmonische Schwingungsenergien der Erde in Mikrowellenstrahlung« umzuwandeln. Dabei sollen die Kammern und Gänge im Inneren der Pyramide eine spezielle technologische Funktion ausgeübt haben. Sie seien, so Dunn, deshalb in bewusster Präzision angeordnet worden, um akustische Resonanz zu maximieren.

Der Elektroingenieur Hermann Waldhauser erkannte in der Baukonstruktion der Großen Pyramide ebenfalls ein Kraftwerk, allerdings mit anderer Funktionsweise. Der Österreicher verstarb 1997 und war zeitlebens überzeugt davon, dass das Pyramideninnere wie eine hydraulische Wasserpumpe konstruiert war. Aus der 32 Meter unter der Pyramide liegenden Felsenkammer sei Grundwasser nach oben gepumpt und in der Großen Galerie als Wasservorratsbehälter gesammelt worden. Über die vermeintlichen »Luftschächte« der Königskammer sei dann Wasser auf die Pyramidenaußenflächen weitergepumpt worden, wo es an der Oberfläche verdampfte und die Bildung von Regenwolken anregte. Seinen Studien zufolge könnte der Zweck der Anlage die Erzeugung einer künstlichen

Klimaanlage gewesen sein, um die Luftfeuchtigkeit der Region zu erhöhen. In einem Pyramidennachbau 1:100 konnte Waldhauser nachweisen, dass zumindest seine technische Modellpumpanlage funktionierte. Von der ägyptologischen Fachwelt ignoriert, veröffentlichte der Forscher seine Studien 1976 unter dem Buchtitel *Regenzauber der Pharaonen.* (Siehe Abb. 22 im Farbbildteil.)

Antike Energietransformatoren?

Man könnte es für eine Zeitungsente halten, aber ein polnisches Forscherduo – der Internist Dr. Artur Lipinski und die Physikerin Arleta Aschenbrenner-Holowacz – meint es ernst: Beide behaupten kühn »Das Pyramidenrätsel – endlich gelöst?« zu haben. Sie deuten die Pyramiden von Giseh als steinerne »Energietransformatoren«, die elektrische Gewitterblitze in Verbraucherstrom umwandeln konnten. Ihre fantastische Hypothese: »Der gesamte Giseh-Komplex war eine Elektrizitätsvorrichtung mit extrem hohen elektrischen Spannungen. Aus diesem Grund war die gesamte Anlage dicht mit isolierenden Rosengranit-Sandstein- und Kalksteinmonolithen ummantelt, die sogar unter dem Boden ausgelegt waren.« Das dynamische Duett vermutet kühn weiter, dass die Entlastungskammern in der Cheopspyramide »ein riesiger Reihenkondensator waren, der aus fünf Plattenkondensatoren bestand«. Dort soll eingefangene elektrische Energie von Blitzen gebündelt und gespeichert worden sein. Nach ihrer Überzeugung dienten die engen Schächte nicht der Belüftung, sondern führten »Metalldrähte für elektrischen Strom von der Außenseite der Pyramide ins Innere der Königskammer.«

Auch für die plumpe Granitwanne, sprich Cheops Sarkophag, legt das Forscherpaar eine elektrotechnische Interpretation vor: »Er war eine galvanische Zelle oder ein Akkumulator, der die elektrische Energie speicherte.« Die Bestimmung als Akku oder Batterie soll ebenso für andere Pyramiden mit Granitsärgen ohne Mumien-

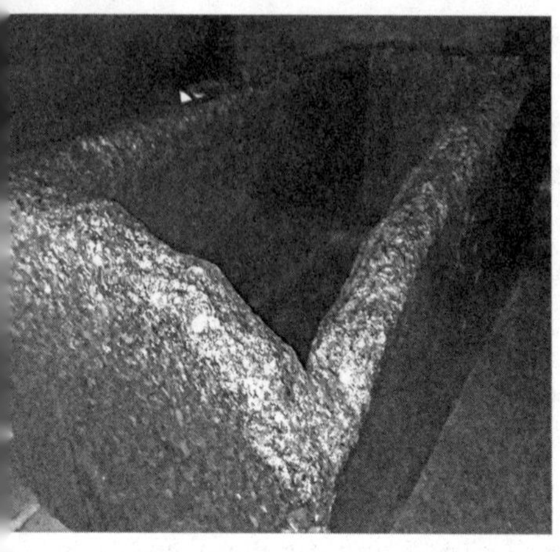

Leere Granitwanne in der Königskammer. Wohin verschwand der Sargdeckel? Woher wissen Archäologen, dass es ihn jemals gegeben hat?

funde gelten. Die Große Pyramide als Kraftwerksspeicher von Blitzenergie? Welche uralte versunkene Zivilisation könnte diese fortgeschrittene Technologie beherrscht haben? Nach unserem Wissensstand keine. Außerirdische? Selbst als Freund der Ancient Aliens fragt man sich: Würden einer raumfahrenden Spezies, die sich auf unseren Planeten verirrt hat, nicht ganz andere Technologien zur Verfügung stehen als irdischer primitiver Kabelsalat?

Spitzer Honigkuchen

Nutzung elektrischer Energien in der Urzeit? Trotz verständlicher Skepsis muss diese Vorstellung nicht völliger Unsinn sein. Schon die Namensgebung »Pyramide« liefert mit etwas Fantasie einen Wink zur Kraftquelle »Elektrizität«. Die Wortbedeutung für Pyramide aus dem Griechischen ist nicht eindeutig geklärt, doch eine saloppe Übersetzung lautet sinngemäß: »gerösteter spitzer Kuchen, in Honig eingemachte Weizenkörner«. Es wäre in diesem Sinne eine Ableitung von dem griechischen Wort *pȳrós*, das für »Weizen« steht. Das würde zu der frühen Idee passen, wonach die Pyramiden als Kornkammern gedient haben, um Jahre der Hungersnot zu vermeiden.

Die Ägypter selbst nannten Pyramiden *pr.ntr* (gesprochen »perneter«), wobei *per* für das Wort »Haus« steht und *neter* für »Gott«. Demzufolge war mit Pyramide wahrscheinlich die »Wohnung« oder das »Haus« eines Gottes gemeint. Dabei wird auch ein symbolischer Bezug zur altägyptischen Glaubensvorstellung gesetzt, in der die Pyramide als Himmelsleiter, Lichtkegel, Urhügel und Sinnbild für einfallende Sonnenstrahlen angesehen wurde. Es gibt ebenso eine Verwandtschaft mit dem altgriechischen Begriff *pȳr* und seinem Bedeutungsfeld »Feuer«, »Funken«, »Flamme«, »Hitze« und »Blitz«. Man könnte Pyramide demzufolge ebenso mit »Feuerhügel« oder »Blitzberg« assoziieren, erklärt dazu das Forscherduo Lipinski und Aschenbrenner-Holowacz. Ein Blitz, der im Gotteshaus einschlägt? Donnerwetter!

Letztlich bleibt es eine Spekulation, ob die Pyramiden als Speicherkraftwerke für Blitzentladungen, gigantische »Energiemaschinen« oder Anlagen zur »Wetterbeeinflussung« genutzt wurden. Für klassische Ägyptologen ist alles jenseits der »Cheopsgrab-Theorie« eine ungeheuerliche Behauptung, die nur der Fantasiewelt von »Pyramidioten« entsprungen sein kann. Es sei denn, unsere Vergangenheit war doch fantastischer, als wir glauben. Ungeachtet dessen, ob man der Kraftwerkthese etwas abgewinnen kann oder nicht: Im Radius der Großen Pyramide ist jedenfalls viel Ungeklärtes offenkundig, das partout nicht ins vertraute Schema passen will.

Hartgestein so weich wie Butter

Ein bautechnisches Wunder ist auch der berühmte, 42 Meter lange, zurückgelassene Obelisk im Granitsteinbruch von Assuan. Es heißt, er wurde unvollendet aufgegeben, da man nach der Freilegung Risse im Gestein entdeckt hätte. Im fertigen Zustand wäre er der größte Obelisk des Altertums geworden, mit einem geschätzten Gewicht von 1150 Tonnen. Wo sein Bestimmungsort hätte sein sollen, wie er dorthin gelangt und aufgerichtet worden wäre, weiß man nicht. Ebenso wenig, wie ihn die Steinmetze vom Muttergestein gelöst hätten, mit dem die Unterseite noch immer verwachsen ist. Seltsam muten seine Bearbeitungsspuren an. Touristen wird erzählt, der Obelisk sei mit Steinwerkzeugen

Fragwürdige Steinmetzarbeiten: Touristen wird erklärt, wie mit Dioritkugeln perfekte Steinbearbeitung gelungen sein soll

Fast 42 Meter lang: unvollendeter Obelisk von Assuan mit ungewöhnlichen Bearbeitungsspuren

aus dem Granit geklopft und geglättet worden. Dazu zeigen Einheimische unter Zuhilfenahme von Dioritkugeln, wie das in der Praxis funktioniert haben könnte. Besucher werden eingeladen, sich selbst als Steineklopfer zu versuchen. Bei Licht betrachtet eine wenig effektive Methode, die jahrelanges stumpfsinniges Herumschlagen nötig machen würde. Das haben auch die Archäologen erkannt und vermuten deshalb, Hitze und Besprengung mit Wasser habe den Assuan-Granit mürbe gemacht. Eine ziemlich »bekloppte These«, die ebenfalls keine wissenschaftliche Bestätigung gefunden hat, da Rauch- oder Brandspuren am Gestein nicht nachweisbar sind. Was hingegen auffällig ist: Der Koloss besitzt auf seiner Oberfläche viele Mulden. Sie vermitteln den Eindruck, der Granit sei einst weich gewesen und man hätte Schichten wie mit einem Löffel einfach abgeschabt. Umliegende Gesteinsformationen zeigen die gleichen Bearbeitungsspuren. Welche unbekannte und verloren gegangene Technologie beherrschten die alten Ägypter?

Das fragen sich die Besucher am Giseh-Plateau auch, wenn sie die Mauern des Taltempels von König Chephren genauer in Augenschein nehmen. Das Heiligtum liegt exakt in einer Nordsüdachse am Fuße des Pyramidenaufwegs, nahe dem Großen Sphinx. Auf östlicher Seite umschließt den wuchtigen megalithischen Granitbau eine fast 13 Meter hohe Mauer, westlich sind es, dem ansteigendem Gelände angepasst, 6 Meter. Der zentrale Innenbereich hat den Grundriss eines »T'«. In dieser Haupthalle stehen 16 gewaltige Pfeiler in linearer Anordnung. Sie waren einmal mit Deckbalken verbunden, wovon heute die meisten fehlen. Rechteckige Vertiefungen am Boden markieren die Plätze, an denen einst Dioritsitzstatuen von König Chephren gestanden haben sollen.

Von ursprünglich zwei Dutzend Figuren fand man im 19. Jahrhundert 9 Exemplare in einem Schacht der Anlage. Sie waren kopfüber in die Tiefe gestoßen worden und sind teils stark beschädigt. Warum sie »begraben« wurden, ist ein Rätsel. Ein recht gut erhaltenes Prunkstück, 1,65 Meter hoch, erlangte Berühmtheit, fehlte aber im Februar 2023 im Ägyptischen Museum (JE 10062). Die Verlegung ins große Giseh-Museum war bei meinem Besuch offenbar bereits im Gange.

Aber ist dieser Chephren wirklich *der* Chephren? Wer die feingliedrige Steinmetz-Meisterarbeit aus Hartgestein unter die Lupe nimmt, staunt über ihre Perfektion. Was nicht recht dazu passt: Am Sockel neben den Füßen der Figur ist Chephrens Königskartusche eingemeißelt. Im direkten Vergleich zur hohen Qualität des Gesamtkunstwerks ist diese Arbeit geradezu stümperhaft ausgeführt. Wurde Chephrens Name erst später hinzugefügt?

Zweifel darf man ebenso am Alter des Taltempels haben. Es fand sich – von den Sitzstatuen abgesehen – nirgendwo eine Inschrift, die auf Chephren oder einen anderen Pharao als Hausherrn schließen lässt. Ebenso verblüffend ist die Bauweise des Taltempels. Einige Granitblöcke sind bis zu 300 Tonnen schwer und wurden in großer Höhe ins Mauerwerk eingepasst. Das Irre: Sie sind völlig verwinkelt zugeschnitten, führen kompliziert über Mauerecken und wurden im Stil einer »Zyklopenmauer« perfekt zusammengefügt. Die gleiche archaische Baukonstruktion findet sich in vielen megalithischen Anlagen rund um die Welt – von Anatolien über Etrurien bis nach Südamerika und sogar bis zur Osterinsel. Bei manchen Steingiganten des Taltempels hat man den Eindruck, sie wurden regelrecht aneinander geschmolzen. Gleiches gilt für die Außenverkleidung der Mykerinos-Granitblöcke. Wie wurden sie hergestellt? Mit einfachen Stein- und Kupferwerkzeugen?

Wer sich die Zeit nimmt, wird am Giseh-Plateau über viele gewaltige Steintrümmer stolpern, wo man aufgrund der perfekten Bearbeitung denkt: Hier muss wohl Lasertechnik zum Einsatz gekommen sein, jedenfalls ein Hightechverfahren mit hoher Hitzeeinwirkung oder eine ausgeklügelte Methode, die das Gestein erweichen ließ und damit formbar machte. (Siehe Abb. 23 und 24 im Farbbildteil.)

Doch es wird noch utopischer: Wenn sich die Studien des Physikers Dr. Hans Jelitto bestätigen, steht das archäologische Weltbild Kopf. Der Spezialist für Materialforschung ist an der Technischen Universität in Hamburg tätig und untersuchte Granit- und Kalksteinblöcke der Cheopspyramide. Dabei konnte Jelitto bestätigen, dass die Baumeister offenbar mühelos im teils Mikromillimeterbereich gearbeitet haben. In manchen Fugen hat nicht einmal eine Rasierklinge Platz. Bei genauer Betrachtung unter der Lupe wird noch mehr Unerklärliches sichtbar: Die Gesteinsstruktur mancher Blöcke setzt sich fließend ohne Schnittverlust zum Nachbarblock fort! Eigentlich ein Ding der Unmöglichkeit, denn beim Schneiden von tonnenschwerem Gestein kommt es mit uns bekannten Techniken immer zu einem Sägespalt. Doch der fehlt hier, der Übergang zum nächsten Steinquader verläuft fugenlos.

Der Materialexperte Jelitto kann es kaum glauben: »Es sieht so aus, als seien die Blöcke quasi ohne Materialverlust durchschnitten und in ihrer ursprünglichen Position wieder zusammengesetzt worden. Davon abgesehen, dass die alten Ägypter dies nach bisherigem Wissen auf keinen Fall gekonnt haben, sind selbst wir heute mit modernster Technik nicht in der Lage, dies zu bewerkstelligen.«

»Ach, eine Frage hätte ich noch ...«

Peter Falk (1927–2011) in seiner Paraderolle als skurriler Inspektor Columbo, der sich immer dümmer stellt, als er ist, schrieb Fernsehgeschichte. Heutzutage ist eher das umgekehrte Phänomen zu beobachten. Oder wie es der Dichter Justus Vogt treffend bemerkt: »So mancher Zeitgenosse empfängt seine Erleuchtung nur beim Einschalten einer Glühbirne.«

Abgesehen davon, dass mich brennend interessieren würde, ob »Inspektor« wirklich der Vorname des Kriminalbeamten ist, hätte ich an die Welt der Wissenschaft und ihre Experten einen ganzen Fragenkatalog zu ungelösten Fällen der Ägyptologie.

Beispiele? Bitteschön:

- Warum ist die Cheopspyramide ein völlig schmuckloses und anonymes Gebäude?
- Wo sind die unumstößlichen Beweise, die zweifelsfrei auf die letzte Ruhestätte von König Cheops verweisen?
- Wieso gibt es keine vollständige Erklärung, wie die Pyramiden gebaut wurden, und warum überzeugen die gängigen, teils widersprüchlichen Thesen dazu nicht?
- Weshalb finden sich verstreut am Giseh-Plateau sonderbare Steinrelikte aus dem Alten Reich, die derart präzise Bearbeitungsspuren aufweisen, dass sie jenseits aller Logik

Aufmerksame Besucher können am Giseh-Plateau über zahlreiche Steinrätsel stolpern

nur mit dem Einsatz moderner Hightechfräser einleuchtend erklärt werden können?

- Wie lässt sich der Transport der tonnenschweren Lasten, teils mühsam herangeschafft aus dem 900 Kilometer entfernten Assuan, plausibel erklären?
- Warum finden sich für das Layout der Innenräume und Schächte der Cheopspyramide keinerlei Parallelen in anderen Grabbauten?
- Wozu diente das ausgeklügelte Kammersystem, bestehend aus Entlastungskammern, Fallsteinkammern, Königskammer, Königinnenkammer, Felsenkammer, Wandnischen, Korridoren und neu entdeckten Hohlräumen?
- Bis heute ebenfalls nicht zweifelsfrei geklärt: Welche Aufgabe hatten die vermeintlichen »Luftschächte«, die von der Königskammer und der Königinnenkammer schräg aufwärts zu bestimmten Gestirnen ausgerichtet sind?
- Was war die Funktion der circa 47 Meter langen und 9 Meter hohen einzigartigen Großen Galerie mit Kraggewölbe?
- Was hat es mit den akustischen Schalleffekten, elektromagnetischen Phänomenen und außersinnlichen Wahrnehmungen auf sich, von denen Besucher immer wieder berichten?
- Es heißt von ägyptologischer Seite, dass bislang erst etwa 10 Prozent der Cheopspyramide bekannt und erforscht sind – was verbirgt der Rest?
- Was, wenn die »Pyramidioten« recht haben und die Geschichte unserer Urväter ganz anders verlief, als bisher angenommen?

Abbildung rechts:
Touristen betreten die Große Pyramide über den »Grabräubertunnel«. Einige Meter darüber liegt der ursprüngliche Eingang. Darüber, hinter gewaltigen Blöcken und einer dreieckigen Vertiefung mit zwei »Zapfen«, wurde 2023 eine bislang unbekannte Kammer bestätigt. (siehe Abb. Seite 91.)

Teil 3

Historische Hathor-Zeitreise

»Oh Mutter – Strahlende, die du die Dunkelheit besiegst, die du jeden Mann und jede Frau mit ihren Strahlen erhellst, gegrüßt seist du, du Große, die viele Namen trägt ...«

Hymne an Hathor,
Inschrift in Dendera

Der Autor mit dem Ägyptologen Prof. Ahmed M. Osman
in der Säulenhalle des Hathor-Tempels

Strittige Spurensuche, mythologische Mysterien und die Garn-Glühlampe

Am Gipfel der Großen Pyramide

Zeitsprung ins Jahr 1979. Genau 120 Jahre nach der spektakulären Funkenerfahrung von Werner von Siemens sitze ich im Morgengrauen auf dem Gipfel der Cheopspyramide und blicke gebannt gen Osten. Es ist jener magische Moment, in dem über der Silhouette von Kairo die Sonne den neuen Tag begrüßt. Der Panoramablick ist spektakulär und atemberaubend. Er begleitet mich seither als unvergessliche Lebenserinnerung. Selten fühlte ich mich dem Himmel so nahe, wie an diesem Tag zu früher Stunde. Ja, liebe Mystery-Clique, auch ich weiß, dass das Besteigen der Cheopspyramide heute strengstens verboten ist. Völlig zu recht. Einerseits, weil das Weltkulturerbe beschädigt werden könnte, andererseits, weil sich Touristen in dieser schwindelerregender Höhe großer Unfallgefahr aussetzen. Es gab bereits illegale Exkursionen in luftiger Höhe, die tödlich endeten.

Das Wagnis liegt weniger im Aufstieg, den man in einer Viertelstunde bewältigt hat, sondern im Weg zurück. Man darf keine Höhenangst haben, muss sich immerzu bis ganz zur vordersten Kante eines meterhohen Steinquaders begeben, um die nächste untere Stufe zu erblicken. Dann hüpft man hinunter, Stufe für Stufe, bis man wieder am Fuße der Pyramide angekommen ist. Die unterschätzte Gefahr besteht darin, dass die Oberfläche der Blöcke glatt und mit Sand bedeckt sein kann. Rutscht man aus oder verliert einmal das Gleichgewicht, nimmt das Unheil seinen Lauf.

Um dem vorzubeugen, verabschiedete das ägyptische Parlament im Jahre 2019 ein Gesetz, dass das »Klettern auf antike Monumente« mit »mindestens 1 Monat Gefängnis« bestraft. Im Fall der Cheopspyramide können es bis zu 3 Jahre werden. Dazu kommt noch ein saftiges Bußgeld von bis zu 100 000 ägyptischen Pfund. Das sind trotz laufender Geldabwertung umgerechnet ein paar Tausend Euro. Jeder Heißsporn sollte das wissen.

Freilich, das Besteigen der Cheopspyramide war schon in den 1970er-Jahren untersagt. Doch auf Regeln und Kontrollen wurde von Behördenseite zumeist gepfiffen. In meinem alten, inzwischen vergilbten Polyglott-Reiseführer lese ich schwarz auf weiß: »Wer schwindelfrei ist – das ist besonders für den Abstieg wichtig – und keine Anstrengung scheut, kann versuchen, die Cheopspyramide an der Nordostkante zu besteigen. Offiziell ist der Aufstieg – ob mit oder ohne Führer verboten. Er lohnt sich jedoch wegen der fantastischen Aussicht in jedem Fall.«

Meine Jugendsünde

Die Zeit ist gegen uns. Manch einer bedauert ab einem gewissen Alter nur noch die Sünden, die nicht mehr zu begehen sind. Für das Pyramidenklettern wäre es heute sowieso zu spät. Als 17-jähriger Jungspund jedoch war man dieser verlockenden Verheißung blindlings gefolgt. Mit einer Handvoll Freunden besuchte ich damals das Land der Pharaonen, sammelte meine ersten Reiseerfahrungen fern des behüteten Elternhauses und begab mich auf abenteuerliche Spurensuche. Zunächst ausgehend von der Millionenmetropole Kairo mit der Erkundung des Giseh-Plateaus bei Nacht. Heute, wo die Wohnhäuser der 20 Millionen Einwohner bedrohlich nahe an die Pyramiden herangerückt sind, riegelt ein fast 19 Kilometer langer durchgehender Sicherheitszaun das archäologische Areal ab. Mit 6 Metern Höhe und 200 Überwachungskameras ist die Absperrung für ungebetene Eindringlinge kaum zu überwinden.

Jetzt, im Zeitalter des Massentourismus, wo lange Buskolonnen die Reisenden zu den Pyramiden karren, herrscht bei den Checkpoints dichtes Gedränge. Der Haupteingang befindet sich im Norden des Hügels, gleich neben der Großen Pyramide. Eine zweite Pforte, die vor allem von Einheimischen genutzt wird, liegt im Osten des Plateaus, vor dem Großen Sphinx. Zwischen 8 Uhr morgens und 17 Uhr nachtmittags besteht die Möglichkeit für einen Besuch. Zu anderen Zeiten ist er nur mit einer Sondergenehmigung gestattet.

Die brauchte es vor 44 Jahren nicht. Das Gelände war offen und zu jeder Zeit zugänglich. Als ich im Schutz der Dunkelheit mit meinen Kameraden das Plateau betrat, war weit und breit nur ein einsamer Polizist zu erblicken. Der Ordnungshüter, der das UNESCO-Weltkulturerbe beaufsichtigte, wirkte in seiner schmucken Uniform wie auf verlorenem Posten. Nachdem wir ihm unser Begehren enthüllt hatten, hielt er die Hand auf, bekam sein obligatorisches Bakschisch und führte uns höflich zu jener Stelle, von wo aus die Cheopspyramide am besten zu erklimmen war. Der Rest klingt wie ein Märchen aus 1001 Nacht, aber genauso hat es sich abgespielt.

Seither folge ich Herodot: »Wer solche Dinge nicht glauben will, der halte von diesen Geschichten, was er will. Meine Aufgabe in diesem gesamten Bericht ist nur, dass ich niederschreibe, was mir meine Quellen zutragen.«
(*Historien*, Band 2, 123; »Das Land Ägypten und seine Geschichte«)

Als mir ein Licht aufging

Jeder kennt das: Als junger Mensch schmiedet man große Pläne fürs Leben. Oder die Eltern geben gut gemeinte Empfehlungen für die Zukunft an den Sprössling weiter. Der Bub soll einen anständigen Beruf erlernen, etwa den des ausgezeichneten Vermessungstechnikers, doch dann kommt alles ganz anders. Das Schicksal oder der Zufall schlägt unerwartet zu und beeinflusst das weitere Leben mit neuen Herausforderungen, die man sich zuvor bestenfalls erträumte.

Mir ist es als spätpubertärer Jugendlicher so ergangen. Damals, Ende der »wilden« 1970er-Jahre, als mich meine erste Auslandsreise nach Ägypten führte. Die Neugierde und die Faszination für das Ungeklärte, das bis heute meinen privaten und beruflichen Werdegang bestimmt, wurde mit Erich von Däniken und seinen Werken über kosmische Besucher geweckt. Der heute 88-Jährige war nicht der erste Autor, der behauptete, dass in grauer Vorzeit »Sternengötter« auf der Erde landeten und die Geschicke der Menschen beeinflussten. Die Prä-Astronautik-These wurde aber erst mit seinen Büchern und Thesen weltweit populär. Der Schweizer erhitzt noch heute die Gemüter. Vor allem die »etablierte Wissenschaft« fühlt sich angesichts solcher revolutionären Thesen provoziert.

Indizien für Eingriffe aus anderen Welten gibt es jede Menge, doch einen außerirdischen Beweis haben wir nicht. Noch nicht. Ich behaupte aber, es wird nicht mehr lange dauern. Nach Jahrzehnten wilder Kontroversen ist die Alienfrage für Forscher noch so aktuell und interessant wie eh und je. Viele Autoren, Redakteure, Verleger, Künstler, Internetblogger, Produzenten, Filmemacher und Forscher verschiedener Wissenschaftsgebiete haben das brisante Thema für sich entdeckt. Selbst die viel geschmähten »Fliegenden Untertassen«, später UFOs genannt, jetzt UAPs getauft (»Unidentified Aerial Phenomena«; dt.: »Unidentifizierte Flugphänomene«), sind für wissenschaftliche Studien kein Tabu mehr. Was hinter dem unfassbaren Jahrhundertphänomen steckt, wollen Akademiker an der Universität in Würzburg genauso wissen wie Exobiologen der amerikanischen Weltraumbehörde NASA. Das Außerirdische ist wieder im Trend, allgegenwärtig und längst Teil unserer Popkultur.

Dänikenitis sei Dank!

Wie viele grenzwissenschaftliche Autoren meiner Generation hatte mich die »Dänikenitis« bereits als Schüler voll erwischt. Der Begriff wurde von der *New York Times* geprägt, nachdem Erich von

Dänikens Weltbestseller *Erinnerungen an die Zukunft* und *Zurück zu den Sternen* Ende der 1960er-Jahre ein Millionenpublikum faszinierten. In nur wenigen Wochen erstürmte der Schweizer sämtliche Bestsellerlisten. Der Verlag kam mit dem Drucken nicht nach. Für Zukunftsdenker hätte es keinen besseren Zeitpunkt geben können. Die aufmüpfige Hippie-Bewegung veränderte die Welt, und auch die Sterne rückten mit der ersten bemannten Mondlandung näher.

Ich bin den »Göttern« ewig dankbar dafür, dass es keinen Impfstoff gegen diese pandemischen »Spinnereien« gegeben hat, selbst wenn sich das manch starrköpfiger Oberlehrer gerne gewünscht hätte. Freilich, manchmal folgt man ungeduldig einer Fährte, die sich dann als fragwürdig oder falsch entpuppt. Das gilt gleichermaßen für Sonntagsforscher wie für Schulwissenschaftler. Im gereiften Alter und im Zuge neuer wissenschaftlicher Erkenntnisse sieht man vieles kritischer als in jungen Jahren. Niemand ist unfehlbar, auch nicht »Professor Neunmalklug«. Am Plädoyer für eine ergebnisoffene Forschung ohne Dogmen und Denkverbote, die ebenso unkonventionelle Ideen in die Lösungssuche miteinbezieht, ändert das aber nichts. Als steinalter Querkopf folge ich unbeirrt diesem Stern.

Entdeckungsreisen ins Unbekannte sind bei der Erweiterung des Horizonts immer hilf- und lehrreich. Bei mir war es in jungen Jahren der Lockruf Ägyptens. Dazu gaben zwei Kollegen von Erich von Däniken die Initialzündung, deren Bücher ich stets im Handgepäck mitführte: *Das Bermuda-Dreieck* des amerikanischen Linguisten Charles Berlitz (1914–2003) und *Energien der Urzeit* des dänischen Ingenieurs Tons Brunés.

Beide Autoren schrieben auch über sonderbare Reliefdarstellungen in den Krypten des Hathor-Tempels von Dendera, die wie moderne elektrische Leuchtkörper aussehen. Berlitz erwähnte die Abbilder nur in einer kurzen Textpassage, Brunés widmete ihnen mehrere Kapitel und hielt fest: »Die Illustrationen sind von ganz besonderer Art und können uns etwas über Technik und Energie aussagen. Ohne viel Fantasie zu mobilisieren, muss man sagen, dass die Bilder an große Glühbirnen erinnern, die auf starken Isolatoren angebracht sind«. Der Ingenieur wies zudem darauf hin, dass die seltsame »Schlange« im birnenförmigen »Kolben« ihren Kopf einmal nach vorne, dann wieder zurück wendet. Brunés deutet dies als die beiden elektrischen Pole Plus und Minus. Weiter heißt es, dass sogar »kabelartige Stränge« dargestellt sind, die verblüffend an »Hochspannungsleitungen« erinnern. Fiktion oder Wirklichkeit?

Die Geburt der »Elektrothese«

Elektrischer Strom im alten Ägypten? Jahrtausende vor Edison, der Ende des 19. Jahrhunderts die Erfindung der Glühbirne zum Patent anmeldete? Kann das wirklich sein? Beide Autoren, Berlitz und Brunés, rühmten sich in ihren Werken mit originalgetreuen Zeichnungen der ominösen Gebilde. Jahre später erfuhr ich, dass es noch frühere Autoren gab, die in ihren Publikationen bereits die pharaonischen »Glühbirnen« erwähnten.

So machte der schwedische Flugingenieur Henry Verner Kjellson (1891–1962) schon in den 1950er-Jahren auf die »Glühlampen von Dendera« aufmerksam. In *Forntidens*

HENRY. KJELLSON

FORSVUNDEN TEKNIK

NIHIL

Zeichnung der »Glühlampen von Dendera« im Buch von Henry Verner Kjellson, der als Erster in den 1950er-Jahren auf die Ähnlichkeit der Darstellungen mit modernen Glühbirnen aufmerksam machte

Teknik und *Forsvunden Teknik*, zwei Büchern über antike Techniken und versunkene Kulturen, verweist er auf die »merkwürdigen Bilder« im oberägyptischen Hathor-Tempel. Kjellson erkannte als Erster in den Darstellungen, die »bislang niemand interpretiert hat«, eine verblüffende Ähnlichkeit mit modernen Glühbirnen und Hochspannungsisolatoren.

1964 kam Kjellsons Kollege, der schwedische Schriftsteller Ivan Troëng, zu einer ähnlichen Einschätzung. In seinem Buch *Kulturer Føre Istiden* veröffentlichte er Zeichnungen der Reliefs von Dendera und deutete sie als »offensichtlich elektrische Lampen, die von Hochspannungsisolatoren gehalten werden«.

Der bekannte amerikanische Kryptozoologe und Schriftsteller Ivan Terence Sanderson (1911–1973) thematisierte die »Glühbirnen von Dendera« ebenfalls. In seinem Buch *Investigating the Unexplained* (»Auf der Spur des Unerklärlichen«) aus dem Jahre 1972 interpretierte er die verwunderlichen Motive als »Generatoren für statische Elektrizität«.

2 Jahre später erschien dann in den USA das oben erwähnte Werk *The Bermuda Triangle* (1975, dt.: *Das Bermuda-Dreieck*) von Charles Berlitz. In einem Kapitel werden »Verblüffende Funde aus der Vorgeschichte« vorgestellt, darunter eine reproduzierte Zeichnung, die zwei »Glühlampen«-Reliefs aus Dendera mit »kabelartigen Strängen« zeigt. Zur Ähnlichkeit mit »Hochspannungskabeln« wird Dr. John Harris vom Ashmolean Museum der Universität Oxford zitiert, der das Bildwerk als »exakte Kopie einer technischen Illustration« bezeichnet, genauso, »wie sie gegenwärtig gebräuchlich ist«.

Schließlich folgte die Studie von Tons Brunés in seinem 1976 erschienenen Buch *Pa sporet af fortidens kraftkilder*. Der Techniker war einer der ersten Autoren, der sich intensiver mit der Geschichte des Hathor-Tempels von Dendera und der elektrotechnischen Interpretation der Wandreliefs befasste. Doch trotz redlicher Bemühungen konnte ich zu diesem Zeitpunkt nirgendwo Fotobeweise der angeblichen »Glühbirnen«-Reliefs auftreiben.

Heutzutage kursieren im Internet Fotos und Videos, die mithilfe von KI geschaffen wurden. Sie wirken täuschend echt; die Grenzen zwischen Realität und Illusion verschmelzen immer weiter miteinander. Wie lässt sich Missbrauch verhindern? Können wir unseren eigenen Sinnen noch trauen? Ein Problem, von dem Schwarzseher behaupten, es könnte uns in naher Zukunft überrollen. Fake News gab es allerdings auch schon vor dem digitalen Cyberspace-Zeitalter. Die Möglichkeit, dass Zeichnungen und Datenangaben manipuliert sein könnten, bestand schon immer. Doch damals gab es nur eine Chance herauszufinden, ob die gewagten Behauptungen der Autoren zutreffen: Ich musste selbst nach Dendera reisen! Nur so konnte ich für das Unmögliche eine Bestätigung finden oder aber die Sensationsautoren als Schelme entlarven.

Erstmals in Dendera

Noch einmal zurück ins Jahr 1979. Nur wenige Tage nach meiner frevelhaften Pyramidenbesteigung brachte ein Inlandflug mich und meine Reisegefährten nach Luxor. Von dort unternahmen wir einen Tagesausflug zum knapp 60 Kilometer entfernten Dendera-Tempel am westlichen Nilufer nahe der oberägyptischen Ortschaft Qina. Der Tempelkomplex wurde mehrfach erneuert und stammt in seiner heutigen Baustruktur aus griechisch-römischer Zeit. Die Himmels- und Liebesgöttin Hathor, eine Tochter des Sonnengottes Re, hatte hier ihr zentrales Heiligtum. Besondere Verehrung genossen an dieser Kultstätte gleichsam die Göttin Isis und ihre personifizierte »Wiedergeburt« Königin Kleopatra. (Siehe Abb. 25 im Farbbildteil.)

Wer den Göttinnen die Ehre erweisen möchte, wird beim fantastischen Anblick ihrer gut erhaltenen Residenz geradezu überwältigt. Nach jahrelanger Renovierung präsentieren sich die Farben an den Decken und Wandbemalungen nun in unglaublich prächtigem Glanz, so bunt und kräftig, dass man meinen könnte,

Bibliothek in Stein: Der Hathor-Tempel von Dendera

da hätte gerade jemand frisch den Pinsel geschwungen. Dank einer innovativen Technik war es gelungen, die reich dekorierten Säulen, Innenwände und Decken von ihrer dick geschwärzten Rußschicht zu befreien, ohne dass die darunter befindlichen Farben Schaden nehmen. Dabei kam ein spezielles chemisches Präparat zum Einsatz, das von Ägyptologen salopp als »magische Substanz« bezeichnet wird und zuvor noch nie verwendet wurde. Das Risiko der Anwendung hat sich gelohnt: Das Hathor-Heiligtum erstrahlt wieder in den glanzvollen Originalfarben wie zu Lebzeiten von Cäsar und Kleopatra! Selbst die geheimnisvolle Isis, Göttin der Geburt, der Wiedergeburt und Magie, wäre wohl beim Anblick dieser himmlischen Farbenpracht verzückt. Somit zählt der Hathor-Tempel heute verdientermaßen mit zu den großen Sehenswürdigkeiten Ägyptens. Davon war bei meinem Erstbesuch allerdings noch nichts zu bemerken.

In den 1970er-Jahren führten nur wenige Reiseprospekte diese einst weitverzweigte Anlage als Programmpunkt auf. Schon die Anreise war eine Strapaze, denn anstelle einer asphaltierten Autobahn führte eine steinige und holprige Wüstenstraße zum Zielort. Als Greenhorn war man bereits im Hotel vorgewarnt worden. Insider steckten mir weiche Decken zu, die man sich während der Taxifahrt unter den Allerwertesten schieben sollte. Der Erfolg hielt sich meiner dunklen Erinnerung nach in Grenzen. Egal, nach einem knapp zweistündigen Höllentrip war alles überstanden: Ich war endlich in Dendera!

Begegnung mit Bes und Nut

Das Heiligtum der Göttin Hathor umgibt eine mächtige, fast quadratische Umwallung aus Lehmziegeln. Das gewaltige Mauerwerk war einst bis zu 12 Meter dick und 10 Meter hoch! Große Teile dieser 290 mal 280 Meter umfassenden Schutzmauer sind inzwischen verfallen. Im zentralen Areal thront der Haupttempel mit einer Breite von 35, einer Länge von 81 und einer Höhe von fast 28 Metern.

Besucher betreten den sakralen Gesamtkomplex von Norden durch ein monumentales Tor, das im 1. Jahrhundert n. Chr. unter den römischen Kaisern Domitian und Trajan errichtet wurde. Im

Seltsamer Geburtshelfer: Fratzenhafter Gott Bes

linksseitigen Eingangsbereich werden Gäste von einer auffälligen Göttergestalt begrüßt, die als Relief auf einem Steinblock abgebildet ist. Es ist die Gottheit Bes, ein zwergenhafter Geselle mit bärtigem Fratzengesicht und heraushängender Zunge. Er wurde als Gott der Zeugung und Spender von Träumen angesehen. Seit dem Neuen Reich trägt er auf dem Rücken Flügel. Im Vergleich mit anderen ägyptischen Gottheiten wirkt Bes wie ein missgestalteter Fremdling. Liebreiz strahlt er nicht gerade aus, aber das täuscht: Bes galt als Beschützer schwangerer Frauen und neugeborener Erdenbürger. Bei Geburten war er geistig anwesend und soll böse Geister sowie Schlangen vom Haus ferngehalten haben. Im Volksmund wurde der seltsame Gnom zum »Kinder- und Schlafzimmergott«.

Über einen mit Steinen gepflasterten Weg, vorbei an einem westlich gelegenen römischen Geburtshaus (Mammisi), einer um 450 n. Chr. errichteten koptischen Kirche, einem weiteren Geburtshaus für Nektanebos I. aus dem 4. Jahrhundert v. Chr. und Überresten eines römischen Sanatoriums, gelangt man direkt zur äußeren Tempelhalle. Sie wird von 18 monumentalen Säulen mit Hathor-Kapitellen getragen. Die Antlitze mit vier frontal abgebildeten Frauengesichtern sind beschädigt. Angeblich wurden sie von frühen Christen zerstört, weil sie an der heidnischen Göttin keine Freude hatten. Auch den Muslimen war die Dame nicht geheuer. Hathor wird in der arabischen Folklore fälschlicherweise für einen löwenköpfigen Geist mit Hörnern gehalten, einen Dschinn. So werden körperlose Spukgestalten genannt, die im islamischen Volksglauben aus »rauchlosem Feuer« erschaffen werden und in die Körper von Menschen fahren können. Im Koran finden sich etliche Suren über diese körperlosen Himmelsgeister.

Gleichfalls überirdisch zeigt sich die mit astrologischen und astronomischen Reliefs übersäte Tempeldecke. Die Motive auf der linken Hälfte stehen für den Nordhimmel, die auf der rechten für den Südhimmel. Im äußeren Bereich ist die Himmelsgöttin Nut in gebeugter Haltung dargestellt. Sie verschluckt am Abend die untergehende Sonne, die nachts ihren Leib durchquert, um am nächsten Morgen neugeboren ihren Schoß wieder zu verlassen. Die Sterne des Universums gelten als ihre unsterblichen Seelen.

Himmlische Symbole

Wenn wir weiter ins Tempelinnere der Kultstätte vordringen, kommen wir in die »Halle des Erscheinens«, diesmal mit sechs mächtigen Hathor-Säulen. West- und ostseitig liegen jeweils drei reich dekorierte Räume, die als Bibliothek, Schatzkammer, Speicher für Opfergaben und Handwerksstätten dienten. Eine Abbildung zeigt Seltsames: Acht halbnackte Männer klettern auf eine pyramidenförmige Konstruktion mit einem zentralen »Hauptmast«. Am Kopf tragen sie einen Federschmuck in Gestalt einer Straußenfeder. Das Symbol entspricht der Maat-Hieroglyphe, die das Prinzip der kosmologischen Weltordnung repräsentiert. Es ist ebenso das Zeichen für »Schwerelosigkeit« zwischen Himmel und Erde und Sinnbild für die Regelung der »Beziehung zwischen Göttern und Menschen«. Die Straußenfeder als Maat-Kopfschmuck ist der gleiche wie der des Luftgottes Schu, der laut Mythos »als Atem aus der Nase des Urgottes Atum hervorgegangen« ist. An der Pyramidenspitze des Gerüstes befindet sich eine Plattform mit Kultobjekten beziehungsweise Opfergaben an die Himmelsgötter. Rechts von dieser Darstellung zeigen Hieroglyphen einen Stier mit Sonnenscheibe sowie ein Schlangensymbol. Prof. Ahmed Osman darauf angesprochen: »Mit Stangen wird hier das Symbol des Himmelsstieres (Ihi, Sohn der Hathor) stabil gemacht.« Mit Himmelsstier und Himmelsleiter zurück zu den Sternen? Ihi, der einer Überlieferung zufolge nach der Vereinigung mit dem »Stier des Sonnengottes« von Hathor geboren wurde, war selbst ein kosmologisches Attribut für den Neuanfang und wurde manchmal als Stier oder Kälbchen verkörpert.

Links neben dem eigentümlichen »Pyramidenmast« ist ein größtenteils zerstörtes Relief des Gottes Min dargestellt. Sein erigierter Penis weist direkt in Richtung des Gerüsts mit den Klettermaxen. In der ägyptischen Mythologie erfahren wir Interessantes dazu: »Min wurde eine Reihe von Symbolen beigegeben, darunter das des ›*Blitzes*‹, rätselhaftes Wahrzeichen des Gottes, mit dem oft sein Name geschrieben wurde.« Blitzsymbolik gleich neben dem Mast? Wir befinden uns in der »Erscheinungshalle«. Was sollte

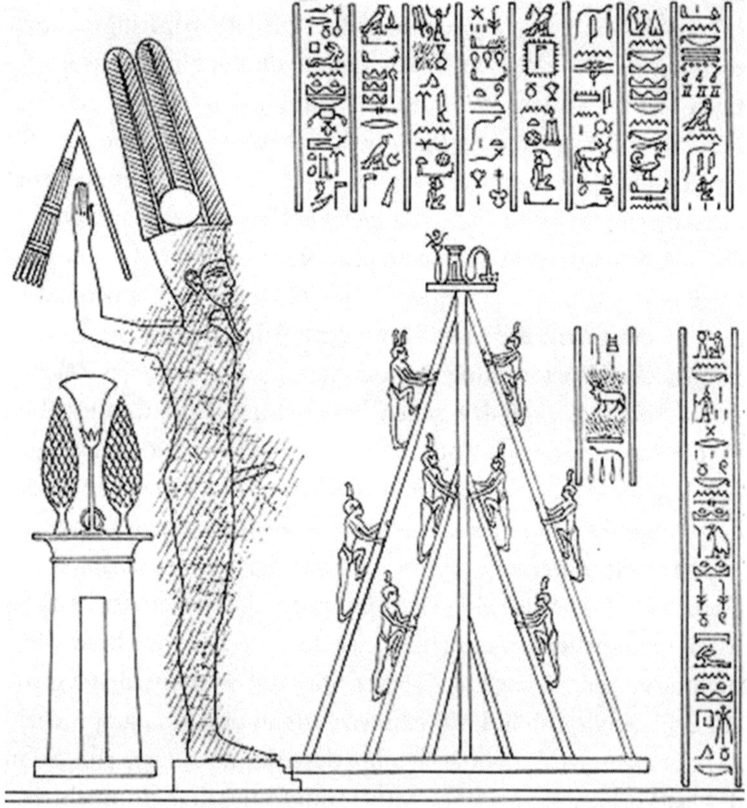

Relief in der »Erscheinungshalle«: symbolischer Opfermast oder Hochspannungsmast?

von »oben« auftauchen? Die Sonne oder ein Blitz aus heiterem Himmel? Aufgeschlossene Gemüter werden in dem luftigen Himmelsgestell einen Hochspannungsmast erkennen.

Zwei Kammern dieses Saales besitzen einen versteckten Ausgang. Das westlich gelegene Portal führt zu einem außerhalb des

Tempels befindlichen heiligen Brunnen, der heute verschüttet ist. In gerader Verlängerung der »Erscheinungshalle« schließt ein schmaler »Opfersaal« an, wo beidseitig ein langer Treppenweg aufs Tempeldach führt.

Wir bleiben im Parterre, schreiten fort und erreichen die kleine »Halle der Götter-Neunheit«. Geehrt wird hier die überirdische Crew der Schöpfergottheiten aus der »Kosmologie von Heliopolis«. Es sind die obersten Götter der ältesten ägyptischen Mythen zur Entstehung der Welt: Demnach sei aus dem Urozean Nun der Schöpfer- und Lichtgott Atum aufgetaucht, quasi »aus dem Nichts, bevor der Himmel existierte«. Aus dieser Urmaterie kamen Schu (Leben, Luft) und Tefnut (Wahrheit, Feuer) hervor. Die beiden Elemente »zeugten« Nut (Himmelsgewölbe) und Geb (Erde). Daraus wurden schließlich die »Sternenkinder« Osiris, Isis, Nephthys und Seth geboren.

Rechts der »Neuner-Götterloge« führt ein enger Korridor zu einem kleinen Lichthof, der mit der »Neujahrskapelle« für Hathor endet. Das Deckenbild zeigt, wie schon in der großen Vorhalle, Nut als personifiziertes Himmelsgewölbe. Sie gebiert die Sonne und sendet »Segnungsstrahlen« auf das Hathor-Heiligtum in Dendera. (Siehe Abb. 26 im Farbbildteil.)

Gehen wir zurück ins Zentrum der »Götterhalle«. Dort stehen wir in südlicher Ausrichtung dem Allerheiligsten gegenüber, das als »großer Sitz« bezeichnet wird. Nur der König oder seine priesterlichen Stellvertreter durften diesen sakralen Kultraum betreten. Hier wurden vier tragbare Prozessionsbarken für Hathor, Isis, Horus von Edfu und für den sonderbaren Harsomtus aufbewahrt. Ein Kultbild der »Wahrheitsgöttin Maat« soll sich ebenfalls an diesem heiligen Platz befunden haben. Die Szenen an der Wand zeigen teils Ungewöhnliches, darunter eine Prozession von »Nilgeistern«, die von Hathors Sohn Ihi angeführt wird.

Um das Sanktuarium herum verläuft ein schmaler Korridor, von dem elf kleinere Räume abgehen. Es sind »Kapellen«, die jenen Gottheiten und Kultobjekten gewidmet sind, die mythologisch eng mit Hathor und ihrer Magie in Beziehung stehen. »Von hier an war der Tempel in völliges Dunkel gehüllt«, weiß der Ägyptologe Prof. Dieter Arnold, »da kein Lichtschlitz feindlichen Kräften Zugang zum Allerheiligsten ermöglichen durfte«.

Direkt hinter Hathors Barkenraum, an der südlichen Tempelrückwand, befindet sich ein Schrein für die Herrin von Dendera. Man darf annehmen, dass es der Aufbewahrungsort für Hathor-Statuen war. Hoch oben befindet sich eine zentrale Wandnische, in der »Reliquien der Himmelsgöttin« aufbewahrt wurden. Das Heiligste vom Heiligsten? Was das genau gewesen sein soll, bleibt im Dunkeln.

Prähistorische Wurzeln

Knaurs Lexikon der Ägyptologie gibt zum Hathor-Tempel von Dendera einen interessanten Hinweis: »Eine bemerkenswerte Besonderheit sind seine Krypten: Zwölf lange, enge und schwer zugängliche Kammern, die in seinen dicken Mauern verborgen sind. Auch andere Tempel haben Krypten, aber nur die von Dendera sind mit Darstellungen geschmückt. Diese Krypten liegen in drei verschiedenen Höhen übereinander, die tiefsten sind jetzt der Zerstörung des eindringenden Wassers ausgesetzt, die obersten stehen durch ein Schlupfloch in halber Höhe der Wände mit den anderen Sälen in Verbindung.«

Drei Etagen in die Tiefe? Das bedeutet, das Hathor-Heiligtum, so wie es sich heute den Besuchern präsentiert, ragt nur zu einem Teil aus dem Wüstenboden. Ein Großteil der Anlage liegt tief im Untergrund verborgen. Wir wissen, die Tempelanlage wurde unter den Ptolemäern und den ersten römischen Kaisern errichtet. Das ist aber nicht die ganze Geschichte. Der Ursprung der Kultstätte reicht sehr weit zurück in die prähistorische Vergangenheit. Das wirft Fragen auf: Sind die glühlampenartigen Reliefdarstellungen aus den Krypten Reste wesentlich älterer Bausubstanzen aus den Vorgängertempeln? Oder könnten die Motive aufgrund alter und überlieferter Texte einfach übernommen worden sein, ohne dass ihre ursächliche Bedeutung verstanden wurde? Immerhin liegen Jahrtausende zwischen dem ersten Hathor-Heiligtum und dem griechisch-römischen Neu- beziehungsweise Wiederaufbau.

Gemäß der Überlieferung reicht der Bauplan des Dendera-Tempels zurück in eine prädynastische Epoche *vor* den Pharaonen. Das behaupten jedenfalls Inschriften auf Tempelwänden der heutigen Anlage. Demnach stammt das ursprüngliche Heiligtum aus einer Zeit der »mythischen Horusgefährten«. Damit wären wir in der 0. Dynastie der Naqada-Kultur zwischen 4000–3032 v. Chr.

Inschriften im heutigen Tempel behaupten, dass die Gründungsurkunde während der Regentschaft von Pharao Cheops *wiederentdeckt* wurde, also im Alten Reich der 4. Dynastie um 2550 v. Chr. »Wiederentdeckt« heißt, die Urkunde stammt aus älterer Zeit. Das Dokument soll auf einer Tierhaut verfasst worden sein, die im Königspalast von Memphis aufbewahrt war. Tatsächlich werden in Dendera Vorgängerkultbauten und Ehrungen an die himmlische Hathor-Gottheit textlich erwähnt, die schon im Alten Reich bestanden. Dendera war jener kultische Ort, der in der Mythologie als das »Land von Atum« bezeichnet wird, benannt nach dem altägyptischen Lichtgott. Andere Namen für die ehemalige Hauptstadt des 6. oberägyptischen Gaues lauten: Iunet (ägyptisch), Tantere (koptisch) oder Tentyris (griechisch).

Insgesamt soll es 136 Namen für den heiligen Ort gegeben haben, wobei »An« der erste gewesen sein soll. Dass die Wurzeln Denderas in graue Vorzeit zurückführen, also in eine Epoche vor dem (uns bekannten) Ägypten der beginnenden Dynastien, belegt auch ein prädynastischer Friedhof, der unweit der heutigen Anlage liegt. Dazu bestätigt Dieter Arnold: »Der Kult der Göttin Hathor von Ionu (Tentyris) lässt sich anhand einiger Quellen und Funde bis zurück zu einem sagenhaften Tempel des Cheops und schließlich bis in prähistorische Zeit verfolgen.«

Eine Inschrift besagt, dass der Urtempel in der 6. Dynastie um 2270 v. Chr. in der Regierungszeit von König Pepi I. ausgebaut wurde. Der Pharao war der erste Herrscher, der den Titel »Sohn der Hathor, der Herrin von Dendera« trug. Ein Indiz dafür, dass das Hathor-Heiligtum tatsächlich bereits im Alten Reich eine besondere Bedeutung hatte.

Die ältesten Zeugnisse

Das historisch bislang älteste erhaltene Relikt einer frühen Hathor-Kultstätte ist der Schrein von König Mentuhotep II. aus der 11. Dynastie um 2020 v. Chr. In Dendera sucht man das Mauerwerk vergeblich. Es befindet sich heute im Ägyptischen Museum in Kairo. Die Beschreibung dazu findet sich im ersten Teil dieses Buches (Seite 55 ff.).

Weitere Umbauarbeiten und Erneuerungen sind aus der 18. Dynastie um 1450 v. Chr. belegt. Da dem Dendera-Tempel der Verfall drohte, ordnete Pharao Thutmosis III. einen Neubau an. Er entstand exakt am Platz und in den Grundrissen des ersten Tempels. Als Bauplan diente eine Kopie der ursprünglichen Urkunde aus dem Tempelarchiv. Original und Abschrift gelten heute als verschollen oder zerstört. Verschiedene Herrscher des Neuen Reiches ordneten die Dekoration an; so erfolgten unter anderem belegte Arbeiten unter Amenophis III. (18. Dynastie), Ramses II. (19. Dynastie) und Ramses III. (20. Dynastie).

Das älteste noch bestehende Gebäude im Tempelbezirk stammt aus der 30. Dynastie. Es wurde um 360 v. Chr. errichtet und ist das Mammisi von Nektanebos I. Das ägyptische Geburtshaus befindet sich auf der rechten Seite, gleich nach dem Haupteingang, ein paar Schritte vorbei am römischen Geburtshaus und der christlichen Basilika.

In der Spätzeit der Ptolemäerherrschaft wurde die gesamte alte Tempelanlage abgetragen und der Haupttempel in drei Etappen durch einen Neubau ersetzt. Die Grundsteinlegung wird mit 16. Juli des Jahres 54 v. Chr. beziehungsweise dem 27. Regierungsjahr von Ptolemaios XII. genannt. Im 19. Jahrhundert führten die Untersuchungen des Ägyptologen Johannes Dümichen allerdings zu dem Schluss, dass »dieser Platz eine Verehrungsstätte der Hathor seit Urzeiten sei, dass die Mauern des Tempels sich an derselben Stelle befinden würden wie ehedem, dass alle seine Räume, die dieselben Namen führten und denselben heiligen Zwecken dienten wie vordem, an ihrem alten Platz angelegt worden seien«. Das würde dafür sprechen, dass Fundamente und Mauerreste der Vorbauten nach wie vor unterhalb der heutigen Tempelanlage liegen.

Die Fertigstellung des Haupttempels erfolgte im Jahr 29 v. Chr. unter Ptolemaios XII. (Beiname Neos Dionysos). Er ist der Vater der berühmten Königin Kleopatra VII. Unter den ersten römischen Kaisern Augustus, Tiberius und Caligula wurde der Tempel mit dem großen vorgelagerten Hypostylon (Pronaos) und seinen 24 mächtigen Hathor-Säulen erweitert. Ergänzungen entstanden um 60 n. Chr. unter Kaiser Nero. Um 100 n. Chr. ließ Trajan neben dem Hathor-Tempel das römische Geburtshaus errichten. Die letzte römische Bautätigkeit erfolgte um 180 n. Chr. unter Marc Aurel.

Im 5. Jahrhundert siedelten sich christliche Kopten in Dendera an. Als letztes Bauwerk entstand in dieser Zeit zwischen dem römischen Geburtshaus und dem pharaonischen Mammisi eine Basilika. Der ikonografische Gleichklang zwischen der altägyptischen Himmelsgöttin Isis und dem Horusknaben, analog zur Gottesmutter Maria mit dem Jesuskind, wird den ältesten Vertretern des Christentums nicht entgangen sein.

Mit der Eroberung unter Amr Ibn al-Aas wurde Ägypten im 7. Jahrhundert allmählich islamisiert. Im Zuge zweckfremder Nutzung des Tempelkomplexes für Stallungen und Behausungen mit offenem Feuer bildete sich über Jahrhunderte ein gewaltiger Schutthügel. Er reichte schließlich bis an das Dach des Haupttempels heran. Hinterlassenschaften wie der Heilige See und die Geburtshäuser versanken langsam im Wüstensand. Das einst majestätische Hathor-Heiligtum verschwand aus dem Gedächtnis der Geschichte.

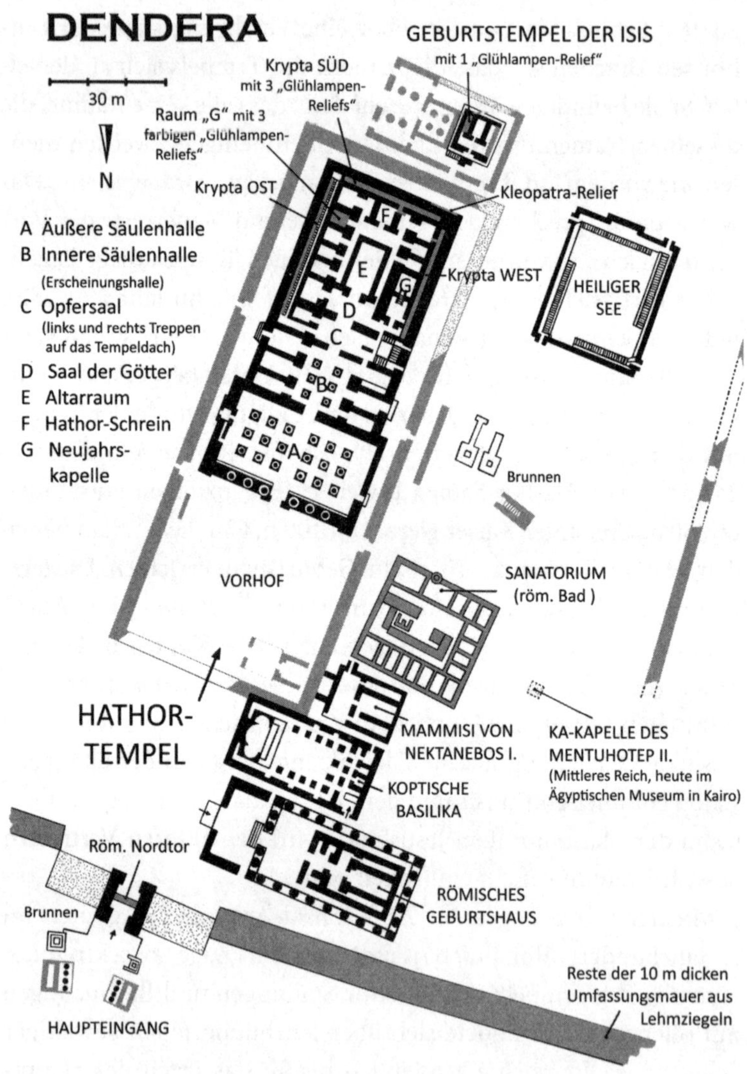

Grundriss des Hathor-Tempels mit Nebengebäuden

Die Wiederentdeckung des Heiligtums

Im 18. Jahrhundert, zu osmanischer Zeit und während Napoleons Ägyptenfeldzug, war die Hathor-Kultstätte größtenteils verschüttet und vergessen. Auf dem Dach fanden sich die verfallenen Hütten eines ehemals arabischen Dorfes. Die älteste Erzählung zum Dendera-Tempel stammt von Frederic Louis Norden, der Ägypten 1737 im Auftrag des dänischen Königs bereiste. Der Marineoffizier stützte sich dabei auf Notizen anderer Abenteurer wie dem englischen Reiseschriftsteller Richard Pococke (1704–1765). Frühe historische Darstellungen zeigen die im Wüstensand versunkene Tempelanlage. Dazu zählen zahlreiche Grafiken, die 1799 während der Expedition der französischen Armee entstanden sind.

1802 erschien das Buch *Voyage* des französischen Universalgelehrten Dominique-Vivant Baron Denon. Er war wissenschaftlicher Begleiter des napoleonischen Expeditionskorps. »Ich war verwirrt durch die Vielfalt der Objekte, erstaunt über das Ungewohnte, das ihnen anhaftet«, schwärmt der Kunstpolitiker über das Gesehene in Dendera. Giovanni Battista Belzoni, italienischer Abenteurer und Pionier der Ägyptologie, beschreibt 1816 die Tempelanlage als weiterhin »von Geröll- und Schuttbergen bedeckt«. Für die Forschung ein Glücksfall, denn somit verblieb die Anlage geschützt unter dem Wüstensand vor Bildersturm und größerer Zerstörung verschont. Noch 1838 war die Lage nicht anders. Das belegen vor allem die wirklichkeitsgetreuen Farbgemälde des bedeutenden schottischen Malers David Roberts.

Bis zu den ersten wissenschaftlichen Studien vergingen noch Jahrzehnte. Der osmanische Pascha Muhammad Ali war der Erste, der 1845 partielle Ausgrabungen am Haupttempel und der Tempelfront veranlasste. Teile des angesammelten Schutts der letzten Jahrhunderte wurden beseitigt und der Zugang zum Tempeleingang mit einer Mauergasse befestigt. Ab Mitte des 19. Jahrhunderts lagen erste Schwarz-Weiß-Fotografien vor, die den im Sand und Schotter versunkenen Hathor-Tempel zeigen.

Dann kam die Stunde der ägyptologischen Pioniere: Einer von ihnen ist der deutsche Altertumsforscher Johannes Dümichen, der mehrere ausgedehnte Studienreisen nach Ägypten unternahm. Dabei führte er die schwierige Freilegung der Tempelanlage fort und drang im Inneren in »geheime Korridore« vor. Akribisch kopierte er die bislang unbekannten und nun zutage gekommenen Bilder und Texte. Mit der Dechiffrierung der Hieroglyphen, die 1822 dem Franzosen Jean-François Champollion mithilfe des Steins von Rosette gelungen war, unternahm Dümichen erste Übersetzungen der Dendera-Texte. Die Ergebnisse seiner Forschungsarbeit beschreibt der Ägyptologe 1865 in der Publikation *Bauurkunde der Tempelanlagen von Dendera.*

Nahezu zeitgleich wurden ab 1870 fünf Werke veröffentlicht, die eine vollständige Publikation der Bildwerke und Hieroglyphen des Hathor-Tempels enthalten. Ein sechster Textband ergänzt Bildunterschriften und gibt Kommentare zu den Illustrationen. Verfasser ist Auguste Mariette, einer der »Gründungsväter« der modernen Ägyptologie. Die Abtragung des kompletten Schutthügels rund um das Hathor-Heiligtum begann jedoch erst ab 1882 unter britischer Herrschaft. Die Arbeiten erstreckten sich bis hinein ins 20. Jahrhundert. Es war die Ära der Grabräuber, die das Tempelgelände auf der Suche nach Kunstschätzen durchstöberten. Trotz Zerstörung und Diebstahl kommen noch heute überraschende Funde ans Licht. So wurde 2023 östlich des Dendera-Areals ein meterlanger Kalksteinsphinx in sonderbarem Stil ausgegraben. Sein lächelndes Antlitz soll jenes von Kaiser Claudius sein.

Wesentlich älter ist der Fund aus dem Jahre 2002. Damals entdeckten belgische Archäologen in einer Berghöhle bei Dendera ein prähistorisches männliches Skelett. Es wird angenommen, dass der Mann vor mehr als 33 000 Jahren in der Region nahe dem Nil gelebt hat. Keramikscherben, die dem Toten als Grabbeigaben mitgegeben wurden, könnten die ältesten der Welt sein. War der anonyme Tote ein Gefährte der mythischen Horusgötter und -halbgötter, die nach alten Überlieferungen wie dem »Turiner

Königspapyrus« Jahrtausende vor den Pharaonen in Ägypten regierten? In der Auflistung der Götterdynastien und ihrer Regentschaft steht geschrieben: »*Ehrwürdige Shemsu-Hor, 13 420 Jahre; Regiert vor dem Shemsu-Hor, 23 200 Jahre; Insgesamt 36 620 Jahre.*« Diese Urschriften werden von der Ägyptologie ignoriert und ins Reich der Fantasie verbannt. Warum? Weil sie unbequeme Erinnerungen an eine Vorzivilisation oder gar Atlantis, ja vielleicht sogar Kulturbringer von fernen Welten wecken könnten?

Hinab in Hathors Unterwelt

Ein unterirdisches Gangsystem durchzieht die Tempelaußenwände. Es ist in der ägyptischen Architektur einmalig: verborgene Krypten (es heißt 12, nach andere Quelle sind es 14), die etliche Meter tief in den Untergrund führen. Es soll noch tiefere Etagen geben, die allerdings unzugänglich sind. Der Zugang über die bekannten Krypten erfolgt über verengte Einstiegsluken am Boden oder über Mauerwände. Da die »Unterweltpforten« gewöhnlich mit Deckplatten verschlossen waren und nur Eingeweihte erkennen konnten, dass es dort hinabgeht, müssen es im Altertum tatsächlich Geheimgänge gewesen sein. Von ägyptologischer Seite heißt es, dies seien Lagerräume für »Kultobjekte« und »Kultbilder« gewesen, die nur bei »besonderen Festen« ans Tageslicht geholt wurden. Da die Utensilien als gestohlen oder zerstört gelten (mit Ausnahme einiger ungeklärter Relikte, die unauffindbar im Ägyptischen Museum in Kairo lagern), wird über ihre Art, Größe und Beschaffenheit spekuliert. Wahrscheinlich waren es sakrale Objekte, die bei den Hathor-Prozessionen und Tempelfesten eine bedeutende Rolle gespielt haben. Wie aber sahen sie aus? Aus welchen Materialien bestanden sie? Was war ihre genaue Bestimmung? Wohin verschwanden die heiligen Gegenstände?

Manche Ägyptologen behaupten, dass in einigen Krypten »Reste von Mumien heiliger Kühe« gefunden wurden. Ausschließen lässt sich das nicht, die genaue Quelle dazu vermisse ich aber. »Kuhmumien« würden gewiss zur Göttin Hathor passen, die vielfach in Gestalt einer Kuh dargestellt wurde. Aus den Texten und Abbildungen in den Krypten geht allerdings nirgendwo hervor, dass sie als Grabstätten für mumifizierte Rinder genutzt wurden. Auch die Einlässe in die Krypten mit nur einem halben Meter Größe sprechen dagegen. Schlüssiger scheint mir, dass unterhalb der Tempelmauern tatsächlich jene Gegenstände aufbewahrt wurden, die auf den Wandreliefs der Krypten abgebildet sind. Darstellungen von »Kultobjekten« für die Göttin Hathor, die in ihrer Erscheinungsform außergewöhnlich sind. Die Relikte müssen eher klein und handlich gewesen sein, denn die Korridore sind nur 1,20 Meter breit und als Lagerräume genauso ungeeignet wie ein unterirdischer »Erdstall«. (Siehe Abb. 27 und 28 im Farbbildteil.)

Für Touristen zugänglich ist nur das südliche Gangsystem. Ein Besuch dort kann schweißtreibend werden, aber die Anstrengung lohnt sich. Man steigt im Südwesteck über ein paar Stufen hinab, zwängt sich durch eine kleine Öffnung und erreicht einen 4,30 Meter langen Korridor. Die reiche Dekoration gilt der Göttin Hathor. Ein Fortkommen ist aufrecht möglich, da alle Räume über 2 Meter hoch sind. Die unterirdische Anlage besteht aus insgesamt fünf miteinander verbundenen Kammern. Ihre achsensymmetrische Anordnung mit Wandbildern und Inschriften folgt einem genau vorbestimmten Konzept. Vom zentralen Hauptgang zweigt jeweils nach links und rechts ein 3,3 Meter langer Gang ab. Gemeinsam mit dem mittleren Korridor gelten diese drei Kammern als »Wohnsitze der Hathor«. Im An- und Abschluss dazu führen wiederum zwei enge Räume mit 4,60 Metern Länge bis zum Ende dieser »Krypta Süd«. Die schmalen Kammern im hintersten Winkel von Hathors Unterwelt waren die Heimstätten des Ihi und des Harsomtus. Die beiden seltsam anmutenden Gottheiten werden mythologisch als Söhne der Göttin Hathor angesehen, die im Sonnenzyklus miteinander verschmelzen. Vor allem dieser Harsomtus ist ein wahrer Mimikry-Meister, der in unterschiedlichster Form erscheinen konnte: menschengestaltig als thronende Gottheit, als nacktes Kind, als Sphinx oder wie in Dendera als leuchtende Schlange! Aus dem *Lexikon der ägyptischen Götter und Götterbezeichnungen* geht ergänzend hervor, dass der Name »Harsomtus« ab dem Neuen Reich als Nebenform des Horus fungierte, im Gegensatz zu »Sema-taui« beziehungsweise »Somtus«, die bereits ab dem Mittleren Reich in Erscheinung treten. Als strahlender Schlangengott wird er als »lebendiges Abbild« des Pharao interpretiert.

Das Wow-Erlebnis

Dort, wo sich der sonderbare Schlangengott Harsomtus versteckt, befinden sich auch die berühmtesten Darstellungen, die an »Glühlampen« erinnern. Paradox: Heute lassen sie sich dank touristenfreundlicher Elektrifizierung gut ausgeleuchtet bewundern. Nicht so in den 1970er-Jahren. Als ich die Krypta erstmals betrat, spendete nur die lodernde Flamme einer Kerze und meine Taschenlampe spärliches Licht. Was ich zu jener Zeit im diffusen Schein erblickte, verblüffte mich: birnen- oder blasenartige Gebilde, die in schräger Lage von Priestern gehalten werden und auf Pfeilern mit vier Querstreben ruhen. Wow! Ägyptologen bezeichnen diese Stützen als »Djed-Pfeiler«, dem altägyptischen Sinnbild für Stärke, Stabilität und Ausdauer. Als Hieroglyphe wird das Symbol als »Wirbelsäule des Osiris« aufgefasst. Weitere Auslegungen: prähistorischer Fetisch, entlaubter Baum, Himmelsstütze, Fruchtbarkeitszeichen, Ährenform oder Palmwedel. Was denn nun? Ich habe auch gelesen, die vier Balken der Säule sollen die vier Himmelsrichtungen symbolisieren. Wieso existieren dann Amulette und Abbildungen von Djed-Pfeilern mit drei oder fünf Querstreben?

Mit modernen Augen betrachtet erinnern diese eigenwilligen Pfeiler verblüffend an Hochspannungsisolatoren! Zufall? Könnte man meinen, aber die von der Norm abweichende Interpretation passt zum weiteren Bildprogramm mit langgezogenen Kolben, in denen sich wellenartig eine Schlange emporwindet. Sie entspringt immer aus der Mittelspitze einer Lotosblüte, dem Ursymbol für Licht. Von dieser Blume führen Stränge in den Boden oder münden in einem kastenförmigen »Behälter«. Skeptiker werden müde abwinken, aber die antiken Abbilder gleichen unzweifelhaft modernen Leuchtkörpern, genauso wie es Berlitz und Brunés behauptet hatten. Fiktion oder die getreue Wiedergabe antiker Kenntnisse über Elektrizität?

Als es an Übersetzungen fehlte

In der »Krypta Süd« sind drei »glühlampenartige« Motive erhalten. Dass es an anderen Wänden der Tempelanlage, nämlich in einem oberen Raum des Erdgeschosses und außerhalb des Hathor-Hauptsitzes im Sanktuar des Isis-Tempels, noch vier weitere gleichartige Wiedergaben gibt, wusste ich als unerfahrener Besucher damals noch nicht. Immerhin gelang mir vor mehr als 4 Jahrzehnten die erste Dia- und Farbfotoserie zu diesen außergewöhnlichen »Kultobjekten«. Wieder zu Hause in Wien wagte ich die ersten literarischen Gehversuche. Dabei half mir, dass sich die Kunde von meinen »Glühbirnen-Fotos« in grenzwissenschaftlichen Magazinen rasch verbreitete und dies den Forschertrieb alternativer Denker weckte.

Einer davon war mein väterlicher Freund und Mentor Peter Krassa (1938–2005), österreichischer Schriftsteller und Redakteur der Tageszeitung *Kurier*. Er war ein Vorreiter auf dem Gebiet des damals noch jungen Forschungszweiges Prä-Astronautik. Mit Büchern wie *Als die gelben Götter kamen* und *Gott kam von den Sternen* hatte sich der »Österreichische Däniken« einen Namen gemacht. Das prophetische Omen zum *Licht der Pharaonen*: Peter Krassa lebte damals in der renovierungsbedürftigen Villa von Carl Auer von Welsbach, der 1885 den gasbetriebenen »Glühstrumpf« erfand, auch »Auerlicht« genannt!

Abb. 1 : Ägyptisches Museum in Kairo: Über der Pforte begrüßt Göttin Hathor die Besucher

Abb. 2 : Vorderseite der Narmer-Palette mit Reliefs der Schlangenhalspanther. Kryptozoologische Wundertiere?

Abb. 3: 1500 Jahre älter als die ersten Pharaonen: Wer war der archaische Urahn?

Abb. 4: Göttin Hathor in Kuhgestalt, dahinter der Naos von Saft el-Henne

Abb. 5: Fast 3 Meter hoch: Schlangenmonolith aus dem Alten Reich

Abb. 6: Der Schlangenstein von Athribis

Abb. 7: 5000 Jahre alt und rund wie eine »Fliegende Untertasse«: die Sabu-Scheibe

Abb. 8: Gibt immer noch Rätsel auf: Tutanchamuns Goldmaske

Abb. 9: Außerirdisches Artefakt: das Pektoral von König Tutanchamun

Abb. 10: Königsdolch aus dem All

Abb. 11: Sonderbare Sitzstatue von König Mentuhotep II.

Abb. 12: Das Pa-di-imen-Relikt: Taube oder antikes Segelflugzeugmodell?

Abb. 13 und 14: Unas-Pyramide in Sakkara: Schatten- und Lichtphänomene lassen verborgene Bilder und Leuchteffekte entstehen

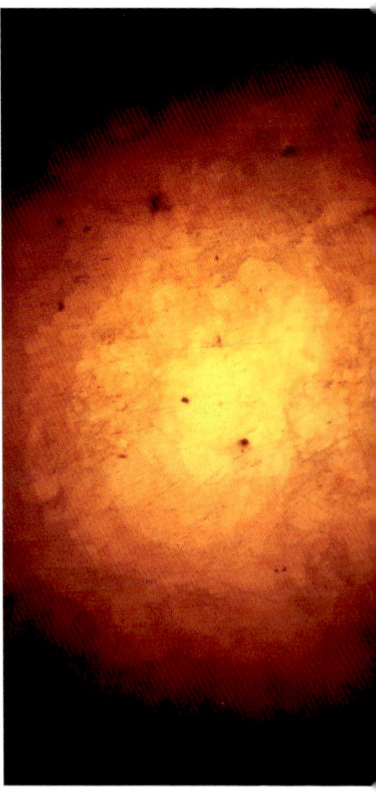

Abb. 15: Mystische Lichtaura 30 Meter unter der Stufenpyramide von Sakkara

Abb. 16: Einzigartig: In der Djoser-Grabkammer sind mehrere Räume mit Aberhunderten grünblauen Fayence-Kacheln verkleidet

Abb. 17: Die Große Galerie in der Cheopspyramide: 10 Meter darüber haben Myonenmessungen einen bis zu 40 Meter langen Hohlraum lokalisiert

Abb. 18: Überwältigender Anblick am Stadtrand von Kairo: Das Giseh-Plateau mit den Pyramiden und dem Großen Sphinx

Abb. 19: Persische Miniaturmalerei aus dem 16. Jhd.: Mohammeds Aufstieg in den Himmel mit dem »Blitzwundertier« Buraq. Was war damit gemeint?

Abb. 20: Im Altertum waren die obersten Spitzen der Obelisken mit goldglänzendem Metall überzogen. Rekonstruktion am Obelisken auf der Place de la Concorde in Paris. Bis 1831 stand das Monument im Tempel von Luxor.

Abb. 21: Mose und Aaron mit »Schutzkleidung« vor der Bundeslade, Gemälde von James Tissot (1900)

Abb. 22: Anonyme Königskammer in der Großen Pyramide: Einweihungsstätte, Kraftwerk, Wasserpumpwerk oder doch nur die Grabstätte eines Pharao?

Abb. 23: Fugenlose Steinsetzung von tonnenschweren Granitblöcken. Welche Technologie kam im Alten Reich zur Anwendung?

Abb. 24: »Zyklopenmauer« im megalithischen Taltempel nahe der Pyramiden von Giseh

Abb. 25: Nach jahrelanger Renovierung erstrahlt der Hathor-Tempel mit seiner reichen Dekoration wieder in ursprünglicher Farbenpracht

Abb. 26: Deckenrelief: Himmelsgöttin Nut mit Sonnen- und Hathor-Symbolik

Abb. 27: Eine kleine Einstiegsluke führt in die Südkrypta des Hathor-Heiligtums

Abb. 28: Enges Gangsystem unterhalb des Hathor-Tempels mit außergewöhnlichen Wandreliefs

Abb. 29: Glühlampenähnliche Darstellung in der Krypta Süd

Abb. 30: Reinhard Habeck und Peter Krassa 1980 in den Krypten von Dendera

Abb. 31: Experimente im Labor mit der Gasentladungslampe von Ing. Walter Garn

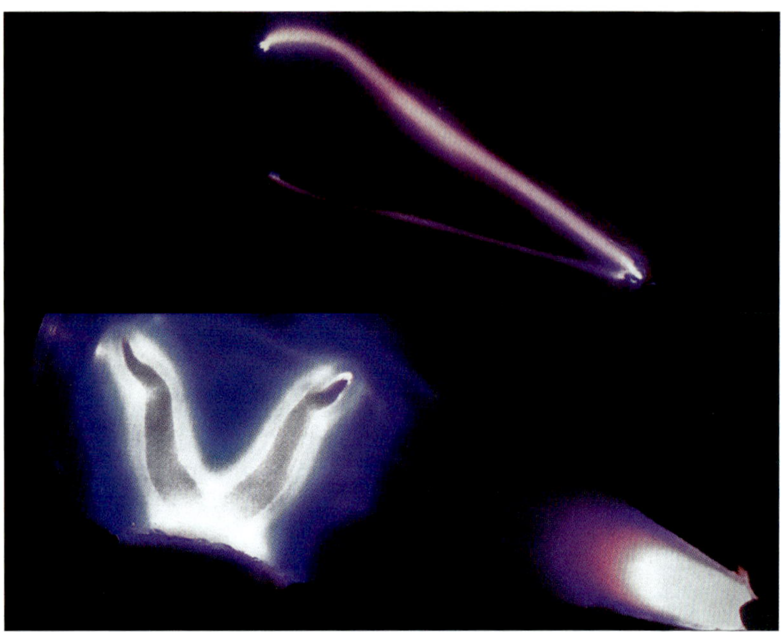

Abb. 32: Kammerbereich der Krypta Süd mit drei glühlampenähnlichen Wandreliefs

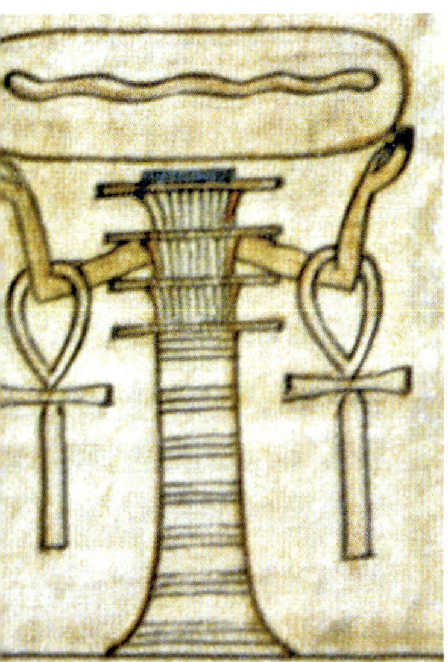

Abb. 33: Zeichnung aus dem Totenpapyrus des Chonsu-mes, 21. Dynastie, um 1000 v. Chr. Djed-Pfeiler mit Armen in Ka-Haltung und zwei Ankh-Kreuzen. Zwischen den Händen eine »Blase« mit einer schlangenähnlichen Wellenlinie. Symbolische Urflut oder bildlich dargestellte Leuchterscheinung?

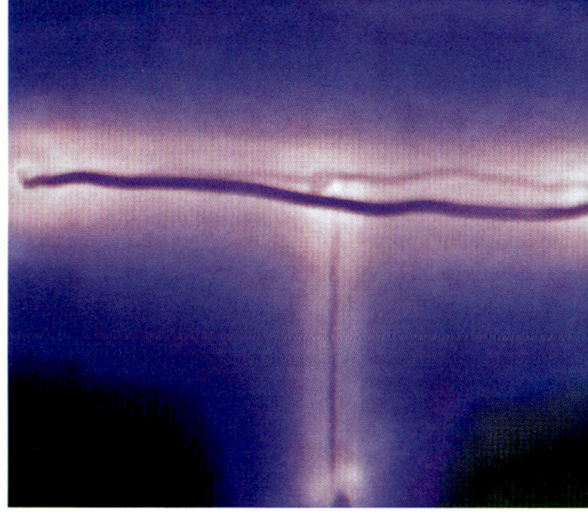

Abb. 34: Laborexperiment: Wird in einem Glaskolben eine Elektrode mit verschiedener Polarität (plus und minus) angebracht, kann ein Glimm- und Leuchteffekt erzeugt werden, der der altägyptischen Zeichnung auf dem Chonsu-mes-Papyrus entspricht

Abb. 35: Farbreliefs der »Glühlampen« im Erdgeschoss Raum »G«. Warum unterscheiden sich die Abbilder im Detail von jenen in der Krypta? Wurden sie zu unterschiedlichen Zeiten geschaffen?

Abb. 36: Bei dieser Aufnahme ist deutlich erkennbar, dass in der Krypta Süd bautechnische Veränderungen stattgefunden haben. Wurden Motive und Steinblöcke aus dem Vorgängertempel übernommen?

Abb. 37: Relief von Kleopatra und ihrem Sohn Cäsarion an der Südseite des Hathor-Heiligtums, gegenüber dem kleinen Tempel der Göttin Isis

Abb. 38: Stark verwittertes Relief: Zwei Männer halten einen schlauchartigen Gegenstand aus dem eine Flüssigkeit zu Boden rinnt. Ein Indiz für die Verwendung von Wasserpumpen zur Erzeugung von Vakuum?

Abb. 39: Im Isis-Heiligtum befindet sich das 7. »Glühlampen«-Wandrelief von Dendera

Abb. 40: Blick in die für die Öffentlichkeit gesperrte Krypta West

Abb. 41: Reich dekorierter Treppenkorridor im Hathor-Tempel, der das Erdgeschoss mit der Terrasse verbindet

Abb. 42: Der Tierkreis von Dendera. Gipsabdruck im Hathor-Tempel. Das Original befindet sich im Pariser Louvre.

Abb. 43: Plasmakugellampe nach Nikola Tesla aus dem Jahre 1892. Durch Berührung am Behälter werden im Inneren der Lampe Entladungsverzerrungen ausgelöst. Ähnliche Effekte lassen sich beim Modell der Garn-Lampe erzeugen.

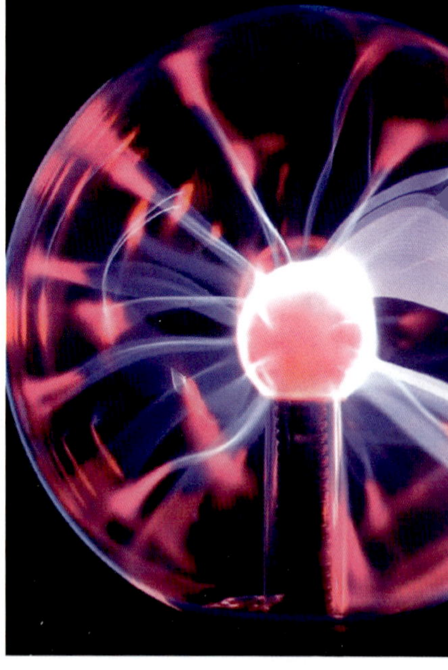

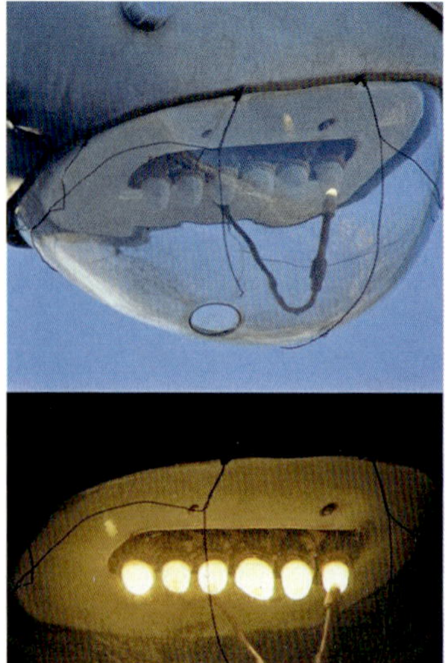

Abb. 44: Berliner Gas-Reihenleuchte Modell BAMAG U13H bei Tag und bei Nacht: Zeigen die Reliefs in Dendera den Leuchteffekt eines »Glühstrumpfes« (auch als »Gasglühlicht« oder »Auerlicht« bekannt), der im 19. Jahrhundert erfunden wurde?

Abb. 45: Folgen des Irakkrieges: Seit 2003 ist das berühmteste Fundstück antiker »Parther-Batterien« verschollen

Abb. 46: Schmuckstück oder die Darstellung einer Elektrolyse? Oder beides? Auf der rechten Seite befindet sich eine Schüssel, darin ein ovaler Gegenstand. Wird er gerade vergoldet?

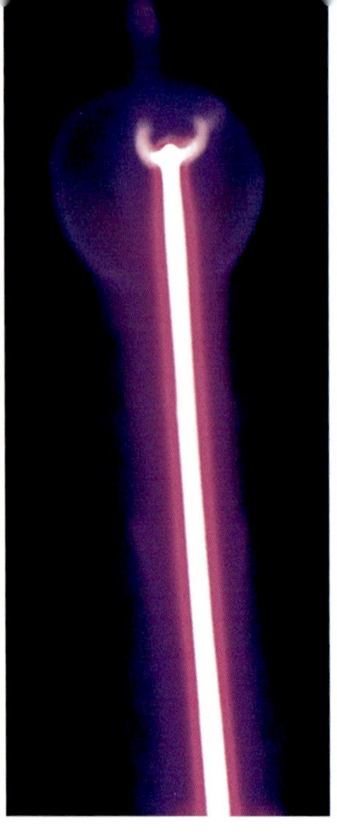

Abb. 47: Gasentladungseffekt

Abb. 48: Kleopatras Wunderlampe:
1981 von Walter Garn erstmals nach altägyptischen Vorbildern rekonstruiert, von dem Mechatroniker Herbert K. Fuchs 2022 wesentlich verbessert

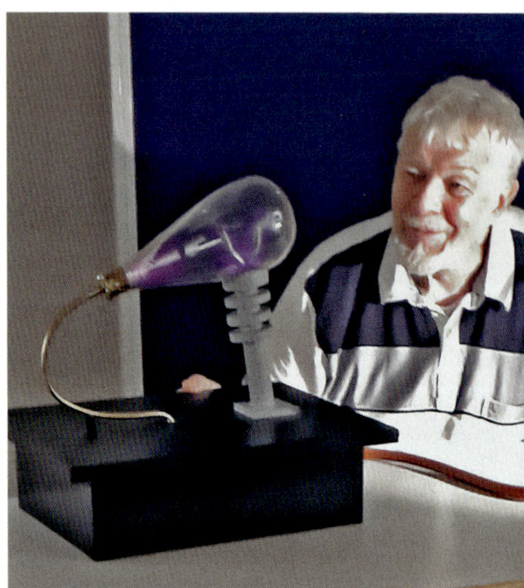

Abb. 49: Atmosphärische Phänomene machen sich auf den metallenen Mastspitzen von Schiffen bemerkbar. Die Sonnenbarke ist von einer Schlange umgeben. Wurden elektrische Entladungen und Elmsfeuer dargestellt?

Meine Bilder von den »Glühbirnen« im Hathor-Tempel überzeugten den Wiener Phänomen-Forscher. Er schlug mir spontan vor, zur »Dendera-Story« ein gemeinsames Buch zu veröffentlichen. Eine neue Ägyptenreise im Oktober 1980 besiegelte das ehrgeizige Projekt. Dabei holten wir die Meinung renommierter Ägyptologen ein, die unterschiedliche Erklärungen für die »Glühlampen«-Reliefs anboten: »Fantasieprodukte«, »religiöse Kultobjekte«, »Symbol der Ewigkeit«, »Sonnenbarken« und »Geburt des Sonnengottes« waren die gängigsten Thesen. Einigkeit herrschte nur in der Ablehnung einer technischen Interpretation. (Siehe Abb. 30 im Farbbildteil.)

Was Kritiker der Gegenwart gern ignorieren: Zum damaligen Zeitpunkt gab es noch keine umfassende und wissenschaftlich akzeptierte Übersetzung der Dendera-Texte. Die Urschriften dieser Bibliothek in Stein sind derart mannigfach, dass erst wenige Abschnitte erläutert vorlagen, und selbst diese waren hinsichtlich der Lesart noch recht unschlüssig. Um mehr über den Inhalt zu erfahren, wandte ich mich an Prof. Dr. Erich Winter (1928–2022), damals Ordinarius an der Universität Trier. Der Ägyptologe antwortete mir am 6. September 1980: »Ihre Anfrage betrifft überaus interessante Darstellungen, zu denen die Ägyptologie bisher zwar Einzelheiten kennt, der religionsgeschichtliche Rahmen jedoch, aus dem heraus diese (auf den Reliefs von Dendera sichtbaren) Szenen erklärt werden können, liegt aber noch weitgehend im Dunkeln, wie überhaupt die Bedeutung in den spätägyptischen Tempeln (von denen nur die in Dendera Reliefs und Inschriften tragen). Schlagworte wie Magazinräume auf der einen Seite und Mysterienräumlichkeiten auf der anderen Seite bleiben solange ohne wirkliche Aussage, als es an Einzeluntersuchungen fehlt, diese Schlagworte im Hinblick auf die spezielle Situation der spätägyptischen Theologie näher zu umschreiben. Ähnliches gilt auch für die von Ihnen genannten Inschriften. Bisher sind sie noch nicht übersetzt, da wir erst seit wenigen Jahren über eine verlässliche Edition der Inschriften durch Chassinat-Daumes verfügen. Eine wissenschaftliche vertretbare Übersetzung müsste sehr weit verzweigtes verwandtes Material heranziehen und könnte etwa innerhalb einer Dissertation vergeben werden, bei der man annimmt, dass sich der Student 2 Jahre lang intensiv damit beschäftigen kann.«

Ein anderer renommierter Ägyptologe und Koptologe, der sich in meinen Jugendjahren geduldig lästigen Fragen stellte, ist Prof. Dr. Helmut Satzinger. Der ehemalige Universitätsdozent war bis 2003 Direktor der Ägyptisch-Orientalischen Sammlung im Kunsthistorischen Museum in Wien. Er empfing mich ohne Vorbehalte in seinem stattlichen Büro, hoch droben in der Museumskuppel mit Blick auf den Denkmalplatz von Kaiserin Maria Theresia und die Ringstraße. Das Zimmer glich einer Wunderkammer, angefüllt mit historischen Büchern, Manuskriptbergen und altägyptischen Relikten. Genauso hatte ich mir immer die geheime »Kammer des Wissens« vorgestellt. Und jetzt war ich dort!

Mit dem Hathor-Heiligtum und seiner Bildinterpretation hatte sich der Ägyptologe nur am Rande befasst, aber eine »elektrotechnische« Deutung verwarf er augenblicklich: »Zugegeben, diese Gebilde in den Wandreliefs erinnern ein wenig an Glühbirnen – aber derartige Darstellungen darf man nicht technisch erklären. Die alten Ägypter hatten mit Sicherheit keine Kenntnisse über physikalische Vorgänge!« Eine solche Annahme wäre »völlig falsch«, ergänzte der Fachgelehrte, zumal »religiöse Abbildungen in den ägyptischen Tempeln und Gräbern nicht informieren, sondern auf ihre Betrachter einwirken sollen.«

Überzeugt hat mich diese Sichtweise bis heute nicht. Wenn etwas exakt wie eine elektrische Entladung wiedergegeben wird, warum darf dann damit nicht genau eine elektrische Lichterscheinung gemeint gewesen sein? Im Gespräch äußerte Satzinger die Vermutung, dass die Bilder mit einer »Barke des Sonnengottes« zusammenhängen, »dem Standardsymbol im alten Ägypten. Mit ihr fährt der Sonnengott bei Tag über den Himmel und bei Nacht in die Unterwelt. Am Heck besitzen die Boote eine herunterhängende Matte, während der Bug zu einer Lotosblume gestaltet ist.«

Seltsam: Im Gegensatz zu glühlampenähnlichen »Sonnenbooten« scheinen Bug und Heck genau andersherum positioniert zu sein.« Der Ägyptologe fügte freimütig hinzu, dass »man den Zusammenhang mit allen Abbildungen suchen müsse, doch hier schwimmen wir noch ein wenig …«. Eine Offenherzigkeit, der ich nicht widersprechen wollte.

Ägyptologische Wegweiser

Der gängigen Interpretation, die heute von den meisten Altertumsforschern als richtig akzeptiert wird, kam Dr. Elfriede Haslauer, damals in Wien Assistentin der Abteilung »Ägyptologisch-orientalische Sammlung«, recht nahe. Auf die »Elektrothese« angesprochen erklärte die Ägyptologin 1981 im Interview: »Die Reliefs in der Krypta von Dendera beziehen sich auf das Harsomtus-Fest. Dargestellt ist die Geburt Harsomtus, der in Schlangengestalt – auf der Lotosblüte – aus der Urflut auftaucht.« Zu ähnlichen Schlussfolgerungen gelangte 1983 der deutsche Ägyptologe Dr. Dieter Kurth, ehemals Professor an der Universität Hamburg. Er war einer der ersten Altertumsforscher, die davon überzeugt waren, dass die abgebildeten »Kultobjekte« – was auch immer damit gemeint war – real existiert haben müssen.

Pionierarbeit in Sachen Dendera-Forschung leisteten zuvor die von Dr. Winter brieflich erwähnten Ägyptologen Chassinat und Daumas. Der Tipp zu den beiden Franzosen war goldrichtig und führte bei der eigenen Studie weiter. Emile Chassinat (1868-1948) war als Mitglied und späterer Direktor des Institut français d'archéologie orientale (IFAO) in Kairo. 1935 war er an Grabungen in Dendera beteiligt. Ein literarischer und historischer Schatz ist das von ihm begründete neunbändige Standardwerk *Le Temple de Dendara* mit umfänglichen Schwarz-Weiß-Fotos zur Hathor-Kultstätte. Darunter sind auch die ersten Bilddokumente zu den »Glühlampen«-Reliefs, die zu diesem Zeitpunkt nur der Fachwelt bekannt waren. In dem 1952 neu aufgelegten Gesamtwerk ebenfalls enthalten: Schwarz-Weiß-Fotografien der Reliefs und Hieroglyphen aus unterirdischen Korridoren, die bis heute öffentlich nicht zugänglich sind. In der Papyrussammlung in Wien hatte ich Ausgaben der originalen Bände gefunden, rare Einblicke gewonnen und Auszüge kopiert. Daraus war zu entnehmen, dass in den anderen (gesperrten) Krypten keine »Glühlampen«-Motive abgebildet sind.

Ebenfalls eine Fundgrube für die Dendera-Forschung: die Arbeiten von Prof. François Daumas (1915–1984), der von 1952 bis 1959 Grabungen in Dendera leitete. Dabei entdeckte und untersuchte er im nördlichen Tempelbezirk der Hathor-Kultstätte das römische Geburtshaus. Er legte das Gebäude frei und promovierte darüber. Als neuer Direktor des IFAO setzte er die von seinem Kollegen Chassinat begonnene Publikationsreihe zu den Studien des Hathor-Heiligtums fort. Daumas vermutete, dass zum Neujahrsfest eine heilige Prozession in Dendera stattfand, die die Krypten in die Feierlichkeiten miteinbezog. Demzufolge würden die Inschriften und Reliefs diesen Mythos illustrieren. Waren elektrische Leuchtkörper Zubehöre dieser magischen Lichtfeste?

Elektrotechnische Expertise

Altägyptische Leuchtkörper? Der »Elektrothese« von Peter Krassa und mir fehlte das Zeugnis eines Gutachters, der technisch-physikalisch bestätigen konnte, was wir als elektrotechnische Laien vermutetet hatten. Mit dem Ingenieur Walter Garn fanden wir den weltoffenen Fachmann. Wir legten ihm 1980 Fotos der Dendera-Reliefs vor und baten um seine Expertise. Der angesehene Projektleiter eines großen Elektrokonzerns war zunächst skeptisch, aber bereit, die Motive genauer zu studieren. Als international angesehener Fachmann bewies er damit Courage, denn er hatte einen guten Ruf zu verlieren. Garn war jahrelang für Kraftwerke in Österreich, Thailand, der Türkei, Indien, Indonesien, Schottland sowie der

Schweiz verantwortlich. Hightech-Wissen der Vorzeit im Sinne eines Erich von Däniken begegnete der Fachmann zwar interessiert, aber mit einer gesunden Skepsis. Bei der Betrachtung der Fotografien fiel ihm besonders das Relief in der Südkrypta auf, das auf der Nordwand in der Kammer C verewigt ist. Garns Erläuterung dazu: »Der Pfeiler hat eine frappante Ähnlichkeit zu unseren heute verwendeten Hochspannungsisolatoren, der an seinem oberen Ende zwei Arme trägt, auf denen eine ›Schlange‹ liegt. Das Schwanzende der ›Schlange‹ berührt die zentrale Spitze der Lotosblume, die auf einem dicken ›Stängel‹ sitzt. Dieser ›Stängel‹ reicht bis zu dem Pfeiler. Interessant ist, dass dieser ›Stängel‹ auf der Erde, beziehungsweise auf der Steinplatte liegt, die mit der Erde in Berührung ist.«

Für den fachkundigen Elektroexperten sind »in diesem Zusammenhang einige erstaunlich präzise dargestellte physikalische Details abgebildet«, die seiner Einschätzung nach »nur bei sehr genauer Kenntnis elektrischer Vorgänge derart exakt gezeichnet werden können.« Garn erinnert daran, dass auch heute die bildliche Darstellung eine unersetzbare Verständigungsmöglichkeit zwischen Wissenschaftlern, Ingenieuren und Arbeitern ist: »Je genauer eine Zeichnung ist, umso weniger Kommentar ist zur Erläuterung notwendig. Ich bin nun fest davon überzeugt, dass die alten Ägypter die Fähigkeit besaßen, Situationen, Vorgänge exakt in Stein nach-

1981 rekonstruierte Ing. Walter Garn getreu altägyptischen Vorbildern eine funktionstüchtige Gasentladungslampe

zubilden, auch wenn dabei Proportionen aus Gründen der Darstellungsweise nicht immer dem Original entsprochen haben dürften.«

Tatsächlich wurden in der altägyptischen Ikonografie Details oft größer abgebildet, etwa um die Wichtigkeit und Besonderheit spezieller Götter, Gegenstände oder Inhalte hervorzuheben. »Interpretiert man die dargestellte Schlange als Symbol für den elektrischen Lichtbogen beziehungsweise als elektrische Entladung«, so das Resümee des Technikers, »dann ergeben alle Details der Darstellung einen physikalischen Sinn. Ohne elementare Kenntnisse der Elektrotechnik wären solche Zeichnungen nicht möglich. Es stimmt einfach zu viel überein!« (Siehe Abb. 29 im Farbbildteil.)

Garns Gasentladungslampe

Elektrofachmann Walter Garn ließ es nicht nur bei grauer Theorie bewenden. Er fertigte erstmals zwei funktionstüchtige Modelle getreu den Dendera-Reliefs an. Modell 1 erzeugt einen elektrischen Lichtbogenüberschlag, der eine intensive Leuchterscheinung zur Folge hat. Dieser Lichtschein könnte in der Form einer »Glühbirne« den Hintergrund flächenhaft verdecken, so wie auf den Reliefs dargestellt. Allerdings betont Garn: »Zur Einleitung und vor allem zur Aufrechterhaltung eines Lichtbogens sind große elektrische Leistungen erforderlich. Sind jedoch nur hohe Spannungen vorhanden, so erfolgt die Entladung mittels eines elektrischen Funkens, der eine wesentlich geringere Leuchtkraft besitzt, aber doch deutlich sichtbar ist.«

Das zweite Modell wurde als Garn-Lampe berühmt und besitzt einen Glaskörper, der eine elektrische Entladung im Vakuum zeigt. Kombiniert mit der ägyptologischen Interpretation und Übersetzung ergibt sich daraus der »blasenförmige Hen-Behälter«, in dem die Schlange Harsomtus erscheint. Dazu Ingenieur Garn: »Nimmt man diese ›Glühbirne‹ als dichten, durchsichtigen Körper an, in den zwei Metallteile hineinreichen, und evakuiert man diesen

Glasballon, so tritt schon bei wesentlich niedrigeren Spannungen (mehrere 1000 Volt) je nach Größe der Röhre eine Entladung auf. Bei einem Druck von etwa 40 Torr (40 Millimeter Hg = Quecksilbersäule) schlängelt sich ein Leuchtfaden von einem Metallteil (Elektrode) zum anderen. Evakuiert man weiter, verbreitet sich die ›Schlangenlinie‹, bis sie zuletzt die gesamte Röhre ausfüllt.«

Das stimmt exakt mit den schlangenförmigen Harsomtus-Abbildungen im Hathor-Heiligtum überein. Das Garn-Modell ent-

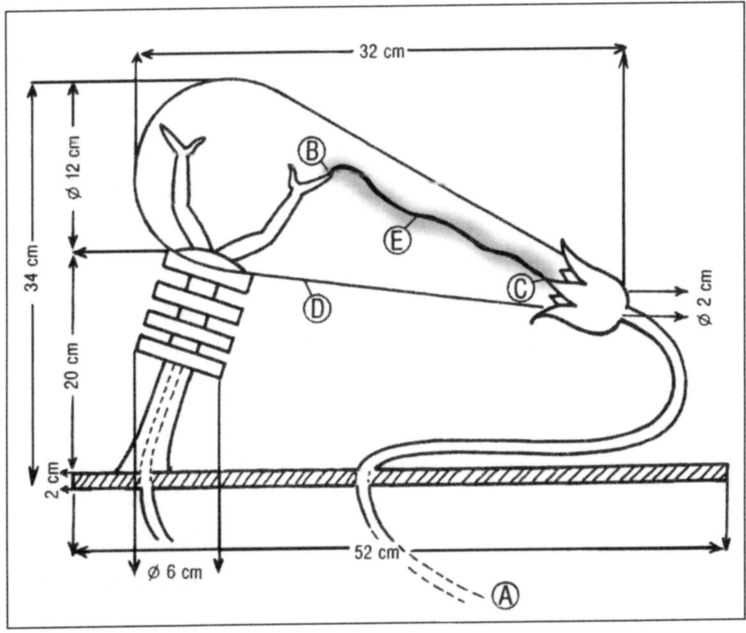

Das 2. Garn-Modell entspricht einer Gasentladungslampe beziehungsweise einer elektrischen Entladung im Vakuum.

A = Schlauchanschluss zur Vakuumpumpe (hypothetisch z.B. in Funktion einer Strahl- bzw. Wasserpumpe)

B und C = Evakuierter Glasbehälter (»Hen-Körper«), in den zwei Metallteile hineinreichen (Arme des »Djed-Pfeilers« und die mittlere Spitze der »Lotosblume«)

D = Glasballon (je nach Größe tritt bei einem Druck von 40 Torr eine Entladung auf)

E = Ein Lichtfaden, ähnlich einer »leuchtenden Schlange«, springt von einem Metallteil zum anderen. Wird weiter evakuiert, entstehen neue Lichtphänomene, die sich über die Arme des Djed-Pfeilers hinweg fortsetzen.

spricht einem etwa 35 Zentimeter langen Glaskörper, dessen Durchmesser an seiner umfangreichsten Stelle 12 Zentimeter misst. Von der Bodenplatte bis zur obersten Stelle des Glaskolbens beträgt die Höhe 34 Zentimeter. Die Enden sind mit Harz verschlossen, in das eine Plattenelektrode und gegenüber eine Metallspitze eingegossen sind. Auch ein Schlauch wurde luftdicht verschlossen. Nimmt man die Größenverhältnisse auf den Reliefs als Vorlage, wurden die »Birnen« von stehenden Priestern gehalten. Wären mit den Abbildungen reale Personen von etwa 1,60 Metern Körpergröße gemeint, müssten die Glaskolben im Verhältnis nahezu 2 Meter lang gewesen sein.

Das kann nicht stimmen. Weder die Herstellung durch Glasbläser noch die Erzeugung von Vakuum, Druck und hoher Spannung wären in diesen großen Dimensionen realistisch. Anders bei der Annahme, dass die Priester lediglich Statuetten sind. Beim Bau des Lampenmodells fehlten noch die Informationen zu den Größenangaben, die, wie wir heute durch übersetzte Beischriften wissen, sich zwischen »Höhe 3 Handbreit« und »Höhe 1 Elle« bewegen. Ob mit diesen Messdaten der ganze kolbenförmige Körper gemeint war oder nur die aus der Lotosblüte hervorkommende »Schlange«, ist nicht eindeutig bestimmt. So oder so: Trotz geringer Unsicherheiten passen die Daten zur handlichen, tragbaren Gasentladungslampe. Walter Garn hatte für sein Modell intuitiv eine Größe gewählt, die den Angaben der Maße auf den Tempelwänden sehr nahekommt.

Licht für den Pharao

7. Oktober 1982 auf der Frankfurter Buchmesse: Mit Peter Krassa und Walter Garn präsentierte ich unser Buch *Licht für den Pharao – Elektrischer Strom im alten Ägypten*. Dabei sorgte die Live-Vorführung des »Elektroexperiments« im Beisein von Erich von Däniken für großes internationales Medienecho. Ganz ungefährlich war unser Auftritt nicht. Walter Garn verriet mir hinterher:

»Wenn Schaulustige die Lampe berührt hätten, ohne durch Gummisohlen an den Schuhen isoliert und geschützt zu sein, hätte es durchaus einen heftigen Stromschlag von Zigtausenden Volt geben können.« Gott behüte! Bei einem womöglich tödlichen Unfall durch Hochspannung hätte die Schlagzeile der *Bild* vom 8. Oktober 1982 »Hatten die Pharaonen schon elektrisches Licht?« wohl ganz anders gelautet. Für nicht weniger Medienrummel sorgte die Weltkonferenz der »Ancient Astronaut Society« (A.A.S.), heute »Forschungsgesellschaft für Archäologie, Astronautik und SETI«, die im selben Jahr im Wiener Hilton stattfand. Internationale Medienvertreter, darunter Journalisten der *Al-Ahram* (die älteste Tageszeitung der arabischen Welt), berichteten in ihren Ländern ausführlich über die »Glühbirne von Dendera«.

Dazu sei noch einmal erinnert: Eine umfassend anerkannte Übersetzung der Dendera-Hieroglyphen, insbesondere jener Beischriften, die »blasenartige Gebilde« betreffen, lag seinerzeit noch nicht vor. 1992 war man da weiter. Damals erhielt die »Elektrothese« mit unserem Buch *Das Licht der Pharaonen* eine Fortsetzung. Für frischen Zündstoff war gesorgt. Peter Krassa und ich legten aktuelle Fakten und neue Spekulationen vor. Dabei wurden wir wiederum von Elektroingenieur Walter Garn unterstützt. Der Titel wurde im Technischen Museum in Wien präsentiert und fand erneut internationale Aufmerksamkeit. Das »Pharaonenlicht« wurde mit dieser Publikation zum populären Thema der Prä-Astronautik. Das lag auch daran, dass wir im aktualisierten Buch nun erstmalig zu den Hieroglyphenkolumnen Bezug nehmen konnten, denn: Während der Arbeit am Buchmanuskript erschien die Dissertation von Dr. Wolfgang Waitkus (seit 2008 Professor für Ägyptologie).

In der über 200 Seiten starken Analyse legte der deutsche Ägyptologe die erste wissenschaftliche Übersetzung der Inschriften in den Dendera-Katakomben vor. Obwohl der Fachmann keineswegs unsere technische Auslegung teilte, stellte Waitkus Auszüge seiner Studie für unsere »alternative« Publikation bereitwillig zur Verfügung. Respekt und Dank!

Moderne Begriffe wie Glühbirne oder Energiespeicher sucht man in den Übersetzungen natürlich vergeblich, wohl aber mythologisch angehauchte Umschreibungen, die in meinen Augen ebenso gut als verklärte oder missverstandene Begriffe aus der Elektrotechnik aufgefasst werden können. Etwa wenn von einer »leuchtenden Schlange«, einem »leuchtenden Zopf« oder »Harsomtus« die Rede ist, der in »geheimer Gestalt, geschützt in seinem Schrein« verweilt. Um dann mit magischen Sprüchen aus seinem dunklen Versteck gelockt zu werden, woraufhin er als Schlangengott erscheint, sich dabei immer leuchtstärker »aufrichtet« und wieder »verjüngt«. Schlichte mythisch ausgeschmückte Symbolik zum Sonnenzyklus? Oder doch missverstandene Symbolik über verborgene technologische Kenntnisse? (Siehe Abb. 31 im Farbbildteil.)

Verstehen wir die Hieroglyphen wirklich?

Seit Anbeginn sorgte die strittige »Elektrothese für explosive Kontroversen. Das ist verständlich, stellt sie doch gängige Ansichten der Historiker auf den Kopf. Bis heute hält das Pro und Kontra zum »Licht der Pharaonen« an. Die gängigste ägyptologische Erklärung erkennt in den »Glühlampen«-Reliefs einen »imaginären Sonnenzyklus«. Demnach zeigen die eigentümlichen Abbilder »verschiedene Vorstellungen des Sonnenlaufs«. Dazu lieferte Dr. Waitkus in seiner Übersetzung Begriffe wie »Gott Harsomtus«, der »in Gestalt einer Schlange aus einer Lotosblüte hervorkommt«. Sowohl die »Schlange« als auch der »Lotos« gelten bekanntlich als Lichtsymbole, wobei sich die »Schlange« im »Hen-Körper« offenbart. Dieser kolbenförmige Behälter wird hierbei mythologisch als »Mutterleib der Himmelsgöttin Nut« interpretiert, aus dem der Schlangengott »im lebendigen Glanz« zum Himmel emporsteigt. Sinnbildlich sind damit der »allmorgendliche Aufgang der Sonne und ihr Tageslauf« gemeint. Eine Lesart, die sich inzwischen in ägyptologischen Fachkreisen und bei Skeptikern der »Glühlampen«-These etabliert hat.

Ist damit wirklich alles sonnenklar? Leuchtende Schlange? Müsste es da nicht »klingeln«? Warum darf die göttliche Erscheinungsform des »Harsomtus« im altägyptischen Sprachgebrauch nicht die Bezeichnung für »elektrische Entladung sein«, wenn sie doch genauso aussieht und sich physikalisch ebenso richtig verhält wie abgebildet? Der persische Dichter und Sufi-Meister Rumi (1207–1273) brachte das alte Problem auf den Punkt: »Wenn du die Worte eines anderen wiederholst, muss das nicht heißen, dass du auch ihren Sinn verstanden hast.«

Was eine sinngetreue Übersetzung und deren Interpretation erschwert, ist die komplexe Vielfalt der Zeichen und Symbole. Je nach Schreibweise können sie unterschiedliche oder mehrfache Bedeutungen und Formen haben. Es gibt Ideogramme, die aus einem Bild bestehen und genau das bedeuten, was gezeigt wird. Dazu gibt es aber auch Phonogramme, die nur für einzelne Laute oder Buchstaben stehen. Oder die nicht gesprochenen Determinative als stumme Zusatz- und Deutzeichen. Bei Begriffen, die aus den gleichen Hieroglyphen aufgebaut sind, ermöglichen diese ergänzenden Symbole die Sinnzuordnung. Nehmen wir ein Beispiel: Die Zeichenkombination eines liegenden Hasen und einer darunter befindlichen Zickzacklinie kann mehrere Bedeutungen haben, »öffnen« genauso wie »eilen« oder »Licht«. Erst durch die entsprechenden Determinative wird klar, was gemeint ist. Stehen als Deutzeichen »zwei Beine« dabei, lautet die Lesung »schnell laufen«. Ist das Symbol »Sonne mit Strahlen« mit angefügt, weiß der Übersetzer, aha, es hat mit »Licht« zu tun. Dazu kommt, dass die Schreibrichtung der Hieroglyphenschrift scheinbar keiner Regel folgt, denn es wurde von links nach rechts, aber auch von rechts nach links geschrieben. Manche Inschriften sind vertikal, andere horizontal ausgerichtet.

Wie klar und deutlich ist unser Verständnis für den heiligen »Buchstabensalat« der Ägypter? Als es Jean-François Champollion (1790–1832) gelang, die »Gottesworte« zu entziffern, soll er triumphierend »Je tiens l'affaire!« – »Ich hab's!« ausgerufen haben. Das war im Jahre 1822. Damals brütete der Sprachwissenschaftler über dem schwarzen »Stein von Rosette« (1799 von französischen Soldaten im Nildelta entdeckt, heute aufbewahrt im Britischen Museum in London) und erkannte, dass auf der Stele dreimal der gleiche Text in unterschiedlichen Sprachen eingraviert war: in altgriechisch, in demotisch (die ägyptische Gebrauchsschrift, die 650 v. Chr. bis 450 n. Chr. im alten Ägypten Anwendung fand) und in ägyptischen Hieroglyphen.

Die Erleuchtung brachte »Kleopatra«! Champollion beherrschte das Altgriechische, und er wusste aus einem demotischen Papyrus, wie man den Namen »Kleopatra« auf demotisch schreibt. Daraus rekonstruierte er den Schriftzug der Königin in Hieroglyphen. Doch es fehlte eine Königskartusche, die seine Übersetzung zweifelsfrei bestätigen würde. Das glückte schließlich mit einer lithografierten Abschrift eines Obeliskentextes auf der Tempelinsel von Philae, die den Namen der Königin nennt. Champollions Biografin Hermine Hartleben (1846–1919) notierte: »Der Entzifferer fühlte sich förmlich elektrisiert bei ihrem Anblick, denn hier stand im zweiten Königsschilde ›Kleopatra‹, Zeichen für Zeichen ebenso geschrieben, wie er sich diesen Namen durch Rückbildung des Demotischen in die Urform schon so manches Mal mit heißer Ungeduld nach endlicher Bestätigung niedergeschrieben hatte!«

Strahlendes Sonnengemisch

Das beherrschende Element im ägyptischen Universum ist die Sonne, die lange Zeit auch die oberste Gottheit darstellte. Dargestellt in die Hieroglyphe als »Kreis mit einem Punkt in der Mitte«. Führen vom unteren Kreisabschnitt drei Strahlen ab, ist »Licht, Glanz« gemeint oder »glänzen« beziehungsweise »strahlen«. Es kann aber auch »sich erheben« bedeuten. Ein angeführtes Deutzeichen (vor oder nach einem Wort) erklärt dem Leser, was gemeint ist. Ganz einfach ist das Verständnis dennoch nicht immer, wenn man berücksichtigt, dass ein Determinativ ebenso ein Ideogramm beziehungsweise Bildzeichen sein kann. So etwa das

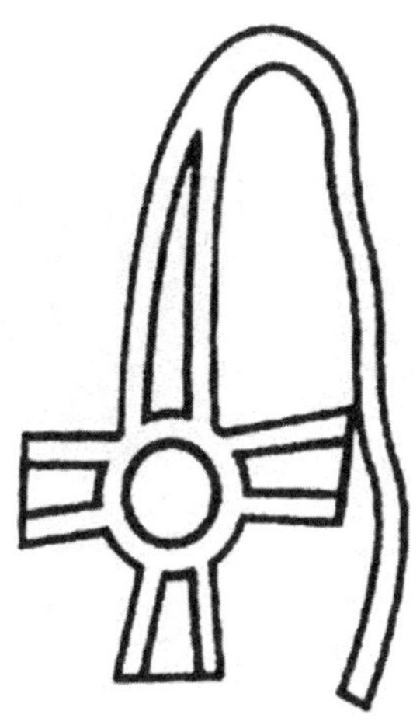

Hieroglyphe für Feuer und Hitze

Deutzeichen »Sonne«, das als Begriff auch mit dem mysteriösen »Sonnenvolk« Henmemet verknüpft wird. Die »Könige der Sonne«, halb Götter, halb Menschen, sind seit der Frühdynastie belegt und folgten dem Pharao bei seinem »Himmelsaufstieg« ins Jenseits. Sie übernahmen dabei die Rolle des mythisch-göttlichen »Horusgeleits«.

Die alten Ägypter hatten ein Sinngebungszeichen für Wörter, die mit »Flamme und Hitze« zusammenhängen. Dieses Deutsymbol soll »einer speziellen Art eines tragbaren rituellen Kohlenbeckens« entsprechen und sieht als Hieroglyphe etwas seltsam aus.

Die Darstellung zum Beispiel einer Fackel als Lichtquelle scheint plausibel. Ähnlich die Verwendung einer »Öllampe«, indem eine kleine Flamme aus einer Schüssel oder der Handfläche eines Priesters emporsteigt. Nun gibt es in den Tempeln von Dendera, Edfu, Kom Ombo, Philae und anderen ptolemäischen Kultstätten aber eine Hieroglyphe, die ebenfalls mit »Licht« verbunden wird. Die geschätzte Leserschaft hat es längst erraten: Es ist jenes Schriftzeichen »Blase mit lotrechter Schlange«, das analog zu den dargestellten »Kultobjekten« in der Krypta, in einer Kapelle des Obergeschosses und außerhalb des Hauptgebäudes im Isis-Tempel an eine »Glühbirne« erinnert. Als Deutzeichen ist es selten größer als 10 Zentimeter, aber nie in schräger Lage abgebildet wie seine großen »Vorbilder«. Die Hieroglyphe erinnert an das von Hermann Kees beschriebene königliche Schutzzeichen des aufgerichteten »Schlangensteines«. Ägyptologen versichern, es ist das »Symbol der Ewigkeit und Wiedergeburt«, verbunden mit der theologischen Vorstellung von »Licht, Leben, Tod und Auferstehung«. Also eine Versinnbildlichung des Sonnengottes in seiner Sonnenbarke und dem täglichen Sonnenlauf. Somit ist folgerichtig erklärbar, dass die Schlange als Sonnengott selbst ein Lichtsymbol war.

Beispiel für das Deutzeichen »Ewigkeit«

Die Schlange als Lichtträger

In mythischen Überlieferungen kommt der Schlange ein Stellenwert zu, der weit über den eines manchmal bissigen Reptils hinausgeht. Im *Lexikon der ägyptischen Kultur* werden die Eigenschaften der Schlange orakelhaft umschrieben: »Die Haut der Schlange schillert, ihre Augen glitzern wie Edelsteine, sie fühlt sich kalt an, während ihr Biss brennt. Ihr Erscheinen erschreckt und ihr plötzliches Verschwinden ist rätselhaft.«

Wie wäre ein elektrischer Lichtbogenüberschlag in der Sprache des Altertums dargestellt und erklärt worden? Parallelen zwischen Symbolik und Realität sind unverkennbar. Entladungen haben wie Schlangen die Eigenschaft, dass sie blitzschnell auftreten, von tödlicher Gefährlichkeit sind und in ihrer Erscheinung unheimlich wirken. Auch Entladungsgeräusche – etwa bei Koronaentladungen oder Sprühentladungen – vor einem elektrischen Überschlag können durchaus als Zischlaute, wie sie auch eine echte Schlange produziert, interpretiert werden.

Das Eigenartige: In der ägyptischen Mythologie ist das Wesen der Schlange gegenpolig geprägt. In Gestalt der Apophis bildet sie den Gegenspieler des Sonnengottes und sorgt für Abscheu und Schrecken. Gleichzeitig gilt sie in Form der Uräusschlange am Haupt des Pharao als Symbol der Königsmacht. In Dendera wird der Sonnengott selbst durch die Schlange Harsomtus verkörpert, der als »Sonnenkind« aus der Lotosblüte hervorkommt. Interessant dabei: Im Neuen Reich wird diese Erscheinungsform des Sonnengottes manchmal auch menschengestaltig mit dem Kopf einer Schlange dargestellt.

Woher aber wissen die Sprachwissenschaftler, dass eine Hieroglyphe, die wie eine »Glühbirne« aussieht, immer den Sonnengott meint? Bei der grammatikalischen Verwandtschaft anderer Begriffe nicht unproblematisch: Wie wird zwischen Nachtlicht, Beleuchtung, Lichtquelle, Lampe, Erleuchtung, Helligkeit unterschieden? Oder bei Adjektiven wie strahlen, glänzen, flimmern, glühen, brennen, lodern, schimmern, scheinen? Und wie wird streng getrennt zwischen der Vorstellung »lichtdurchlässig« oder etwas, dass nur *wie* die Sonne leuchtet, aber nicht die Sonne meint? Der Interpretationsspielraum ist recht facettenreich. Hier soll wieder das Determinativ Klarheit schaffen.

Wenn aber als Licht- und Ewigkeitssymbol die »Schlange« immer die »Sonne« oder den »Sonnengott« in seiner Vielfalt repräsentiert, warum hat man als Deutzeichen nicht ein allseits bekanntes Symbol wie das der »Sonnenbarke« oder »Sonne mit Strahlen« der Begriffserklärung vorangestellt? Und weshalb wurde das »Licht-Sonnen-Wiedergeburts-Zeichen« immer doppelt abgebildet? Ein dualer Sonnengott? Oder Symbol für Tages- und Nachtbarke? Die »Schlange in einer Blase« als Determinativ für die Worterklärung »Ewigkeit« verwundert ebenso. Denn dafür gab es ja bereits ein Sinnbild: Es ist ein Ring (ohne Anfang und Ende) auf einer waagrechten Linie, interpretiert als Schnur, deren Enden durch einen

Knoten verbunden sind. Weshalb wurde nicht diese geläufige Hieroglyphe als zu erkennendes »Ewigkeitssymbol« verwendet?

Natürlich muss etwas, das aussieht *wie* eine »Glühlampe« keineswegs zwingend eine solche sein. Wenn aber die Schlange auch für die Definition »Licht« steht und die Hieroglyphe einer modernen »Glühlampen«-Darstellung entspricht, könnte es dann nicht genau das sein, nämlich ein Symbol für »künstlich geschaffenes Licht«? »Wenn in einer ägyptischen Abbildung etwas wie ein Rind aussieht, dann ist es ein Rind! Wenn etwas wie ein Schiff aussieht, dann ist es ein Schiff! Wenn etwas wie eine Glühbirne aussieht, dann fängt man an, geistig zu stottern und zu deuteln«, wirft der Autor Jürgen Zimmermann irritiert ein. Zu Recht?

Alles Magie – oder?

Seit nunmehr über 200 Jahren gilt das Geheimnis der Hieroglyphen als gelüftet. Wenn man sich die Pyramidentexte oder den Inhalt der Unterweltbücher zu Gemüte führt, kommt man angesichts des Füllhorns an magischen Zaubersprüchen, pathetischen Beschwörungen, grotesken Bilderzyklen, mythologischen Mysterienkulten, religiös-kosmologischen Ideenwelten und vergeistigtem Jenseitsglauben gehörig ins Zweifeln. Als Ende des 19. Jahrhunderts die ersten Übersetzungen des ägyptischen Totenbuches vorlagen, war die Erschütterung innerhalb der Gelehrtenwelt groß. Adolf Erman, deutscher Ägyptologe, der 1926 das *Wörterbuch der ägyptischen Sprache* initiierte, war fassungslos: »Alles Wahnsinn, Unsinn und Aberwitz!« Ähnlich entgeistert äußerten sich Kollegen aus England zur Weltanschauung der alten Ägypter: »Ein Volk von Verrückten!« Man hielt das Totenbuch für »ein Altweibermärchen von einer unüberwindlichen Langeweile, eine Anhäufung von Narrheiten und allerlei Unsinn.« Psychiater assistierten zustimmend: »Die alten Ägypter zeigen Symptome einer kollektiven Hysterie und einer ausgesprochenen Schizophrenie«.

Heute sehen das Gelehrte und Theologen freilich nicht mehr so streng, erkennen vielmehr an, dass die Texte im Totenbuch und anderen religiösen Schriften das »bedeutsamste Zeugnis der Menschheit über das Mysterium des Todes« sind. Die Sprüche und Anrufungen an die Götterwelt verheißen ein glückliches Dasein im Jenseits und eine Wiedergeburt der Seele in der Ewigkeit. Alles wunderbar und hoffnungsfroh. Fragen darf man trotzdem: Was war die mächtige Triebfeder dafür, dass die alten Ägypter über den doch sehr langen Zeitraum von 3 Jahrtausenden himmlische Lehrmeister verehrt und angebetet haben? Welches Volk folgt beständig grotesken Wunderwesen, die meist als humanoide Gestalten mit Tierköpfen dargestellt werden? Wäre alles nur auf Hirngespinsten aufgebaut, würde der »gesunde Menschenverstand« annehmen, dass die idealisierte Scheinwelt rascher von der Realität eingeholt und abgelöst worden wäre. Erstaunlich ist das Beharren auf der überirdischen Götterwelt auch deshalb, weil im Vergleich dazu das geschichtliche Gedächtnis der Menschheit heutzutage überaus kurzlebig ist.

Dieter Arnold, ehemals Kurator der Ägypten-Abteilung des Metropolitan Museums in New York, hält zum Thema fest: »Die Dendera-Texte gewähren uns Einblick in den komplizierten Kosmos eines späten ägyptischen Tempelbetriebes, in dem sich die Tradition und das religiöse Wissen von nahezu 3000 Jahren angesammelt hatte.« Dabei schwingt eine Unsicherheit mit: Wussten und verstanden die letzten Pharaonen der griechisch-römischen Epoche wirklich, was ihnen ihre Urväter im Alten Reich an religiöser Vorstellung vererbt hatten? Oder wurde nur etwas im traditionellen Glauben und in beschwörenden Götterhymnen lebendig gehalten, ohne die ursächliche Bedeutung in ihrer Tiefe und Psyche zu begreifen? Bedenken, die wiederum zu den alten Überlieferungen und ihren Übersetzungen führen: Wie gesichert ist es, dass religiöse Bilder und Texte der alten Priesterschaft immer in ihrer wahren und primären Sinngebung übersetzt werden?

Unverstandenes Erbgut

In seinem Standardwerk *Die Unterweltsbücher der Ägypter* räumt der renommierte deutsch-schweizerische Ägyptologe Professor Erik Hornung (1933–2022) freimütig ein: »Die Sprache der Bilder wird heute nicht mehr unmittelbar verstanden – selbst dort, wo sie die einzig angemessene Form der Aussage bildet. So muss zur Übersetzung der Texte die ›Lesung‹ und Entschlüsselung der Bilder herantreten. Die Aufgabe, den Informationsgehalt der Bilder in natürliche Sprache umzusetzen, stößt jedoch an ihre Grenzen. Eine komplexe, vielschichtige Wirklichkeit kann in einem einzigen Bild eingefangen sein, während ihre Beschreibung in natürlicher Sprache einen ganzen Band füllen würde. Vieles bleibt unsagbar, weil es nur in der Aussage des Bildes vermittelt werden kann. Die Eindeutigkeit, nach der die Sprache strebt, wird im Bild nur selten verwirklicht.«

Gilt dies ebenso für die ungewöhnlichen Reliefs von Dendera, die »Glühlampen« verblüffend ähnlich sehen? Sagt ein Bild mehr als tausend Worte? Soweit bekannt, reichen die Anfänge der »Heiligen Gottesworte« in prädynastische Epochen zurück. Sie entstanden um 3200 v. Chr., also zeitgleich oder kurz nach der sumerischen Keilschrift. Nach altägyptischer Überlieferung war ihr Erfinder der Weisheitsgott Thot, der am »Uranfang« die Menschen in Sprache, Schrift und Wissenschaft unterwies. Die Schreiber und Priester des Alten Reiches kamen mit einigen hundert Zeichen aus. Am Ende der Pharaonendynastien, unter der Herrschaft der Ptolemäer (304 bis 30 v. Chr.), waren es bis zu 7000 verschiedene Hieroglyphen. In diese historische Zeit des ausklingenden Pharaonenreiches fallen auch die reichhaltigen Inschriften im Hathor-Tempel von Dendera. Das erklärt, warum Sprachforscher besonders mit den jüngsten Hieroglyphentexten ihre Mühe haben.

Auf eine weitere Schwierigkeit bei den Übersetzungsversuchen machte schon früh der deutsche Ägyptologe Hermann Junker (1877–1962) aufmerksam. In seiner Studie über die *Grammatik der Denderatexte* notiert er: »Die Texte der Ptolemäerzeit besitzen keine einheitliche Grammatik. In jeder Tempelschule hat sich eine andere Sprache gebildet, und eine andere Sprache findet sich auf den Stelen. Die Verschiedenheiten sind so zahlreich und bedeutend, dass es unerlässlich ist, jede Inschriftengruppe einzeln zu behandeln.«

Das beschäftigte auch die französische Ägyptologin Sylvie Cauville, die 1986 die wissenschaftliche Leitung der Ausgrabungsstätte Dendera unter der Schirmherrschaft des IFAO übernahm. Sie vervollständigte die Herausgabe der Publikationsreihe zu den Studien des Hathor-Heiligtums und hat rund 60 wissenschaftliche Standardwerke darüber veröffentlicht. Den prächtigen Hathor-Tempel beschreibt sie als »die wahrscheinlich vollendetste architektonische Leistung des ptolemäischen und römischen Ägyptens. Der Reichtum der theologischen Kompositionen, die seine Wände schmücken, ist unvergleichlich.« Ungewöhnlich besonders das Hieroglyphenrepertoire: »Es weist zahlreiche neue Werte auf und zeichnet sich durch einen manchmal außergewöhnlichen ikonografischen Reichtum aus.«

Eines von vielen Schrifträtseln, die nicht befriedigend erklärt werden: Viele der dargestellten Personen sind namenlos, ihre ovalen Königskartuschen blieben leer. Diese Besonderheit lässt sich in Dendera und anderen ptolemäischen Tempeln feststellen. Wollten Priester den Platz freihalten für jenen Regenten, der »plötzlich« seinen Besuch im Hathor-Heiligtum ankündigen würde? Welche Hoheit wurde erwartet, kam dann aber doch nicht? Gab es Auseinandersetzungen innerhalb der königlichen Familie, die damit zusammenhängen könnten? Warum sind manche Kartuschen so klein, dass kaum ein Name in Hieroglyphen hineinpassen würde. Standen die leeren »Pharaonenschleifen« nur noch symbolisch für das Königtum? Oder waren sie Sinnbilder für etwas ganz anderes? Vielleicht etwas Kosmologisches in Verbindung mit dem Luftgott Schu? Ein Gleichnis für den Atmosphärenraum zwischen Himmel und Erde, dem irdischen Kontakt mit den Sternen?

Musterbeispiel »Antikythera-Mechanismus«

Ägyptologen genießen gegenüber Hobbyarchäologen einen großen Vorteil: Sie können Hieroglyphen entziffern und lesen. Umgekehrt sind die Schriftexperten in der Regel keine Technikspezialisten, um in alten Texten etwaige technologische Beschreibungen zu erkennen und diese zu rekonstruieren. Besonders, wenn man nach ägyptologischer Doktrin davon ausgeht, dass es im Altertum keine Hightechkenntnisse gegeben haben kann und diese Möglichkeit bereits bei der Auffindung von »Kultobjekten« ausblendet.

Doch spektakuläre Wunderwerke wie der »Mechanismus von Antikythera« passen nicht in dieses althergebrachte Geschichtsbild.

Im Jahr 1900 wurde von Schwammtauchern in mehr als 50 Metern Tiefe in einem Schiffswrack ein Gerät mit vielen Zahnrädern und Zifferblättchen geborgen und ins Nationale Archäologische Museum nach Athen gebracht. Anhand der an Bord gefundenen Münzen wurde der Schiffsuntergang auf den Zeitraum von 70 bis 60 v. Chr. datiert. Da man es für unmöglich hielt, dass dieses Räderwerk aus dem Altertum stammen könnte, verstaubte es jahrzehntelang unbeachtet im Depot. Man hielt es für ein »Uhrwerk«, das in der Renaissance auf hoher See entsorgt worden und dann zufällig in das antike Schiffswrack gefallen war, wo es dann Anfang des 20. Jahrhunderts entdeckt wurde. Da soll noch einer behaupten, nur Utopisten und Däniken-Jünger besäßen eine blühende Fantasie.

Tatsächlich handelt es sich bei dem »Antikythera-Mechanismus« um eine erstaunlich fortschrittliche astronomische Uhr aus dem 2. Jahrhundert v. Chr., mit der genaue Bewegungen von Sonne, Mond, Planeten, Sternen und Sternbildern angezeigt werden konnten.

Die komplexe Zahnradapparatur besitzt zusätzlich eine Skala zur Verwendung als Mond- und Sonnenkalender (eingeteilt in ägyptische Monatsnamen und babylonische Tierkreiszeichen), Anzeigen für vergangene und zukünftige Mond- und Sonnenfinsternisse sowie einen »Terminkalender« für die Olympischen Spiele.

Fragment eines astronomischen »Urcomputers«: die Maschine von Antikythera aus der Vorzeit, ausgestellt im Nationalmuseum in Athen

2002 wurden mit dem internationalen »Antikythera Mechanism Research Project«, geleitet vom englischen Mathematiker und Dokumentarfilmer Tony Freeth, röntgentomografische Untersuchungen vorgenommen. Dabei wurden altgriechische Wörter sichtbar gemacht, die als »Bedienungsanleitung« der Maschine verstanden werden können. 2021 haben Analysen bestätigt: Der ausgeklügelte Mechanismus stammt zweifelsfrei aus dem 2. Jahrhundert v. Chr. Mehr noch: Der »antike Computer« ist wesentlich komplexer und präziser als astronomische Uhren und Geräte des späten Mittelalters und der frühen Neuzeit!

Woher kam das technologische Know-how? Warum ging es über die Jahrhunderte wieder verloren? Welches fortschrittliche Technikwissen existierte bereits lange vor den Errungenschaften der Moderne, welche verlorenen Fähigkeiten, von denen wir heute keinen blassen Schimmer mehr haben? Bloß Magie und Aberglaube? Der britische Zukunftsdenker und Science-Fiction-Autor Arthur C. Clarke (1917–2008) kannte die Antwort: »Jede hinreichend fortgeschrittene Technologie ist von Magie nicht mehr zu unterscheiden.«

Spirituelle Sichtweisen

Im Hathor-Heiligtum dreht sich alles um Licht, Strahlung, Schwingung. Zur offiziell ägyptologischen und alternativ elektrotechnischen Interpretation gesellen sich unterschiedliche esoterische Thesen. Hier wird die Erleuchtung des Harsomtus spirituell ausgelegt. Neben dem »Erwecken der Schlangenkraft Kundalini« werden zum »Lampenrätsel« okkult-alchemistische Einweihungen und feinstoffliche Energien im höheren New-Age-Bewusstsein ins Spiel gebracht. Für Dr. Diethard Stelzl, promovierter Nationalökonom der Universität München sowie Reiki-Meister, Geistheiler und Buchautor, war der Hathor-Tempel von Dendera eine der wichtigsten Tempelschulen und Einweihungsstätten im Pharaonenreich. Stelzl vermutet, dass die Krypten und Wandreliefs im Zusammenhang mit Initiationsriten gestanden haben. Mysterienkulte könnten unter anderem dazu gedient haben, die mystische Erfahrung der »spirituellen Sexualität« und den »Umgang mit Lichtkräften« zu lehren. Dazu passt, dass manche Altertumsforscher die »Schlangenabbilder« als »Fruchtbarkeitssymbole« und »Sexualobjekte« auslegen. Ebenso, dass die »Lotosblüten mit den Schlangen« immer aus dem Lendenbereich jener Männer emporspringen, die die langgezogenen Kolben halten.

Der amerikanische Musiker und Psychotherapeut Tom Kenyon siedelt die esoterische Hypothese in höheren Sphären an. Seit 1980 behauptet der passionierte Klangheiler, mit »einer Gruppe interdimensionaler, intergalaktischer Lichtwesen«, die sich Hathoren nennen, in Channeling-Kontakt zu stehen. Er will durch »psychospirituelle Aktivierung« Botschaften aus höheren Dimensionen empfangen haben. Mit dem Hathor-Heiligtum in Dendera sollen diese Überirdischen seit Jahrtausenden verbunden sein. Motive in den Krypten werden als »Geräte« interpretiert, »um Energie aufzunehmen« oder »Trancezustände« herbeizuführen. Bei esoterischen Workshops sowie in Büchern, darunter *Aufbruch ins höhere Bewusstsein*, gibt Kenyon mittels Klangtherapie und Meditation Anleitungen für die Kontaktaufnahme mit der »Hathor-Zivilisation«.

Einen »esoterisch-kosmologischen« Hintergrund, der auf eine Vorzeitzivilisation verweist, vermutete der Forscher und Schriftsteller John A. West (1932–2018). Bekannt wurde der Amerikaner mit der Behauptung, dass der Große Sphinx von Giseh aufgrund von Wassererosionsspuren und seiner astronomischen Ausrichtung nicht um etwa 2600 v. Chr., sondern rund 5000 Jahre früher von einer Vorgängerkultur der alten Ägypter erbaut wurde. Wissenschaftliche Untersuchungen von Dr. Robert M. Schoch, Professor für Geologie an der Boston University, untermauern diese Hypothese, werden aber von der klassischen Archäologie abgelehnt. West vertrat die Auffassung, dass auch der Hathor-Tempel in seinen Ursprüngen wesentlich älter ist, als bisher angenommen. Das deckt sich mit der Gründungslegende und der Bauurkunde des Heiligtums. Die »Glühlampen von Dendera« werden als Wiedergaben »antiker Kosmologien« interpretiert, die in graue Vorzeit zurückreichen. Im Hathor-Heiligtum erkennt West eine »Heilstätte«, denn ein 1960 ausgegrabenes »ruinöses Lehmziegelgebäude neben dem Tempel war einst ein Sanatorium«. Über das Alter dieses Bauwerkes herrscht innerhalb der Ägyptologie kein Konsens. Einschätzungen reichen von der »frühen Ptolemäer-Dynastie« bis zur späten »Römerzeit«.

Der Überlieferung nach sollen an diesem Ort »heilige Waschungen«, »Wunderheilungen« und »Traumorakel« stattgefunden haben. Beim Rezitieren magischer Texte sei Wasser über »Kultbilder« gegossen worden. Pilger und Heilsuchende hofften in nächtlichen Visionen auf himmlischen Rat und Hilfe der Himmelsmutter Hathor. Hatten mediale Priesterinnen in Dendera einen heißen Draht zum Übernatürlichen? Waren sie imstande, »nichtphysikalische« Wahrnehmungen und Traumgespinste in Realität umzuwandeln? Wie erlangten Heilsuchende Erleuchtung? Beim Reiben an Kleopatras Wunderlampe? Oder durch meditative Beeinflussung von Raum und Zeit? Der spanische Surrealist Salvador Dali (1904–1989) blickte in die Zukunft. Seine Prophezeiung: »Eines Tages wird man offiziell zugeben müssen, dass das, was wir Wirklichkeit getauft haben, eine noch größere Illusion ist als die Welt des Traumes.«

Teil 4

Streitfall Dendera-Licht

»Eine Lichtquelle schließt die andere nicht aus.«

Brigitte Fuchs (*1951),
Schweizer Autorin und Lyrikerin

Harsomtus-Schlangenrelief
im Isis-Geburtstempel:
KLeopatras Wunderlampe?

Hieroglyphenhader, Schlangengott Harsomtus und die Zauberlampen der Antike

»Pseudowissenschaftlicher Unsinn!«

Kritiker werfen ein, dass Vertreter der »Elektrothese« den Gesamtkontext zum erweiterten Bild- und Textprogramm absichtlich ignorieren. Würden sie ihm Folge leisten, wüssten sie, dass es in der gesamten Dendera-Ikonografie keinen Hinweis auf Lampen gebe oder gar Beschreibungen über elektrotechnische Vorgänge. Außerdem sei längst bewiesen, dass die blasenförmigen Gebilde die »Geburt des Harsomtus« zeigen, einer Variante des Sonnengottes, dem in Schlangengestalt beim Neujahrsfest eine besondere Verehrung zuteil wurde.

Als die »Glühlampen«-Debatte vor Jahrzehnten begann, fehlten umfassende Textinformationen. Ab den 1990er-Jahren liegen mit der verdienstvollen Dissertation von Dr. Wolfgang Waitkus und seinen weiteren Studien konkrete Übersetzungen vor. Für Kritiker der »Elektrothese«, die sich ausschließlich auf die ägyptologische Interpretation stützen, gilt das Wissen über elektrotechnische Vorgänge im Altertum somit als widerlegt. Wer auf der »Wahrheitsplattform« *Wikipedia* »Glühbirnen von Dendera« aufruft, erhält dazu von anonymen Verfassern die Bestätigung: »alles pseudowissenschaftlicher Unsinn«. Ein Urteil, dem alle skeptischen Geister unbesehen folgen. Man darf diese konventionelle Überzeugung uneingeschränkt vertreten; ich halte sie jedoch für voreilig und anmaßend.

Die dargestellten Objekte werden von der Ägyptologie selbst als »ungewöhnliche Kultobjekte« bezeichnet. Und in der Tat, genau das sind sie. Was können wir aus den Übersetzungen unzweifelhaft herauslesen? In seiner ergänzenden Analyse über »Die Geburt des Harsomtus aus der Blüte« und »Zur Bedeutung und Funktion einiger Kultgegenstände des Tempels von Dendera«, veröffentlicht im Jahre 2002, erklärt Wolfgang Waitkus: »Durch eine Analyse der Darstellungen und der dazugehörigen Texte wird aufgezeigt, dass der in diesen Darstellungen auftretende blasenförmige Behälter höchstwahrscheinlich den Leib der Himmelsgöttin Nut repräsentiert. Die Trennung von Himmel und Erde wird zum einen als dauerhafter Zustand mit dem Sonnenzyklus verbunden, der dadurch ermöglicht wird, zum anderen als Schöpfungsakt mit der morgendlichen Geburt als Schöpfungswiederholung in Verbindung gebracht. Die Geburt des Sonnengottes aus der Himmelsgöttin Nut wie auch die Geburt aus der Lotosblüte werden nebeneinander dargestellt. Die abgebildeten Kultobjekte, die diese Vorstellung sinnbildlich darstellen, wurden mit großer Wahrscheinlichkeit während des Neujahrsfestes im Kult verwendet.« (Siehe Abb. 32 im Farbbildteil.)

Die Waitkus-Übersetzungen – Relief 1 in der Südkrypta (Südwand)

Hinterfragen wir die von Waitkus übersetzten Beischriften zu den drei auffallenden »Kultobjekten« in der Südkrypta. Auf der Südseite der »Harsomtus-Kammer« sind zwei Objekte entgegengesetzt zueinander dargestellt. Das vordere linke Relief zeigt einen Mann, der offenkundig ein birnenförmiges Gebilde hält, in dessen Mitte sich eine Schlange befindet. Sie tritt aus der mittleren Spitze einer Lotosblüte hervor, während ihr Stängel zu einem kastenförmigen Objekt führt, auf dem der Luftgott sitzt. Auf dem schlauchartigen Stängel kniet eine Figur mit abgewinkeltem Arm, die mit ihrem Kopf den »Birnenkörper« stützt. Dazu heißt es in der Waitkus-Übersetzung:

»Worte zu sprechen von Harsomtus, dem großen Gott,
der in Dendera weilt, der sich in den Armen
der Ersten (?) in der Nachtbarke befindet, erhabene
Schlange, dessen Chentj-Statue Heh trägt,
dessen Mannschaft in Heiligkeit seine Vollkommenheit trägt,
wegen dessen Ba die Erscheinende (Hathor)
im Himmel erschienen ist, dessen Gestalt (hprw) die
›Verehrer‹ verehren, der als Einzigartiger kommt,
umringelt von seiner Stirnschlange,
mit zahlreichen Namen an der Spitze der Chui-en-hesen
(Schutzgeister Hw.n=sn; Anm. d. Verf.),
dem Machtbild des Re im Land-des-Atum (Dendera),
dem Vater der (Götter), der alles geschaffen hat.
Gold als sein Metall, Höhe: vier Handbreit.
[circa 30 Zentimeter, Anm. d. Verf.].«

Kritiker werden zu Recht beanstanden: Hier steht nichts von einer »Glühlampe«! Es ist vielmehr die Nachtbarke des Sonnengottes. Doch wieso sieht die Abbildung nicht wie eine übliche Barke aus? »Worte zu sprechen von Harsomtus«? Welche Worte? Magische Zauberformeln? Es ist auch unklar, was mit der »Chentj-Statue« genau gemeint war. Mutmaßlich könnte es ein »Prozessionsbild« gewesen sein, heißt es in einer Fußnote. Gesichert ist das aber keineswegs. Oder: »hprw« steht für »Gestalt«. Welche Gestalt? Was verehren die »Verehrer«? Wer ist der »Einzigartige«? Wo ist eine »umringelte Stirnschlange« zu sehen? In der »Nachtbarke« soll die »Vollkommenheit« von einer »Mannschaft« getragen werden. Wieso aber sitzt auf dem schlauchartigen Stängel der Lotosblume, der als »Nachtbarke« identifiziert wird, dann nur eine einzige Person? Für alle »Birnenkörper« gilt: Weshalb findet sich kein Wort zu jener groß dargestellten Person, die offenbar das jeweilige »Kultobjekt« hält? Ist es ein Priester, der Pharao, ein Geistwesen, Gott Ihi, Harsomtus in Menschengestalt? Wer ist der namenlose Herr der »Birne«?

Die Waitkus-Übersetzungen – Relief 2 in der Südkrypta (Südwand)

Benachbart, aber in entgegengesetzter Richtung »gespiegelt« zum ersten Relief, zeigt dieses zweite Motiv ein paar Unterschiede im Detail: Der Stängel der Lotosblume ist kurz und führt in den Bodensockel hinein. Von einer Barke ist diesmal überhaupt nichts zu erkennen. Die Figur unter der »Birne« kniet auf dem Fundament und hat ihren Arm abgewinkelt. Den »Harsomtus-Behälter« mit der Schlange stützt ein Djed-Pfeiler. Die Übersetzung der Beischrift heißt:

> *»Worte zu sprechen von Harsomtus, dem großen Gott, der in Dendera weilt, dem lebenden Ba in der Lotosblüte der Tagesbarke, dessen Vollkommenheit die beiden Arme des Djed-Pfeilers tragen als sein Seschemu-Bild, während die Ka's auf ihren Knien sind mit gebeugten Armen. Gold und alle kostbaren Steine, Höhe: 3 Handbreit. [circa 22 Zentimeter, Anm. d. Verf.].«*

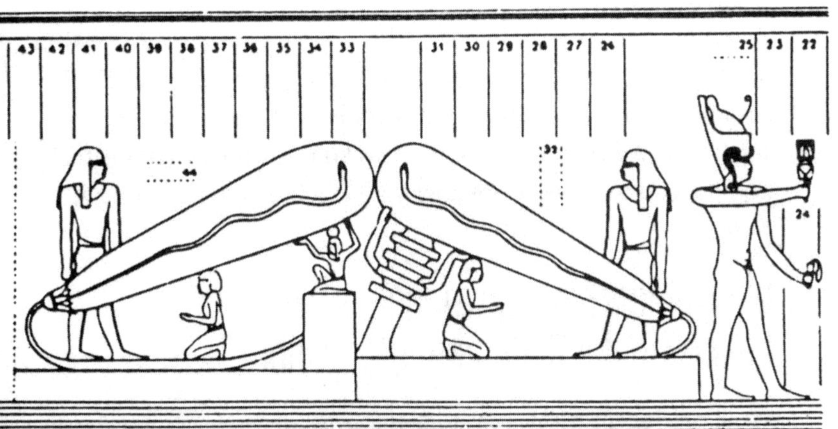

Relief 1 (links) und Relief 2 (rechts); Doppelrelief in der Südkrypta (Südwand)

Hier erfahren wir, dass die »Tagesbarke« gemeint ist. Wenn Skeptiker der »Elektrothese« einwenden, dass das »Sieht-aus-wie«-Argument unzulässig ist, darf umgekehrt die Frage erlaubt sein: Wo ist bei diesem Relief eine Bootsform erkennbar, die schlüssig nachweist, dass eine »Tagesbarke« und nichts anderes dargestellt ist? Unbestimmt ist der Begriff »Seschemu-Bild«, der lediglich für »Statuen, Abbilder« steht. Was genau war ihre Rolle? In mehreren Textpassagen wird »Ba« genannt. Gemeint ist eine geistige Kraft, die in der ägyptischen Mythologie mit der Seele eines Toten verbunden wird. Der Grundgedanke ist jedoch nicht allein mit »Seele« gleichzusetzen, weil Ba auch »körperliche Bedürfnisse« hat. Hier erscheint Ba in der »Birne«. Aus der Totenliteratur geht hervor, dass Ba in jeder beliebigen Gestalt erscheinen konnte. Wenn man dieser Vorstellung folgt: Warum dann nicht auch in Form einer elektrischen Entladung, die in ihrer Psyche einer »leuchtenden Schlange« entspricht?

Genannt werden im Text ebenso »Ka's«, die »auf ihren Knien sind«. Ka-Symbolik ist der Ausdruck für »Zeugung und Bewahrung der Lebenskräfte«. Es heißt, von Ka ginge »Mächtigkeit, Stärke und Zauberkraft« aus. Hier bezieht sich diese Energie auf die einzelne Figur unterhalb der »Birne«. Warum aber mehrere Ka's, erschließt sich mir nicht. Ka als Hieroglyphe entspricht zwei erhobenen Armen und gilt als »magische Geste für die geistig-seelische Kraft«. Das Material aus dem das hier abgebildete »Kultobjekt« bestanden haben soll, wird mit »Gold« und »kostbaren Steinen« angeführt. Welchen Edelsteinen? Das könnte für eine Rekonstruktion bedeutsam sein, bleibt aber ein Geheimnis der Steinmetze.

Die Waitkus-Übersetzungen – Relief 3 in der Südkrypta (Nordwand)

Das interessanteste Wandrelief ist nordseitig in der Südkrypta zu sehen, vis-à-vis der beiden anderen artverwandten Darstellungen. Wieder ist links ein anonymer Mann abgebildet. Er scheint die nach rechts führende »Birne« zu halten. Bei genauerer Betrachtung erkennt man, dass die Männer um ihren Körper eine »Doppelkontur« aufweisen. Nur ausgeführt auf der Vorderseite, die zur »Birne« gerichtet ist. Nirgendwo findet sich eine Begründung dafür. Werden die Personen von der »Lampe« angestrahlt? Sind sie göttlich illuminiert? Sollte ihre Aura beziehungsweise ihr Energiekörper dargestellt werden? Oder sind zwei Personen gemeint?

Von der Lotosblüte führt ein am Boden liegender Strang an einem Djed-Pfeiler vorbei und mündet in einen »Kasten«, auf dem der Luftgott thront. Er stützt den »Birnen-Behälter« mit seinen Armen ab, genauso wie der Djed-Pfeiler und drei Personen unterhalb der »Birne«. Zwei davon sitzen mit rechtwinkelig gebogenen Armen zueinander und berühren sich mit ihren Fingerspitzen. Eine weibliche Person sitzt von ihnen abgekehrt in augenfällig angespannter Haltung und blickt zum Djed-Pfeiler. Von dieser an einen Isolator erinnernden Stütze reichen zwei Arme in den »Birnenkörper« hinein und berühren die aus der Lotosblume austretende Schlange. Für das Modell seiner Gasentladungslampe diente Walter Garn dieses Relief als Vorlage. Die Begleittexte lauten nach der Übersetzung von Dr. Waitkus:

»Worte zu sprechen von Harsomtus,
dem großen Gott, der in Dendera weilt, der aufgeht
aus der Lotosblüte als lebender Ba,
dessen Vollkommenheit erhoben wird von den Kematju-
Bildern seines Ka, dessen Seschemu-Bild
verehrt wird von der Mannschaft der Tagesbarke,
dessen Leib der Djed-Pfeiler trägt, unter dessen
Seschemu-Bild die Uranfängliche ist
und dessen Majestät die Genossen seines Ka tragen.
Gold, Höhe: 1 Elle.
[circa 52 Zentimeter, Anm. d. Verf.].«

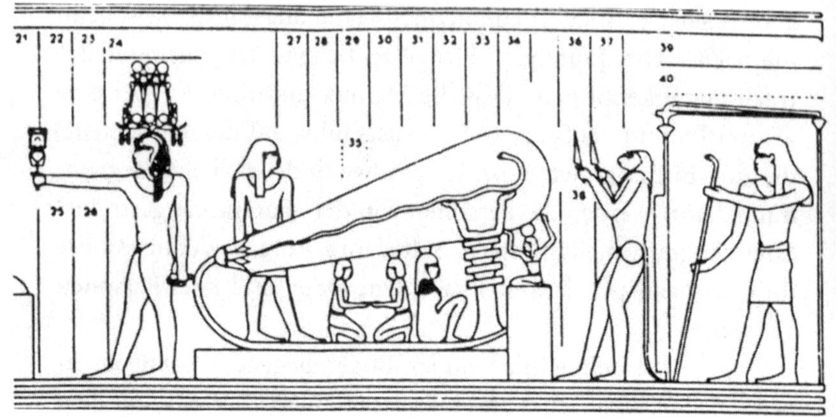

Relief in der Südkrypta (Nordwand)

Nach ägyptologischer Interpretation handelt es sich wiederum um die Darstellung einer »Tagesbarke«. Ich kenne in der gesamten Ikonografie der ägyptischen Kunstgeschichte keine gleichartige Wiedergabe eines Sonnenbootes, die genauso verewigt ist wie auf diesem Reliefbild. Könnte es vielleicht daran liegen, dass eben nicht das Zentralgestirn gemeint war? Und ist es nicht seltsam, dass gleich drei Barken abgebildet sind? Nachtbarke, Tagesbarke – und dann, doppelt hält wohl besser, noch einmal eine weitere Tagesbarke?

Ägyptologen behelfen sich bei dieser Unstimmigkeit, indem sie in der dritten Barke die Verschmelzung der Elemente von Tag und Nacht erkennen. Und der birnenförmige »Behälter«? Waitkus legt ihn als »Leib der Himmelsgöttin Nut« aus. Doch weshalb findet Nut in den Begleittexten dann keine Erwähnung? Abgesehen davon sieht das langgezogene »Ding« völlig anders aus. In Dendera gibt es mehrere Reliefs, die Nut als Himmelsgewölbe mit Morgen- und Abendsonne zeigen, an der Decke der Neujahrskapelle ebenso wie in der großen Vorhalle. Selbst ein Laie kann erkennen, dass hier, aus dem Schoß der Göttin geboren, die Morgensonne in Gestalt einer goldenen Kugel mit Strahlenbündel abgebildet ist. Eine zweite dunkle Kugel befindet sich bei den Lippen der Göttin Nut.

Hier fehlen die illustrierten »Strahlen«. Es ist für jeden Betrachter anschaulich nachvollziehbar, dass dies nur den Untergang der Sonne bedeuten kann. Sie taucht ein in die Dunkelheit der Nacht, um am nächsten Morgen aufs Neue »wiedergeboren« im Lichterglanz zu erstrahlen. Weshalb aber sehen die »Sonnen« in der finsteren Krypta sowie in einem Nebenraum des Obergeschosses überhaupt nicht sonnenähnlich aus? Vielleicht, weil diese untypischen »Sonnen« etwas ganz anderes illustrieren sollten?

Alles mit Nut- und Sonnen-Symbolik erklären zu wollen, greift meiner Ansicht nach zu kurz. Die Texte zu den »Kultobjekten« sind in ihrer Erklärung recht unbestimmt, lassen in der Übersetzung einen größeren Interpretationsspielraum zu. Dennoch pochen Kritiker darauf, dass nur diese »Sonnenlaufthese« die einzig logische und richtige ist. Alles andere sei Nonsens. Der Übersetzer Wolfgang Waitkus ist bei der endgültigen Beurteilung vorsichtiger. Für ihn ist die Deutung als »Tages- und Nachtbarke« sinnbildlich für den Sonnenzyklus zwar die »wahrscheinlichste«, aber mit absoluter Gewissheit weiß es auch der Fachgelehrte nicht.

Upu, der Beschützer des Lichts

Rechts neben der sonderbaren »Tagesbarke« ist eine Affenfigur zu sehen mit zwei spitzen Messern in den Händen. Es ist nicht, wie ich vor Jahrzehnten vermutet hatte, der Wissenschaftsgott Thot in Paviangestalt. Aber ganz daneben lag ich nicht: »Möglicherweise besteht zwischen dem Affen und Thot eine Beziehung«, vermerken Ägyptologen. Die Inschrift dazu nach der Lesart von Dr. Waitkus:

»Dein Name ist vollkommen als ›Upu‹, dein Gesicht ist das einer Kröte. Ich habe deine Feinde mit dem Messer niedergemetzelt und ich fälle deinen Gegner in der Richtstätte.«

In einer früheren Arbeit lautet seine Übersetzung:

»Dein Name ist vollkommen als Upti, dein Gesicht ist das einer Kröte: Ich habe deine Feinde zur Erde gemetzelt mit dem Messer und ich fälle deine Gegner auf der Sandbank.«

Es sind scheinbar nur geringfügige Abweichungen und doch wird deutlich: Die Begrifflichkeiten weichen voneinander ab. »Upu« oder »Upti«? »Sandbank« oder »Richtstätte«? »Niedergemetzelt« oder »zur Erde niedergemetzelt«? Von Upu wissen wir, dass er der Beschützer der Hathor war und die Feinde des Lichts bekämpfte. In späterer Zeit wurde Upu mit dem Schöpfer- und Lichtgott Atum gleichgesetzt. Das alles lässt sich in die ägyptische Mysterienwelt rund um die kosmische Vorstellung vom Himmelgewölbe als Gewässer wunderbar einordnen: Die nächtliche Mondbarke des Sonnengottes Re durchquert im Westen die Unterwelt, das Totenreich und die Finsternis und steigt am nächsten Morgen im Osten als wiedergeborene Sonnenbarke wieder auf. Der Kontext mit anderen Abbildern und Inschriften in der Krypta passt ebenso dazu, wenn man Harsomtus als »Sonnengott« interpretiert, der in Schlangengestalt aus einer Lotosblüte hervorkommt. Gleichzeitig gibt es Darstellungen, die ihn als Menschenkind auf einer Lotosblüte sitzend abbilden.

In meinen Augen schließt eine religiös-theologische Auslegung dennoch die Möglichkeit technischer Leuchtkörper nicht aus. Ist man bereit einzuräumen, dass der göttliche Harsomtus einer »elektrischen Entladung« entsprechen kann und als »Kultobjekt« in Gestalt einer Lampe nachgebildet wurde, ergeben die Darstellungen ebenfalls Sinn, nämlich einen technisch-physikalischen.

Die technische Lesart

Kurz zusammengefasst: Zauberpriester halten den Leuchtkörper (sackartiger Hen-Behälter, Mutterleib). Aus der mittleren Spitze der Birnenfassung (Lichtblume Lotos), entspringt die elektrische Entladung (Schlangengott Harsomtus). Physikalisch richtig dargestellt, weil dort die Feldstärke am größten ist, um Kraft und Ladungen auszuüben. Die Gasentladung wird innerhalb eines Glasbehälters (Hen-Körper, Nut-Himmelsgewölbe beziehungsweise Mutterleib) sichtbar, umgeben von ionisierten Dämpfen.

Das passt zur Abbildung eines Gottes, den Ägyptologen als Luftgott Schu oder Heh identifizieren. Beide Gottheiten stellen die »Durchdringung der Luft« dar. Heh ist zusätzlich das Symbol der Ewigkeit. Die Figur sitzt hier auf einem »Kasten«, der ein Energiespeicher, vielleicht ein elektrostatischer Generator sein könnte. Von diesem rechteckigen »Behälter« (für Ägyptologen ist es bei manchen Abbildungen der Bug, bei anderen das Heck des Sonnenbootes, ein Serech-Thron, ein geheimer Schrein oder eine herunterhängende Ziermatte) führt ein kabelartiger Strang (Lotosstängel beziehungsweise Sonnenbarke) zur »Lotos-Fassung« des Leuchtkörpers.

Gestützt wird die Glasbirne von einem Isolator (Djed-Pfeiler) mit Armen, die mit der Entladung (Schlange) in direktem Kontakt stehen. Einer technischen Deutung zufolge könnte die vierstrebige Säule von innen her mit Heißluft und Staub aufgeladen gewesen sein, um Spannung herzustellen. Der abgebildete Luftgott wäre wiederum ein Indiz dafür. Unterhalb des Birnenkörpers sind Symbole für Polarität (plus/minus als entgegengesetzte Spannung) in Form zweier Ka-Figuren, die sich gegenüber sitzen, dargestellt sowie als Spannungsausdruck eine hockende weibliche Person in angespannter Haltung. Rechts neben der elektrischen Leuchte steht schützend Upu, der mit zwei Messern in drohender Gebärde auf die Gefährlichkeit der Elektrizität hinweist.

Elektroingenieur Walter Garn betonte, dass »die bisherigen Studien gezeigt haben, dass eine technisch-physikalische Interpretation der Dendera-Reliefs möglich ist«. Bereits 1982 regte der Fachmann an: »Eine weitere Überprüfung der Abbilder könnte wertvolle Erkenntnisse für die wissenschaftliche Forschung bringen, wenn auch vermutlich in eher religiös-mythologisch verpackter Form.«

Die Übersetzung der Dendera-Hieroglyphen sowie weitere Untersuchungen wurden seither vorangetrieben, allerdings nur unter einem Blickwinkel – dem ägyptologischen. Der Versuch, die Texte und Abbildungen in Zusammenarbeit mit anderen Wissenschaftsdisziplinen technisch zu filtern, blieb aus.

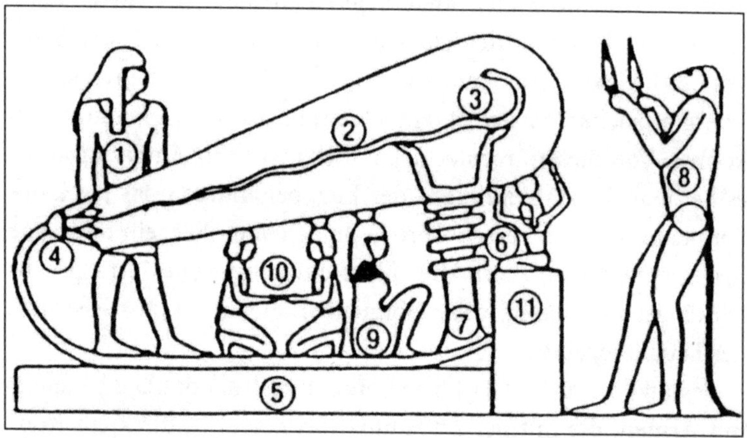

1) Wissenschaftler seiner Zeit (Pharaonenpriester)

2) Ionisierte Dämpfe in einem Glaskolben (Nut-Himmelsgewölbe bzw. Mutterleib)

3) Elektrische Entladung (leuchtender Schlangengott Harsomtus)

4) Birnenfassung (Lotosblume als Lichtsymbol)

5) Kabelartiger Strang (Lotosstängel bzw. Barke)

6) Luftgott (Schuh oder Heh)

7) Isolator (Djed-Pfeiler)

8) Gott Upu mit Messern und drohender Gebärde (Kämpfer gegen die Feinde des Lichts)

9) Ausdruck von Spannung (sitzende Frau, vielleicht Hathor)

10) Entgegengesetzte Spannung, Haarpolarität + (Besatzung der Barke oder Statuen)

11) Energiespeicher, ggf. ein elektrostatischer Generator? (Herunterhängende Ziermatte der Tages- bzw. Nachtbarke)

Leuchtende »Geburtsziegel«

Prof. Peter le Page Renouf (1822–1897), ehemaliger Direktor der orientalischen Sammlung des Britischen Museums, brachte das Übersetzungsdilemma von Beginn an auf den Punkt: »Die genaue Kenntnis des Wortschatzes und der ägyptischen Grammatik können uns nicht helfen, die Dunkelheit aufzuklären, die durch allerlei Andeutungen und Allegorien hervorgerufen werden. Die Schwierigkeit liegt nicht in einer wörtlichen Übersetzung, wohl aber im Verständnis des Sinnes.«

150 Jahre nach dieser offenherzigen Beurteilung gibt es immer noch viele Unklarheiten im Verständnis der Hieroglyphentexte, besonders in Dendera. Das provoziert zur frechen Frage: Wurde hier alles folgerichtig übersetzt? Und wenn ja, was war mit bestimmten Begriffen eigentlich gemeint? Beispiel: Die Übersetzung einer Inschrift über dem »Doppel-Birnen«-Relief der Südwand in »Krypta Süd« lautet:

> *»Resomtus* [der als Sonnengott Re aufgestiegene Harsomtus, Anm. d. Verf.] *ist mit lebendigem Glanz am Himmel* [und] *mit Leben am Tage des Neujahrsfestes. Er leuchtet in seinem Haus in der Nacht des Kindes in seinem Nest, indem er das Licht dem Land von den Geburtsziegeln aus spendet.«*

Harsomtus in seinem Nest? In der Dunkelheit als Sonnengott in seinem Haus leuchtend? Licht spendend, mitten in der Nacht? Und das nicht von der Sonne, dem Sonnengott Re, dem Lichtgott Atum, dem Mond, dank Fackeln oder Öllampen, sondern von »Geburtsziegeln«? Ist das nicht jenseits aller Logik? Vielleicht Steine in Ziegelform, die zu leuchten beginnen? Phänomenal.

Der seltsame Hen-Behälter

Eine der Schlüsselfragen im Streit um »Glühlampe« versus »Sonnenzyklus«: Was war mit dem ominösen Gebilde gemeint, in dem sich die Schlange Harsomtus leuchtend den Betrachtern zeigt? Nach Wolfgang Waitkus ist es der Mutterleib der Göttin Nut, in dem Harsomtus als »leuchtende Urschlange« aus der »Unterwelt« aufsteigt und »versucht, diese zu verlassen, um in einer goldenen Tagesbarke den Morgenhimmel zu überqueren.« Die Ägyptologie sowie Kritiker der »Elektrothese« haben diese Interpretation übernommen.

Nehmen wir an, das stimmt. Wie wollte man Nuts Mutterleib als »Kultobjekt« für Festlichkeiten reproduzieren? Ägyptologen versichern, die auf den Reliefs dargestellten Gegenstände haben existiert und sind in den Krypten aufbewahrt worden. Die Beischriften stellen klar: Diese Schätze bestanden aus »Gold, Metall und kostbaren Steinen«. Die altägyptische Bezeichnung »Hen« kann als »Mutterleib«, aber ebenso als »Behälter«, »Truhe« oder »Schutzhülle« gelesen und aufgefasst werden.

In der Rekonstruktion als Gasentladungslampe besteht der »Behälter« aus einem länglichen Glaskörper. Dafür gäbe es, tadeln Kritiker, keinen Hinweis. Doch, es gibt ihn – sogar von unverdächtiger Stelle. In einer Fußnote seiner Studie zur »Geburt des Harsomtus« notiert Dr. Waitkus zum blasenförmigen Hen-Körper wörtlich: »Es stellt sich die Frage, ob es sich um mehr oder weniger transparentes Glas gehandelt haben könnte. Durchsichtiges Glas ist bereits im Neuen Reich nachweisbar.«

Aber hallo! Wenn das »Harsomtus-Kultobjekt« aus einem Glaskörper bestanden haben kann, in dem der Sonnengott in Schlangengestalt leuchtend erscheint, ist dann der erste Gedanke wirklich: Das muss der gläserne Leib der Himmelsgöttin Nut sein! Oder wäre der logische Schluss nicht eher: Das ist eine Glühlampe!

Imitierten Priester im Auftrag des Pharao die Geburt des Harsomtus als elektrische Entladung in einem Glaskörper? Wenn ja, muss das magische Aha-Erlebnis bei nächtlichen Prozessionen überwältigend gewesen sein. Geheimes Wissen, das dem »Normalsterblichen« vorenthalten wurde, hat es nachweislich gegeben. Den Bauplan zur Cheopspyramide kennen wir bis heute nicht. In die Kraftquelle Elektrizität eingeweihte Wissensträger, die Harsomtus scheinbar mit Zauberkraft erscheinen lassen konnten, hätten bei der Bevölkerung gewiss enormes Ansehen, Einfluss und Macht besessen.

Erdoğan Ercivan, Journalist und Buchautor aus Berlin, vertritt die These, dass »mit den ›Lichtapparaten‹ von Dendera zeremoniell die Erneuerung des Königtums nachempfunden wurde, wobei man einfachste Technik verwendete«. Ercivan verweist in einem Artikel zur »Krypta des Lichts« auf das Buch *Fortgesetzte Magie – die Zauberkräfte der Natur* von Johann Samuel Halle. Der preußische Universalgelehrte berichtet im Jahre 1792 von einer Lampe, »die mittels einer fast luftleer gepumpten Glaskugel mit einem gebogenen Messingdraht so viel Licht erzeugen konnte, dass damit ein ganzes Zimmer erstrahlte«. Es ist die erste bekannte Beschreibung einer Niederdruckentladung, bei der offenbar elektrische Induktion angewandt wurde. Haben eingeweihte Priester in Dendera diese oder eine ähnlich »magische Methode« der Stromerzeugung bereits gekannt und bildlich dargestellt?

Glaube und Wissenschaft

Wer sich mit Grenzfragen der Wissenschaft befasst, Hightechkenntnisse und außerirdische Eingriffe in die Entwicklungsgeschichte der Menschheit für möglich hält, wird schnell als »Spinner«, »Verschwörungstheoretiker« oder »Pseudowissenschaftler« verunglimpft. Da fällt einem Albert Einstein (1879–1955) wieder ein. Die Relativitätstheorie machte den Physiker berühmt. Der Weltveränderer hinterließ nicht nur revolutionäre Ideen, sondern ebenso glänzende Weisheiten, die zum Nachdenken anregen. »Fantasie ist wichtiger als Wissen, denn Wissen ist begrenzt«, zählt zu meinen Lieblingszitaten.

Das führt zum Publizisten Jörg Spitzer, der 2019 in seinem Buch *Paläo-SETI und Wissenschaft* analytische Bemerkungen zur Astronautengötter-Theorie und technologischem Wissen in der Vorzeit machte. Trotz der Fehler und Irrtümer, die Vertreter der Prä-Astronautik, mich eingeschlossen, in mehr als 50 Jahren Forschungstätigkeit gemacht haben, hält der Autor die wissenschaftliche Untersuchung aller Paläo-SETI-Belege für berechtigt und notwendig. Spitzer kritisiert zur »Glühlampen«-These, dass sich bei einzelnen Begriffen von etablierter ägyptologischer Seite oft ein vieldeutiger Interpretationsspielraum eröffnet. Das beginne, so Spitzer, bereits beim Namen der Göttin Hathor, der »mein Haus am Himmel« bedeuten kann, aber ebenso »Haus des Horus« oder »des Horus kosmisches Haus«. Was stimmt nun?

Spitzer weist auch darauf hin, dass selbst heute die Deutung von Hieroglyphentexten »äußerst schwierig ist« und »von einer zur nächsten wissenschaftlichen Ansicht variiert«, wobei dies »oftmals zu diametralen Deutungen« führen kann. Als Beispiel nennt der Autor das ägyptische Schriftzeichen für »Gottheit«. Einmal wird es als »Axt« gelesen, ein anderes Mal als »Fahne«. Andere Lesarten des Zeichens lauten »Stoffstreifen«, »stilisiertes Leichentuch« und »der ins Grab gelegt ist«. »Angesichts dieser Unsicherheiten zum richtigen Verständnis«, fragt Spitzer, wie sich Fachgelehrte »trotz aller Widrigkeiten bei der speziellen Dendera-Thematik absolut sicher sein« können, dass in den »blasenförmigen Gebilden« definitiv »einzig und allein die Darstellung eines Gottes aus einer Lotosblüte zu sehen ist«.

Für die Ägyptologie ist aus den Dendera-Texten nichts »Technisches« herauszulesen. Dr. Wolfgang Waitkus, der 1991 die erste umfassende Übersetzung zu den Krypten in Dendera vorlegte, ist Dipl.-Physiker. Wenn elektrische Vorgänge dargestellt würden, hätte der Naturwissenschaftler das doch erkennen müssen, triumphieren Kritiker der »Glühlampen«-These. Warum kommt der Akademiker nicht zu ähnlichen Erkenntnissen wie Elektroexperte Walter Garn und andere Fachkollegen? Ein berechtigter

Einwand. Angenommen, der Ägyptologe hat die Ähnlichkeit zwischen »leuchtender Schlange« und »elektrischer Entladung« sehr wohl erkannt und hätte diese Überlegung in seiner Übersetzung mitberücksichtigt. Wie wäre die Reaktion seiner Kollegenschaft wohl ausgefallen? Wären Wolfgang Waitkus die Dissertation und der Doktortitel sicher gewesen?

Es ging in der Diskussion bislang unter: Der Ägyptologe schließt keineswegs aus, dass »die mysteriösen Zeremonie-Gegenstände mit den Schlangen *Leuchten* gewesen sein könnten«. Die Verknüpfung mit *Elektrizität* hält er allerdings für »Humbug«, da sich die »Kultobjekte« alle ägyptologisch erklären lassen. Welche alternative Lichterzeugung käme infrage? Dazu hat man von ägyptologischer Seite nie etwas gehört. Es stellt sich für mich eine einfache Frage: Wie stark ist die Übersetzung von der ägyptologisch vorgegebenen Weltsicht des Fachgelehrten beeinflusst, bei der von vornherein jede technische Interpretation ausgeschlossen wird? Dazu eine Anekdote, die bislang unveröffentlicht geblieben ist. Der Zufall wollte es so, dass einer meiner Leser, der Lehrer Eberhard Schneider aus Schleswig-Holstein, unfreiwilliger Augen- und Ohrenzeuge einer brisanten Diskussion wurde. Schneider recherchierte 1990 an der Universität Hamburg in eigener Sache zu einem Artikel über »Himmelsfahrzeuge der Götter«. In einem Raum des Ägyptologischen Instituts saßen Wolfgang Waitkus und sein Doktorvater Prof. Dieter Kurth. Die beiden Herren berieten darüber, ob man eine Textstelle nicht besser »so« oder »anders« übersetzen sollte. Für Schneider vermittelten die Gelehrten »nicht gerade den Eindruck von Zweifelsfreiheit und überzeugendem Durchblick«.

Bei der Materialsichtung zum vorliegenden Buch fiel mir dann ein Brief von Eberhard Schneider in die Hände, datiert vom 9. Oktober 1990. Darin heißt es: »Im übrigen fand ich es sehr interessant, wie die beiden Experten sich über die Bedeutung eines Hieroglyphentextes verständigten – offenbar versuchte sich der Assistent an einer Übersetzung der Hathor-Kryptainschriften. Ich bekomme es nicht mehr wörtlich zusammen, aber mein Eindruck war folgender: ›Also dies

Beispiel einer sonderbaren Hieroglyphe: Aus einem Djed-Pfeiler, dem Symbol für Stärke und Beständigkeit, wachsen zwei Arme in magischer Ka-Haltung. Dazwischen befindet sich eine »Blase«, die das »Urwasser« versinnbildlicht. Könnte dies nicht auch ein Symbol für künstlich erzeugtes Licht sein? (Siehe auch Abb. 33 und 34 im Farbteil

hier könnte man wohl so und so verstehen, oder?‹ Der Professor: ›Ja, aber vielleicht sollten wir …?‹ Der andere: ›Hm, ja, schon, aber …‹ Der Professor: ›Auch richtig. Wie wäre es dann mit …‹ Ich dachte, ich höre nicht recht, als ich sozusagen live mitbekam, wie hier eine Interpretation zusammengebastelt wurde, hinter deren späterem wissenschaftlichen Anspruch die tatsächlich erlebte Ratlosigkeit nicht mehr sichtbar sein wird. Da dürfte es wohl noch viele andere Inschriften geben, die vielleicht hochinteressante Informationen enthalten, an deren Bedeutung aber vorbeigeraten worden ist.«

Eberhard Schneider fragt, wie Dr. Waitkus im Falle seiner Akzeptanz der elektrischen Interpretation wohl formuliert hätte?

»Worte zu sprechen von Harsomtus,
dem großen Gott, der in Dendera weilt,
lebender Ba im Lotos der Tagesbarke.«

Heißt eine originale Übersetzung in der Südkrypta. Nach Schneiders Einschätzung wäre eine freie Übertragung leichter nachvollziehbar und könnte spekulativ lauten:

»Die Rede ist von der Erschaffung des Lichts,
einer großen Gottesmacht, die in Dendera beheimatet ist:
eine in der Lotosfassung des Kupferstranges
lebende Erscheinung.«

Oder noch weiter aktualisiert:

»Dargestellt ist die Erzeugung künstlichen Lichts, einer großartigen Manifestation göttlicher Macht, die in Dendera praktiziert wird; es handelt sich um eine lebendig wirkende Leuchterscheinung, die aus der blütenartigen Fassung am Ende des Kupferkabels tritt.«

Harsomtus im Farbenglanz

Was ich beim ersten Dendera-Besuch anno 1979 übersehen hatte: Vor dem Eingang in die Südkrypta, nur wenige Räume entfernt in östlicher Richtung, existieren drei weitere »Glühlampen«-Darstellungen. Man hätte es wissen können. Zumindest als Zeichnungen waren die Abbilder aus fünf Werken von Auguste Mariette bekannt, die im 19. Jahrhundert in Paris und Kairo veröffentlicht wurden. Der Pionier der Ägyptologie studierte die Inschriften im Hathor-Tempel sehr akribisch. Detailgetreu (aber eben noch ohne Fotos) hatte der Franzose ebenso die sonderbaren »Schlangen innerhalb blasenförmiger Gebilde« mit feinem Strich dokumentiert.

Bei Mariettes Grafiken, ebenso bei den Schwarz-Weiß-Fotobänden von Emilie Chassinat anno 1952, bleibt eine Besonderheit unentdeckt: Die Reliefs in der Kapelle »G« sind in vielen Bereichen farbig erhalten! Dabei fällt auf, dass die Stängel der Lotosblüten jeweils aus kleinen zusammengesetzten Segmenten bestehen. Die abwechselnde Farbgebung von rot und blau erinnert hier noch deutlicher als in den Krypten an Elektrokabel! Ähnlich verhält es sich mit den »Birnenkörpern«. Sie sind nicht so extrem in die Länge gezogen wie die Motive in Hathors Unterwelt. Wolfgang Waitkus erklärt den Unterschied in der Darstellungsform damit, dass den Künstlern in der Kapelle weniger Platz zur Verfügung stand und deshalb der kolbenartige Hen-Körper in der Länge verkürzt wurde. Auch sonst gibt es im Vergleich zu den Kryptenreliefs kleine Unterschiede: Die Arme des Djed-Pfeilers zum Beispiel reichen nirgendwo in die »Birne« hinein. Wäre es denkbar, dass die beiden Versionen – Kapelle »G« und jene in den Krypten aus unterschiedlichen Epochen stammen? Im Untergrund ist bei einigen Wandabschnitten deutlich erkennbar, dass hier bauwerkliche Veränderungen stattgefunden haben. (Siehe Abb. 36 im Farbbildteil.) Die Beischriften im Erdgeschoss sind kurz gefasst und wenig aufschlussreich: *»Harsomtus in seiner Barke«*.

Anders als in der Krypta Süd, zeigen »zwei Tagesbarken« in die gleiche Richtung. Warum? Künstlerische Freiheit oder unverstandene technische Informationen?

Dieser Harsomtus-Gott, also die Leuchterscheinung in der »Blase«, ist gelb beziehungsweise goldfarbig gestaltet und hebt sich heute dunkler vom Hintergrund ab. Die These, dass die Schlange den festen Bestandteil eines Glühdrahtes in einer Glühbirne darstellen könnte, bestätigt sich trotzdem nicht. Gasentladungslampe, wie von Walter Garn von Beginn an vorgeschlagen, trifft es weitaus besser. Sie entspricht auch den Textübersetzungen, wonach Harsomtus aus der Lotosblüte als »lebender Ba« erweckt wird, sich wieder in sein »Nest« zurückziehen konnte, dort »genährt« wurde, um später – gleich dem Symbol der Ewigkeit und Wiedergeburt – immer wieder aufs Neue zu erscheinen.

Auf der Nordwand der Kapelle »G« sind zwei der »Kultobjekte« in größerer Höhe dargestellt. Beide sind nach Osten gerichtet und sollen »zwei Tagesbarken« erkennen lassen. Steht man direkt davor, hat man mit dieser Erklärung Mühe. (Siehe Abb. 35 im Farbbildteil.)

Wasserpumpe und Feuerstein

Das betrifft auch die gegenüberliegende Südwand: Hier steht die »Birne« fast frei, wird nur von einer Person und den Fingerspitzen einer Hand der Heh-Figur auf einem sockelartigen Schrein gehalten. Links davon stehen zwei Priester auf einer leicht erhöhten Plattform. In ihren Armen halten sie einen länglichen Gegenstand in Schlangenform. Aus der Vorrichtung spritzt Flüssigkeit, vermutlich Wasser, in Richtung »Glühlampe«. (Siehe Abb. 38 im Farbbildteil.)

Walter Garn hatte vorgeschlagen, die Abbildung als Hinweis für die Verwendung von Wasserpumpen zu sehen: »Wir wissen heute, dass man mit sogenannten Ejektoren (Strahlpumpen) relativ hohe Vakua erzeugen kann. Speziell dann, wenn die Pumpen in Kaskade (Reihenschaltung gleichartiger Teiler) geschaltet sind.«

Was noch auffällt: Die beiden Männer mit dem »Schlangenrohr« zeigen wiederum auf ihrer zur »Birne« gerichteten Körperseite eine »zweite Haut«. Aura und Astralkörper? Oder sollte eine Art »Schutzsalbe« angedeutet werden, ähnlich den beschriebenen Vorkehrungen im Alten Testament zum gefahrlosen Umgang mit der Bundeslade, die für ihre Stromschläge berüchtigt war?

Die Übersetzung von Wolfgang Waitkus zum südseitigen »Birnen«-Relief liefert wenig Information: »Harsomtus … ›im (?)‹ Hen-Behälter der Nachtbarke, in deren Innerem vier Figuren sind. Die Figur des Heh ist an seinem (d. h. Harsomtus) Vorderteil, während (?) diese Blüte an seinem Ende ist und das Wasser unter ihm. Gold, … Metall, Höhe: 4 ›Handbreit‹.«

Zwei Männer hantieren mit einer Vorrichtung aus der eine Flüssigkeit rinnt. Daneben wiederum Schlangengott Harsomtus in seiner »Blase«

Davon abgesehen, dass ich im Hen-Behälter, gedeutet als Nuts Himmelsgewölbe, nur eine Figur erblicke, nämlich Schlangengott Harsomtus, scheint die Übersetzung nicht ganz feuerfest zu sein. Interessant ist wieder eine Fußnote in der Waitkus-Studie. Zur Materialangabe wird neben Gold und Metall bemerkt, dass »El-Kordy hier Gold lesen möchte, Cauville liest Silex«. Gemeint ist ein kieseliger Feuerstein, auch Flint genannt, der nahezu ausschließlich aus Siliciumdioxid besteht. Wegen seiner extremen Härte war Feuerstein in der Steinzeit einer der wichtigsten Rohstoffe für die Herstellung von Werkzeugen und Waffen. Der Name verweist aufs Feuermachen und das Erzeugen von Funken. Im 17. Jahrhundert wurde das Gestein zur Erzeugung des Funkenschlags in Steinschlossgewehren (Flinten) verwendet.

Aus Feuerstein besteht ein außergewöhnliches Artefakt, das nur rund 50 Kilometer westlich von Dendera auf einem Plateau gefunden wurde: das Messer vom Gebel el-Arak. Es ist 25,5 Zentimeter lang und besitzt einen Elfenbeingriff aus dem Zahn eines Nilpferdes. Die plastisch herausgeschnitzten mythologischen Szenen erinnern viel mehr an mesopotamische Stilelemente als an altägyptische. Das Silexrelikt soll ursprünglich aus Abydos stammen, wird der prädynastischen Naqada-Ära zwischen 3500 bis 3200 v. Chr. zugeordnet und befindet sich seit 1914 im Louvre in Paris (Archivbezeichnung E 11517).

Isis, die große Magierin

Frauen hatten im alten Ägypten eine überragende Stellung inne, über die sich noch Herodot mokierte: »Die Weiberknechte vom Nil – verkehrte Welt«. Im antiken Dendera regierte Frauenpower. Die holde Weiblichkeit begegnet einem hier an allen Ecken und Enden, sowohl unterirdisch als auch am Tempeldach. Das belegen ebenso die Geburtshäuser, von denen es in Dendera gleich drei gibt. Die Göttin Hathor ist der bestimmende Faktor als Sinnbild der Freude, Liebe, Fruchtbarkeit und des Tanzes. Sie galt als »weibliche Seele mit zwei Gesichtern«. Als Schutzgöttin der Empfängnis wurde sie bevorzugt in Liebesdingen angerufen. Wie Nut, die als nackte Frau das personifizierte Himmelsgewölbe verkörperte, war Hathor eine Himmelsgöttin. Ihre Attribute und Eigenschaften verschmolzen im Laufe der Geschichte mit denen vieler anderer Göttinnen. Allein in Dendera lassen die Inschriften erkennen, dass offenbar vier unterschiedliche Formen der Hathor existierten. Zusätzlich spielten noch die eigenständigen »Sieben Hathoren« eine überirdische Rolle. Die Mythen behaupten, dass sie als feengleiche Wesen die Zukunft eines neugeborenen Menschen voraussagen konnten. Für Esoteriker sind es intergalaktische Wesenheiten, die uns seit Urzeiten begleiten und der Menschheit helfen, in höhere Dimensionen aufzusteigen.

In früheren Zeiten galt Hathor als Mutter des Sonnengottes Horus, bis Isis an ihre Stelle gesetzt wurde. Göttliche Amme ist sie dennoch geblieben, indem sie als königliche Beschützerin den jungen König stillt. Im Fall der Isis ist es das Horuskind. Die Göttin ist in Dendera wie Hathor überall präsent. Der Name Isis ist die Verdoppelung von »Is« und steht für »heilig« sowie »Sitz« oder »Thron«. Er ist mit jenem Zeichen identisch, das Isis auf ihrem Haupte trägt. Im Neuen Reich übernahm sie die Kennzeichen der Hathor und wurde gelegentlich ebenso mit Kuhhörnern und Sonnenscheibe abgebildet. In diesem Erscheinungsbild sehen sich die beiden Göttinnen zum Verwechseln ähnlich. Der Ursprung der

Isis ist nicht zweifelfrei geklärt. Eine Inschrift in der Südkrypta von Dendera nennt sie »Gottesmutter« mit »heiterem Gesicht, türkisfarbigem Haupt und lapislazulifarbenem Kopf«.

Von sich selbst sagt sie kryptisch: »Ich bin Isis, zauberischer und erhabener als jede andere Göttin. Es gibt keinen Gott, der fähig ist zu tun, was ich getan habe, noch eine Göttin. Ich machte mich selbst zum Mann, obwohl ich eine Frau bin.« Das wird die Gender-Clique und »gebärenden Männer« erfreuen, die behaupten, dass es so viele Geschlechter wie Sterne am Nachthimmel gäbe. Wer dagegen noch weiß, ob er Männlein oder Weiblein ist, wird sich wundern und vertraut allem Tadel zum Trotz der Biologie.

Schleierhaft ist nicht nur die Herkunft der Isis, manche ihrer »Kultsymbole« sind es ebenso. Berühmt ist der Isis-Schlüssel, auch bekannt als Anch-Kreuz oder Lebensschleife. Das Attribut der Götter ist ein Symbol für »unvergängliche Lebenskraft im Jenseits«. Die ursprüngliche Bedeutung der Hieroglyphe ist umstritten und reicht vom »magischen Knoten« bis zum »königlichen Sandalenriemen«. Wegen seiner kreuzartigen Form wurde das Anch-Zeichen zum Sinnbild der christlichen Kopten.

Ein anderes Rätselsymbol, das häufig in Verbindung mit Djed-Pfeilern zu entdecken ist, wird Isis-Blut oder Isis-Knoten genannt. Es ähnelt der Lebensschleife, hat aber die Seitenarme nach unten geklappt. Im Totenbuch wird es als »Blut der Isis« bezeichnet und Verstorbenen als »Tit-Amulett« um den Hals gelegt. Wie so oft ist auch hier die hintergründige Bedeutung unbekannt. Die simple ägyptologische Erklärung lautet »Gewandknoten«.

Mit dem bekanntesten altägyptischen Osiris-Mythos wurde Isis unsterblich. Erzählt wird, dass Osiris am Uranfang auf der Erde weilte und die Welt weise und gerecht regierte. Isis, seine Schwester und Gemahlin, half ihm dabei. Doch Seth missgönnte seinem Bruder den Königsthron. Er versuchte ihn loszuwerden, indem er ihn in einem Steinsarg versenkte. Als die Mordtat fehlschlug, hackte er seinen Bruder in kleine Stücke. Die Körperteile ließ er im ganzen Land verstreuen. Mithilfe ihrer Schwester Nephthys und

Vielfach in Dendera abgebildet: Isis-Blut beziehungsweise Isis-Knoten, hier mit Djed-Pfeiler. Was war ursächlich damit gemeint?

dem Weisheitsgott Thot gelang es Isis, die Teile zu finden und wieder zusammenzusetzen. Bis auf das beste Stück ihres Gemahls, den Penis! Dieser soll einem Fisch als Futter gedient haben. Bei den Göttern! In der Gestalt eines »Falkenweibchens«, gelang es ihr mit Zaubersprüchen und »durch den Luftzug ihrer Flügel«, die Lebenskräfte ihres »verstorbenen« Göttergatten zu »beleben«. Dabei befruchtete sich Isis selbst mit dem Samen des »toten« Osiris und wurde schwanger.

Ein Weiterregieren auf Erden war für Osiris dennoch nicht mehr möglich, aber als Herr der Unterwelt und Richter im Jenseits existierte er weiter. Im mythischen Delta-Ort Chemmis (beschrieben als »schwimmende Insel«) gebar Isis ihren Sohn Horus. Die Freude über die Geburt hielt nur kurz an, denn das Horusknäblein wurde von einer Giftschlange gebissen und drohte zu sterben. In großer Verzweiflung wandte sich Isis an die Mannschaft der Sonnenbarke. Der Mythos erzählt, das Sonnenschiff sei am hellichten Tage am Himmel stehen geblieben. Thot wurde im Auftrag des Sonnengottes herab zur Erde gesandt und konnte das Horuskind heilen. Danach kehrte der Götterbote zum Sonnenboot zurück und die Sonne zog weiter. Nimmt man die Erzählung wörtlich, kann das weder ein Boot des Sonnengottes noch das Zentralgestirn selbst gewesen sein. Die Geschichte endet damit, dass Horus zum Rächer seines Vaters wurde und die Thronfolge übernahm.

Alle Pharaonen, die dem Himmelsgott folgten, sahen sich fortan als Abkömmlinge dieses überirdischen Regenten und wurden zum »lebendigen Horus« auf Erden.

Kleopatra, die letzte Pharaonin

Auf einer Statue der Neith in Sais, die manche für die Isis hielten, stand: »Ich bin alles, was ward, ist und sein wird, und noch kein Sterblicher hat jemals mein Gewand gelüftet.« Von der freizügigen Kleopatra, die im Hathor-Tempel von Dendera als »wiedergeborene Isis« sichtbare Spuren hinterlassen hat, lässt sich das nicht behaupten. Die Aura des Magischen umgab die »Königin der Könige« trotzdem. Mithilfe von aphrodisierenden Drogen und Zauberkünsten soll sie die Männer verführt haben. War sie wirklich die schönste Frau des Orients, wie antike Historiker schwärmen? Als der griechische Philosoph Plutarch sie rühmt, war Kleopatra schon fast 200 Jahre im Jenseits:

»Der Zauber ihrer Rede, die geistige Anmut ihres ganzen Wesens verliehen ihren Reizen einen Stachel, der sich tief in die Seele eindrückte.«

Wenn ich mir Porträts der Holden auf römischen Münzen zu Gemüte führe, geben sie eher ein herrliches Motiv für Comiczeichner ab. Kleopatras Nasenvorsprung entzückt nicht wirklich, aber Schönheit liegt natürlich immer im Auge des Betrachters. Vieles ist und bleibt Mythos, auch bei der »Neuen Göttin Isis«. Belegt ist, dass sie 69 v. Chr. in Alexandria geboren wurde. Kleopatra war der letzte Spross der von Alexander dem Großen begründeten Herrscherfamilie der Ptolemäer. Sie war 21 Lenze jung, als sie Julius Cäsar traf, der ihr zur Befestigung ihres Reiches zu Hilfe eilte. Der Kaiser war in den Fünfzigern, die junge Königin verführte ihn. Diese Erzählung von Plutarch lässt sich nicht belegen, ist aber originell: Um die Wachen zu täuschen, wurde sie in einen Teppich eingerollt und heimlich zu ihm getragen. Das Glück des Paares währte nur kurz, ihre gemeinsame Reise auf dem Nil hat aber die Fantasie der Nachwelt beflügelt.

Kleopatra gebar Cäsar einen Sohn namens Cesarion. Nach dem Tod des Imperators regierte sie von Alexandria aus das mächtige Reich. In Rom kam ihr Gegenspieler Kaiser Augustus alias Octavius (63 v. Chr.–14 n. Chr.) an die Macht. Den Osten des Römischen Reiches sollte vorerst noch Cäsars Feldherr Marcus Antonius verwalten. Kleopatras Verführungskünste waren erneut erfolgreich. Nach anfänglichen Hindernissen wurden Antonius und Kleopatra zum Traumpaar der Antike. Augustus aber war dagegen, er eroberte schließlich auch den Ostteil des Reiches. 31 v. Chr. war mit der Niederlage von Antonius und Kleopatra in der Schlacht von Actium der Machtkampf um die Herrschaft des römischen Reiches entschieden.

Dann spitzte sich das Drama zu: Antonius wurde fälschlich die Kunde vom Tod Kleopatras überbracht, worauf sich dieser vor Kummer ins Schwert stürzte. Um nicht in Gefangenschaft zu geraten, ließ sich die »Königin der Könige« von einer Giftschlange beißen. Oder wurde etwas nachgeholfen? Man weiß es nicht genau. Die Tragödie gipfelte im Tod des Jugendlichen Cesarion, »Sohn des vergöttlichten Julius«, den Kaiser Augustus sicherheitshalber wenige Tage nach Kleopatras Suizid hinrichten ließ. Es ist der Stoff aus dem Hollywooddramen geschmiedet werden. Und genau das geschah dann auch. Legendär Kleopatras filmischer Karrierehöhepunkt anno 1962 mit Elisabeth Taylor als sinnliche Königin in *Cleopatra*.

Wo befindet sich die letzte Ruhestätte von Kleopatra? Weder ihr Grab noch das von Marcus Antonius sind bekannt. Im Herbst 2022 wurde in Alexandria möglicherweise eine neue Spur entdeckt. Bei Forschungsarbeiten im ägyptischen Taposiris-Magna-Tempel stieß die dominikanische Archäologin Dr. Kathleen Martínez mit ihrem Team in 13 Metern Tiefe auf einen mysteriösen Tunnel, der 1,4 Kilometer lang sein soll. Einige Münzen und Artefakte, die darin gefunden wurden, zeigen Porträts und Inschriften von Kleopatra. Das lässt die Wissenschaftlerin hoffen, der Korridor könnte zur lang gesuchten Gruft der letzten Pharaonin führen. Ägyptologen mit denen ich gesprochen habe, sind skeptisch. Was gegen das Grab der Königin spricht: Ägyptische Pharaonen wurden gewöhnlich nicht in Tempeln oder Tunneln beerdigt. Kleopatra, wo bist du?

Der Geburtstempel der Isis

Der Geburtstempel der Göttin Isis in Dendera

Begeben wir uns zur südlich gelegenen Rückseite des Hathor-Tempels. Auf der linken (südwestlichen) Hinterwand beeindruckt ein Relief. Es zeigt in Überlebensgröße Königin Kleopatra mit ihrem Sohn Cesarion, dem Mitregenten seiner Mutter, wie sie Hathor, Horus, Ihi und den anderen Göttern Denderas Kultgegenstände und Weihrauch überreichen. In bescheiden winziger Gestalt ist zu Füßen Kleopatras der mutmaßliche Vater abgebildet – Julius Cäsar. Pharao Cesarion regierte unter dem Titel Ptolemaios XV. Kaisarion und war der letzte ptolemäische Herrscher. (Siehe Abb. 37 im Farbbildteil.)

Im Louvre befindet sich eine Stele aus Memphis, die Cesarions Geburtstag auf den 23. Juni 47 v. Chr. datiert. Das Datum fällt mit dem Festtag der Göttin Isis zusammen! Das wird mit ein Grund dafür gewesen sein, warum sich Kleopatra als Wiedergeburt der Göttin Isis verstand und ihren Sohn als inkarnierten Horus, den Sprössling der Isis.

Gegenüber der Rückwand des Hathor-Tempels, nur ein paar Schritte entfernt, stehen die Reste des Isis-Geburtshauses. Die französische Ägyptologin Sylvie Cauville hat sich genauer mit der Geschichte dieser Kultstätte befasst. In den Jahren 2007 bis 2009 übersetzte und analysierte die Schriftexpertin erstmals die Texte und Wandtafeln des Isis-Heiligtums. Dabei hat sie Interessantes herausgefunden: Der kleine Tempelbau wurde zur Zeit von Kaiser Augustus fertiggestellt und dekoriert. Ein Schriftzug im Portal trägt den Namen des Herrschers, doch der Tempel steht auf weitaus älteren Fundamenten.

»Der Isis-Tempel hat eine lange Geschichte«, betont Cauville, »die durch wiederverwendete antike Blöcke und Bauphasen aus der Ptolemäerzeit, der 30. Dynastie und sogar dem Neuen Reich belegt wird«. Die Dekoration und Inschriften enthalten »eine reiche Theologie, die sich um die Geburt der Göttin Isis im Herzen ihres Tempels dreht, der als Gotteshügel konzipiert ist«. Der Grundriss der Isis-Kultstätte ist in der ägyptischen Architektur einzigartig. Das Hauptgebäude und die hypostylische Halle sind nach Osten ausgerichtet, während das innere Sanktuar 90 Grad nach Norden zum Hathor-Tempel zeigt. Auf der Rückwand soll eine heute zerstörte Osiris-Statue gestanden haben, die von den Armen der Isis und ihrer Zwillingsschwester Nephthys gestützt wurde.

Der Bereich des Allerheiligsten ist erhöht. Hier thronte die bedeutendste Reliquie der überirdischen Isis. Eine Statue? Ein Sonnenschiff? Möglich. Warum nicht als göttliches Andenken und heiliges Geburtssymbol eine magische Leuchte? Die Wunderlampe von Königin Kleopatra? Ein erleuchtetes Kultobjekt als Sinnbild der wiedergeborenen Isis? Ist es Zufall, dass just eine Tempelwand im Inneren des Isis-Heiligtums ein großes birnenförmiges Relief enthält? Es ist das gleiche Motiv, das wir bereits aus der Krypta Süd und der Harsomtus-Kapelle kennen. Damit haben wir insgesamt sieben Darstellungen in Dendera, die an Glühlampen erinnern. Allerdings ist diese ikonografische Seltsamkeit hier alleine abgebildet, ohne zwei weitere »Begleitbarken«. Dafür ist deutlich erkennbar, dass ein Mann den »Birnenkörper« hält und nicht einfach nur daneben steht. Der vom Lotos wegführende Strang mündet in einen Djed-Pfeiler. Rechts davon steht ein Sem- beziehungsweise Setem-Priester in der Kluft eines rituellen »Himmelspanthers«. Er hantiert mit einem länglichen »Kultgegenstand«, der horizontal zur »Blase mit der Schlange« weist. Ist es ein Eingeweihter, der mit »magischen Sprüchen« den Schlangengott hervorzaubert? Und siehe da, es wurde Licht?

Und ist es ebenso bloß eine Zufälligkeit, dass der Heilige Augustinus von Hippo (354 bis 430 n. Chr.) in seinen Werken von einer »Zauberlampe« erzählt, die ununterbrochen leuchtete? Der Kirchenvater, der auch in Rom lehrte, berichtet, dass weder Wind noch Wasser diese Lichtquelle auszulöschen vermochten. Besonders pikant, wenn man erfährt, an welchem Ort sich dieses Wunderding befunden haben soll: in einem heidnischen Tempel der Göttin Isis! Das erinnert auffällig an den Isis-Tempel in Dendera und das darin enthaltene Wandrelief mit der elektrizitätsverdächtigen »Harsomtus-Schlange«. Wieder einer der vielen Zufälle? Oder ein Glücksfall? (Siehe Abb. 39 im Farbbildteil.)

Wunderleuchten der Antike

Kritische Geister halten entgegen: Wenn es im Altertum »künstliche Lichtquellen« gegeben hätte, warum berichten dann weder Griechen noch Römer über die erstaunliche Erfindung der Ägypter? In früheren Veröffentlichungen haben Peter Krassa und ich darüber spekuliert, ob die Verwendung von elektrischem Licht das Phänomen fehlender Rußspuren in manchen unterirdischen Anlagen Ägyptens erklären könnte. Das war, mit der Kenntnis von heute, im jugendlichen Eifer übers Ziel hinausgeschossen.

Wenn in Dendera die Kraftquelle Elektrizität bekannt war und genutzt wurde, dann war das Wissen darüber kein allgemein gebräuchliches. Es wird einer eingeweihten Priesterkaste, nennen wir sie »Elektromagier«, vorbehalten gewesen sein, im Auftrag des Pharao bei Festlichkeiten für »überirdische Lichtspiele« zu sorgen. Genauso wie das gewöhnliche Volk keine Hieroglyphen verstand und darauf vertrauen musste, was die Priester und Schreiber ihnen vortrugen. Nicht viel anders geht es uns heute, wenn wir das als einzige »Wahrheit« zu glauben haben, was uns manche Regierungsexperten und mediale Hofberichterstatter vorbeten.

Die Verwendung von praktischen »Taschenlampen« für jedermann im Altertum darf man daher getrost ausschließen. Mythologische Zeugnisse, die Jahrtausende vor Edison Indizien für elektrische Leuchtkörper liefern, finden sich allerdings jede Menge! Es sind Berichte und Überlieferungen, die im Kontext zu den griechisch-römischen Dendera-Reliefs und ihrer Deutung als »Glühlampen« stehen.

Dazu ein paar Beispiele: Vom griechischen Chronist Lukian (120–180 n. Chr.) erfahren wir, dass er die syrische Stadt Hieropolis besuchte. Im Tempelheiligtum der Göttin Hera will er eine Art von »leuchtendem Edelstein« gesehen haben, der aus einer »magischen« Energiequelle gespeist wurde und den Innenraum in strahlendes Licht tauchte. Oder: Noch in der Zeit des oströmischen Kaisers Justinian I. (482–565 n. Chr.) soll in der antiken syrischen Stadt Antiochia, heute Antakya in der Südtürkei, eine immerwährend strahlende Lampe gestanden haben.

Weitere Spuren führen ins antike Rom. Im 7. vorchristlichen Jahrhundert brachte, so der griechische Historiker Pausanias (2. Jhd. n. Chr.), Roms Kaiser Numa Pompilius eine »ewig brennende Lampe« unterhalb der Kuppel seines Tempels an. Ähnliches wird im 1. Jahrhundert n. Chr. von Kaiser Nero berichtet. Es heißt, mit einer »magischen Kristalllampe« hätte er einen Raum seines Palastes in grünem Lichtschein ausgeleuchtet. Nero ist auch jener Imperator, der Bauarbeiten in Dendera vornahm. Sein Name ist auf einer Kapitellsäule in der großen Vorhalle des Hathor-Tempels zu finden.

Das deckt sich mit den Überlieferungen des Magiers und Dichters Vergilius (70–19 v. Chr.), im Deutschen meist Vergil oder Virgil genannt. Die Überlieferung weiß, er habe mitten in Rom einen Marmorpfeiler errichtet, auf dem eine Wunderlampe angebracht war. Eine gewöhnliche Fackel oder Öllampe kann es nicht gewesen sein, denn es wird ausdrücklich betont, dass es »eine große gläserne Lampe« war, »die immerzu brannte, ohne auszugehen«. Der Leuchtkörper soll zum Nutzen der Stadt und seiner Bürger die Nacht erhellt haben, bis sie nach 3 Jahrhunderten durch eine Unachtsamkeit zerstört wurde.

Wir schreiben solche Überlieferungen, die an antike elektrische Leuchtkörper erinnern, gerne der lebhaften Fantasie früher Dichter zu. Doch welcher Archäologe oder Ägyptologe war persönlich dabei, als die alten Legenden entstanden sind? Woher wollen wir Koryphäen des 21. Jahrhunderts so genau wissen, dass sämtliche schriftlichen Zeugnisse über Wunderlampen erfundene Utopien sind?

Ewiges Licht

Die indische Mythologie erzählt von »Schlangengöttern«, den sogenannten Nagas. Diese Mischwesen, halb Mensch, halb Schlange, sollen im Besitz von Zauberlampen gewesen sein, die sie als Lichtquellen in unterirdischen Behausungen im Himalaya nutzten. Der französische Missionar Évariste Régis Huc (1813–1860) reiste mehrmals quer durch Asien. In Tibet will der Pater selbst eine solche Wunderlampe gesehen haben. Sie brannte, ohne zu verlöschen.

Hin und wieder entdeckt man auch in alten europäischen Texten Berichte über »ewig brennende Lampen«. Nur fromme Legenden? Oder Hinweise auf den einstigen Gebrauch von Elektrizität? Das fragte ich mich, als ich von einem seltsamen Fund in heimatlichen Gefilden in Niederösterreich erfuhr. Innerhalb der Gemeinden Petronell-Carnuntum und Bad Deutsch-Altenburg, nahe der Grenze zur Slowakei, liegen die Überreste einer antiken Römerstadt. Inzwischen wurden in dieser einstigen Metropole Pannoniens großräumige Legionslager, Thermen, Wohnviertel, ein Amphitheater, eine Mithras-Grotte sowie etliche Heiligtümer und Tempelbezirke freigelegt. Im Museum Carnuntinum, dem größten Römermuseum Österreichs, werden 2 Millionen Fundstücke aus dem Areal aufbewahrt. Aufmerksame Besucher entdecken für die Region überraschende Exponate, wie das Steinporträt eines Pharao, die Büste der altägyptischen Himmelskönigin Hathor oder das Fragment eines Mithras-Schlangengefäßes.

Etwas außerhalb des Archäologieparks, am östlichen Ende der Marktgemeinde Petronell-Carnuntum, liegt das kleine Museum Auxiliarkastell. Dort hat mich der Vitrinentext zu einer Entdeckung aus dem 17. Jahrhundert irritiert. In der Originalschrift heißt es: »Man hat vor einem Jahr, das ist anno 1654, zween von hehawenen Steinen, Särcke gefunden in denen jedem ein Todten-Cörper gefunden, die Gebein so schön bey einander, als ob sie anatimirt wären, aber nach der Berührung derselben ist alles zu Staub und Asch gefallen, auch bei Einem ein brennend Liecht, welches nach Eröffnung der Lampen alsobald verschwunden, bey dem Anderen ein steinern Krug gefunden worden.« Dem Fundbericht liegt die Zeichnung eines gefäßähnlichen Gegenstandes bei mit dem Vermerk: »Die Lampen so bey dem einen Todten Cörper gefunden.«

Der Vorfall mutet »verrückt« an, ist aber kein Einzelfall. Es liegen mehrere gut dokumentierte Berichte vor, in denen Chronisten versichern, dass bei der Öffnung von Grabkammern »brennende Lampen« gefunden wurden. So etwa 1534 in Rom bei der Öffnung der Krypta von Tullia. Sie war die Tochter des berühmten Senators Cicero und wurde 45 v. Chr. bestattet. Trotzdem soll in ihrer Totengruft immer noch das Licht einer Lampe gebrannt haben. Erst als es an die Oberfläche gebracht wurde, erlosch es abrupt.

Gleich zwei dieser Wunderleuchten werden zu Zeiten des englischen Königs Heinrich VIII. (1491–1547) erwähnt. Es heißt, dass sie während der Reformation in England, als es zu Klosterschließungen und der Abschaffung der Mönchsorden kam (etwa 1533–1539), gefunden wurden und offenbar bereits seit dem 4. Jahrhundert gebrannt haben. Nach den Notizen des französischen Okkultisten Yvan Leloup alias Paul Sédir (1871-1926) werden Überreste dieser Wunderlampen im holländischen Antikenmuseum in Leiden aufbewahrt. Der deutsche Universalgelehrte Athanasius Kirchner (1602–1680) informiert in *Oedipus Aegyptiacus* ebenfalls über den Fund einer »brennenden Lampe«. Sie soll in unterirdischen Gewölben der altägyptischen Hauptstadt Memphis entdeckt worden sein.

Beleuchtung für das Mandylion

Meine Autorenkollegin Gisela Ermel recherchierte den Fall der »ewig brennenden Lampe von Edessa«. Die Stadt ist heute unter dem Namen Şanlıurfa oder kurz Urfa bekannt und liegt in Südostanatolien nahe der rätselhaften Ausgrabungsstätte Göbekli Tepe. Um 30 n. Chr. soll König Abgar V. in den Besitz eines »nicht von Menschenhand geschaffenen« Tuches gekommen sein, auf dem das Antlitz von Jesus sichtbar abgebildet war. Mehrere frühchristliche Überlieferungen berichten über die Überbringung der Reliquie durch einen Boten. Ermel nimmt darauf Bezug: »Ananias, ein Jünger Jesu, soll von diesem nach Edessa gesandt worden sein, so berichtet es die *Narratio de imagine Edessana* aus dem Jahr 944. Unterwegs soll Ananias nahe Hierapolis Bambyce (dem heutigen Mandbidsch in Syrien) Rast gemacht haben. Das kostbare Tuch versteckte er unter einem Stapel Ziegel. Während der Nacht schien ein merkwürdiges Licht aus den Ziegeln heraus und lockte etliche Neugierige aus der nahen Stadt herbei, die nachschauen wollten, was da strahlt. Sie meinten, es handle sich um Feuer. Es war jedoch kein Feuer, und dort wo das Licht herkam, fanden sie unter den Ziegeln das Tuchbild sowie eine Kopie des Tuches auf einem Keramikziegel.«

Erinnert ein wenig an den »leuchteten Geburtsziegel«, der in Inschriften der Südkrypta in Dendera erwähnt wird. In der Überlieferung heißt es, dass das Tuch in der Stadtmauer von Edessa mit einer Lampe eingemauert wurde. Nach Jahrhunderten mit vielen Katastrophen geriet das Ereignis schließlich in Vergessenheit. Als die Stadt anno 544 zwischen Römern und Persern schwer umkämpft war, kam Hilfe von »oben«. Die überirdische Erscheinung einer Lichtgestalt, ähnlich einer Muttergottesvision, soll den Bischof der Stadt zu jener Stelle geleitet haben, wo die Jesusreliquie versteckt war. Der Geistliche »fand dieses geheiligte Bild unversehrt und die Lampe, die über so viele Jahre nicht ausgegangen war. Auf dem Keramikziegel, der zum Schutz vor die Lampe gestellt worden war, fand er ein weiteres Abbild des Bildes Christi aufgeprägt«.

Von Edessa, so erzählt es die Legende weiter, gelangte das sogenannte »Mandylion« nach Konstantinopel und später über die Tempelritter ins Abendland. Einige Historiker sind heute davon überzeugt, dass das Wundertuch mit dem »Grabtuch von Turin« identisch ist. Warum in Edessa nicht der ganze Körper des Erlösers erwähnt wurde, wird damit begründet, dass das Tuch gefaltet aufbewahrt wurde und für die Bevölkerung nur das Antlitz sichtbar war. Nicht geklärt ist der Verbleib der »ewig brennenden Lampe«.

Schließt man Dichtung aus, bleibt zu klären, woher das ewige Licht der magischen Lampen stammt? Dem österreichischen Ingenieur und Astrologen Demeter Georgievitz-Weitzer alias G. W. Surya (1873–1949) ließen die »naturwissenschaftlichen Wunder« keine Ruhe: »Ein reiner Verbrennungsvorgang kann hier wohl kaum stattgefunden haben, denn sonst müsste doch der weiße Liquor – der die Stelle des ›Öles‹ einnimmt – einmal ausgebrannt sein; zudem kann eine Flamme auch ohne Sauerstoff nicht brennen.« Der Grübler dachte noch einen Geistesfunken weiter: »Aber vielleicht handelt es sich um eine elektrische Flamme oder um eine uns noch nicht bekannte radioaktive Erscheinung.«

Hatten unsere Vorväter alchemistische Substanzen wie Phosphor oder Quecksilber zur Lichterzeugung genutzt? Dazu machten sich bereits 1968 die französischen Autoren Jacques Bergier und Louis

Pauwels Gedanken. In ihrem Buch *Der Planet der unmöglichen Möglichkeiten* weisen sie auf Tonkrüge hin, die bei Taschkent in Usbekistan entdeckt worden sind. Die Gefäße waren bei ihrer Auffindung mit einer Art Kunstmasse verschlossen und enthielten außer einem großen Tropfen Quecksilber nichts. »Wenn sie aus Glas wären«, sinniert das Autorenduo weiter, »könnte man annehmen, dass es sich um Vorrichtungen zur Erzeugung von Elektrizität oder um Lichtquellen handelte«. Das erinnert an die Studien des italienischen Chemikers Giorgio Piccardi (1895–1972), »der nachgewiesen hat, dass man niederfrequente elektromagnetische Wellen erhält, wenn man Quecksilber in einem Glasgefäß schwenkt. Sie reichen aus, um Neonleuchtröhren zum Glimmen zu bringen«.

Das Hawara-Labyrinth

Seit meinem ersten Ausflug nach Dendera sind mehr als 4 Jahrzehnte ins Land gezogen. Seither habe ich das Hathor-Heiligtum mehrmals aufgesucht und jedes Mal Neues entdecken und erleben dürfen. Meist erfolgte die Anreise vom Süden her über die größte oberägyptische Metropole Luxor. Anders im Januar 2020, kurz vor dem Ausbruch der Coronapandemie mit ihren folgenschweren Lockdown-Einschränkungen – ein Verdruss für jeden Freigeist und Globetrotter. Die abenteuerliche Tour mit Gefährtin Elvira bleibt dennoch unvergessen.

Bevor wir Dendera aufsuchten, waren wir abseits touristischer Pfade kreuz und quer in Ägypten unterwegs. Was wir in 2 Wochen erlebt haben, ist schier unglaublich und würde ein eigenes Buch verdienen. Wir besichtigten Dutzende für Mystery-Freunde bedeutsame Stätten, krochen durch dunkle Tempelkrypten und enge Korridore, darunter den begehbaren Vorderbereich der Hawara-Pyramide von König Amenemhet III. aus der 12. Dynastie (um 4000 v. Chr.). Sie liegt im oasenartigen Fayum-Becken und war ursprünglich 58 Meter hoch. Heute ist davon nur mehr eine

Ruine von 20 Metern Höhe vorhanden. Das Interessante: Nach antiken griechischen Gelehrten besaß das Monument ein gigantisches ober- und unterirdisches Labyrinth, das sich im nahen Umfeld über mehrere Stockwerke mit bis zu 3000 Räumen ausdehnte. Nach Herodot übertraf das Architekturwunder sogar noch die Pyramiden und war »ein Werk, das über allen menschlichen Werken stand«. Da die Pyramide unterirdisch verschüttet beziehungsweise von Wasser durchflutet ist, sind archäologische Ausgrabungen – zumindest offiziell – vorerst nicht möglich. Elvira und ich haben den Einstieg gewagt, doch bereits nach wenigen Metern kam uns schmutziges Grundwasser entgegen, das jede weitere Nachforschung verhinderte. Die Schutthügel in sumpfiger Umgebung lassen erahnen, dass unter dem Wüstenboden noch ungeahnte archäologische Schätze auf ihre Entdeckung warten.

Nicht weniger spannend bei Minya in Mittelägypten: die Erscheinungs- und Ruinenstätte von Eschmunen, in der Antike Hermopulis Magna genannt. Hier soll der Überlieferung nach der Wissenschaftsgott Thot, dargestellt als ibisköpfiger Mann oder »großer weißer Pavian«, einst als universeller Lehrmeister vom Himmel zur Erde herabgestiegen sein. Auch seine Nekropole, die Katakomben von Tun el-Gebel mit Abermillionen Tiermumien,

Ruinen der Hawara-Pyramide, 9 Kilometer südöstlich der Stadt Medinet el-Faijum

erinnert an diese sagenhafte Epoche. Noch längst nicht alle unterirdischen Gangsysteme zu Ehren des Thot sind erforscht und öffentlich zugänglich gemacht.

Die »Hubschrauber«-Hieroglyphe von Abydos

Von Minya führte unsere Tour per Bahnexpress weiter ins südlich gelegene Abydos, wo wir eine charmante Unterkunft im Gästehaus des Reiki-Meisters Ameer Kareem fanden. Die Stadt war seit Beginn der Geschichte Hauptkultort des Totengottes Osiris. Rätselhaft ist sein megalithisches Scheingrab Osireion, das erheblich von allen bekannten Tempelbauten Ägyptens abweicht. Die Anlage ist heute nur noch in wenigen Teilen erhalten und erlaubt von oben herab einen Blick hinunter ins Innere. Der Tempel wurde von Anfang an unterirdisch angelegt und war oberirdisch getarnt nicht sichtbar. Damit unterscheidet sich das Osireion von anderen Tempelbauten Ägyptens, die meist schon von weitem als solche erkennbar waren. Was außerdem einzigartig ist: die belebenden Symbole der »Blume des Lebens«, die auf Pfeilern verewigt worden sind. Ungewöhnlich wirkt ebenfalls die monumentale Bauweise der Untergrundanlage. Sie erinnert an die Architektur des Taltempels in Giseh.

Nordöstlich dieses Osiris-Heiligtums schließt der Tempel von König Sethos I. aus dem 13. Jahrhundert v. Chr. an. In der Tempelanlage aus dem Neuen Reich sind Raritäten zu bestaunen wie die berühmte Königsliste von Abydos oder mannshohe farbige Reliefs, die das Aufrichten des isolatorähnlichen Djed-Pfeilers zeigen. Seitdem Peter Krassa und ich erstmals in *Das Licht der Pharaonen* über ein »Hubschrauber«-Relief im Sethos-Tempel berichtet hatten, stehen die Abydos-Hieroglyphen mit auf dem Besucherprogramm. 1990 hatten Touristen auf einem Türfries im ersten Säulensaal ein Kuriosum fotografiert und uns ein Foto für die Veröffentlichung zur Verfügung gestellt. Es zeigt eine Gruppe sonderbarer Zeichen,

Kuriose Hieroglyphen im Sethos-Tempel von Abydos

die verblüffend einem modernen Helikopter, einem Kampfpanzer und einem U-Boot gleichen. Dazu noch ein Symbol, das mit etwas Fantasie an ein auf den Kopf gestelltes Maschinengewehr erinnert.

Bei Ägyptologen hat diese prä-astronautische Interpretation großes Gelächter hervorgerufen. Anders als bei den »Glühlampen«-Reliefs ist der »Sieht-aus-wie«-Effekt hier epigrafisch überzeugender lösbar. Die Ägypter haben oftmals ihre eigenen Inschriften überarbeitet, verbessert oder aktualisiert, indem sie ein versenktes Relief mit einer Stuckschicht überzogen und die neue Version in die wiedergeglättete Fläche eingemeißelt haben. Im Laufe der Zeit fiel der Stuck ab, und was man heute sieht, sind die *beiden* übereinander geschriebenen Versionen.

Das klingt logisch und vernünftig. Dennoch ist es ein unglaublicher Zufall, dass sich mit dem Zahn der Zeit gleich eine ganze Hieroglyphengalerie in Gestalt militärischer Waffensysteme der Gegenwart herausgebildet hat. Ein Fall von Pareidolie, wo uns das Gehirn einen Streich spielt, indem es uns unklare Strukturen und Linien als vertraute Muster vorgaukelt? Etwa wie beim tiefenpsychologischen Rorschachtest?

Natürlich kann es ebenso nur eine Zufälligkeit sein, dass in der ägyptischen Mythologie just Abydos, Edfu und Dendera gleichsam als »Kriegsschauplätze der Götter« angeführt werden. Mit welchen

Waffen wurde damals gekämpft? Einen Tipp gibt der Ägyptologe Heinrich Brugsch im Zusammenhang mit der »Sage von der geflügelten Sonnenscheibe«: »Es fuhr Harmachis in seinem Schiffe und er landete bei der Stadt ›Horus-Thron‹. Es sprach Thot: ›Der *Strahlensender, der erzeugt ist vom Ré*, er hat die Feinde geschlagen in seiner Gestalt. Er sei von diesem Tage an genannt: Der Strahlensender, der erzeugt ist vom Lichtberge.‹«

Brugsch übersetzte und veröffentlichte die Überlieferung Ende des 19. Jahrhunderts. Ein »göttlicher Strahlensender«, der Gegner unschädlich macht? Mit dem Wissen von heute erinnert die Schilderung an modernste Laserwaffen und Plasmakanonen, die mit gebündelter Energie militärische Ziele außer Funktion setzen oder vernichten können. Hochenergielaserwaffen sind längst keine Utopie mehr. Im Oktober 2022 berichtete *Zeit Online*, dass die deutsche Bundeswehr »erstmals Drohnen mit Laserwaffen abgeschossen« hat.

Im verbotenen Untergrund

Ganz ohne *Star-Wars*-Technologie setzten wir unsere Reise per Taxi fort. Die Hathor-Kultstätte ist 107 Kilometer von Abydos entfernt, erreichbar nach etwa 1,5 Stunden gemütlicher Autofahrt. Ameer Kareem hatte zwei junge Männer engagiert mit dem Auftrag, uns sicher nach Dendera zu bringen, dort samt Gepäck auf uns zu warten, bis wir unsere Exkursion abgeschlossen hatten, um uns gegen Abend sicher ins Quartier nach Luxor zu bringen. Von Luxor aus bieten die meisten Reisebüros und Hotels Ausflüge nach Dendera und Abydos in Kombination an. Der Aufenthalt in beiden Stätten beträgt dann selten länger als jeweils 2 Stunden. Das reicht aus, um die wichtigsten Highlights zu besuchen, aber viel Interessantes und Verborgenes bleibt zeitbedingt ungesehen. Von Nordwesten anreisend hatten wir es nicht eilig und konnten einen ganzen Nachmittag für unsere Recherche nutzen.

Der große Parkplatz vor der Touristenattraktion war gähnend leer. Keine Busse, keine Menschenmassen. Wir waren begeistert. Das Heiligtum der Göttinnen Hathor, Isis und Kleopatra gehörte uns allein. Allerdings fanden gerade Renovierungsarbeiten statt. Die Gerüste behinderten die Orientierung. Peinlicherweise war der Einstieg in die Krypta mit den berühmten »Glühlampen« auf Anhieb nicht zu finden. Wir suchten Hilfe bei einem Tempelwächter, der uns mit einem schwer bewaffneten Polizisten zur versperrten Untergrundpforte eskortierte.

Dort fragte mich der Beamte: »Wollen Sie auch in eine andere Krypta?« Ob ich was will? »In eine gesperrte zweite Krypta, aber es muss schnell gehen!« Ich dachte, ich höre nicht recht. Seit Jahrzehnten versuchen Forscher aus aller Welt genauso wie ich vergeblich, die verborgenen anderen Krypten des Hathor-Tempels zu besichtigen. Und nun fragt mich nach 40 Jahren erfolglosen Bemühens ein Polizist, ob ich dort hinunter will.

Eine Inspektion der anderen Krypten war bislang selbst mit großzügigen Bakschischangeboten nicht möglich. Die offizielle Begründung: »Unbegehbar aufgrund von eingesickertem Grundwasser, Fledermausdreck und Sicherheitsbedenken«. Der deutsche Weltreisende Peter Ehlebrecht kam 1980 in seinem Sachbuch-Krimi *Haltet die Pyramiden fest!* zu einem anderen brisanten Schluss: Die restlichen Katakomben dürfen deshalb nicht betreten werden, weil zwischen 1972 und 1973 »eine GmbH in Sachen Raub« im Untergrund aktiv war! Aus einer

Rückkehr aus dem verbotenen Untergrund

zweiten ägyptologischen Quelle geht hervor, dass es den Diebstahl tatsächlich gegeben hat, aber er soll bereits in den 1960er-Jahren stattgefunden haben. Es heißt, dass dabei Relieftafeln heimlich aus den Wänden herausgebrochen wurden, um sie unter der Hand im Ausland zu verhökern. Unter Mitwissen der Wächter und behördlichen Stellen? Ob der ungeheuerliche Vorwurf stimmt, lässt sich eben nur durch Begehen aller unterirdischen Anlagen überprüfen. Doch der Zutritt wird neugierigen Spurensuchern seit einem halben Jahrhundert verwehrt.

Für einen kleinen Obolus wurde mir in einem Nebenraum die vergitterte Luke der Westkrypta geöffnet. Der Einstieg befindet sich nicht am Boden, sondern unscheinbar an einer Tempelwand. Da der Zutritt Besuchern normalerweise verborgen bleibt, es also keine touristische Nutzung gibt, sind diese Gänge nicht künstlich beleuchtet. Ich kroch auf allen Vieren hinein. Es war stockdunkel. Manchmal bräuchte man mindestens drei Hände, und das war so ein Moment. Im schwachen Schein der Taschenlampe und zusätzlich beleuchtet durch das Licht meines Handys versuchte ich mehr schlecht als recht gleichzeitig zu gucken, zu leuchten, zu fotografieren und zu filmen. Weitere Darstellungen der bekannten »Glühlampen« fanden sich nirgendwo, aber die Wände der Räumlichkeiten sind genauso dicht mit Hieroglyphen und Bildmotiven dekoriert wie in der Südkrypta. Keine einzige Fläche, die ausgespart blieb. Dazu hätte man gerne mehr Live-Einblicke gehabt. Für ein längeres Verweilen blieb leider keine Zeit, bereits nach wenigen Minuten folgte die unmissverständliche Ermahnung von draußen, wieder ans Tageslicht zurückzukehren. Hinter mir wurde die Luke wieder versperrt. (Siehe Abb. 40 im Farbbildteil.)

Dann der Lapsus. Ich hatte in der Eile meine Umhängetasche in der Krypta liegen lassen. Ein alter Trick könnte jetzt mancher denken, um noch einmal hineinkriechen zu dürfen. Der Polizist kam merklich ins Schwitzen. Dann das Unfassbare: Der etwas korpulente Herr in Uniform legte sein geladenes Maschinengewehr zu meinen Füßen ab, kroch selbst in die geheime Dendera-Krypta, blieb in der Öffnung beinahe stecken und holte schweißgebadet meine Tasche aus der Finsternis. Elvira hat diese grotesk anmutende Szene auf Bildern festgehalten. Veröffentlichen will ich sie nicht. Der arme Polizist wäre nach dieser Aktion seinen Job für immer los. Unglaublich, aber genauso hat es sich zugetragen.

Unterirdische Zugabe

Als die Dämmerung hereinbrach, verließen wir die Hathor-Zone. Am Parkplatz angekommen der Schock: Nirgendwo eine Spur von unserem Taxi. Elvira und ich schauten uns entgeistert an. Wer kann so blöd und naiv sein, dachten wir, das gesamte Reisegepäck inklusive Pässen und Flugtickets wildfremden Leuten zu überlassen? Inzwischen war ein halber Tag vergangen, die verdächtigten Langfinger müssten längst samt heißer Ware über alle Pyramidenberge verschwunden sein. Bestürzt schleppten wir uns 100 Meter weiter zur Hauptstraße. Und als ich mich schon jammernd grün und blau ärgern wollte, hatte Allah ein Erbarmen mit uns Ungläubigen! Wir erblickten erleichtert den Wagen mit unseren Chauffeuren! Die jungen Männer hatten zwischenzeitlich Freunde getroffen, in einem nahe gelegenen Restaurant gegessen und anschließend ein Nickerchen gehalten. Verständlich, dass sie nicht stundenlang im Auto verharren wollten. Beschämend für uns. Wie hatten wir an der Ehrlichkeit unserer Fahrer zweifeln können? Vielleicht, weil die Geschichte in Wien garantiert ganz anders ausgegangen wäre? Ein arabisches Sprichwort gemahnt: »Jammere nicht über ein Unglück, das noch gar nicht eingetroffen ist!«

Eine amtliche Ergänzung habe ich noch: 2021 gab das ägyptische Ministerium für Tourismus und Antiquitäten bekannt, dass neben der Krypta mit den berühmten »Lampen«-Reliefs nun zwei weitere der insgesamt zwölf Untergeschosse für Besucher geöffnet werden sollen. Spannend, aber warum nicht gleich alle? Als ich in der Schlussphase zum vorliegenden Buch die Angelegenheit noch einmal überprüfte, war ich enttäuscht: Nirgendwo fand sich eine Bestätigung dafür, dass tatsächlich weitere Dendera-Katakomben für den Tourismus zugänglich gemacht worden wären. Ich bat Prof. Ahmed M. Osman, seine guten Kontakte ins Ministerium zu nutzen, und er teilte mir im April 2023 mit: »Eine zweite Krypta besitzt ebenso interessante Wandreliefs. Sie war kurz geöffnet, ist aber seit einigen Monaten wieder geschlossen.« Bei den Göttinnen von Dendera! Der Ägyptologe verwendet gerne die Floskel: »He, Leute, was ist los?« Ja, liebe ägyptische Behörden, das frage ich mich auch.

Hinauf zu Hathors Oberwelt

Zu den Highlights des Dendera-Tempels gehört es, dass Besucher nicht nur in die Unterwelt der Hathor hinabsteigen können, sondern ebenso hinauf in luftige Höhe. Wenn wir im Tempelinneren von der großen Vorhalle weiter in die kleine Säulenhalle schreiten, erreichen wir als nächsten Abschnitt den schmalen »Opferraum«. Von hier führen links und rechts Stufen empor zum Tempeldach. Die Wände sind üppig dekoriert und zeigen einen Prozessionsaufmarsch von Göttern und Priestern, die Kultgegenstände mit sich tragen. Der Ägyptologe Dieter Arnold nennt in diesem Zusammenhang »geheimnisvolle Gerätschaften«. Welchen rituellen Zweck sie genau hatten, bleibt unklar. War Kleopatras Wunderlampe dabei? (Siehe Abb. 41 im Farbbildteil.)

Unbestimmt ist ebenso die Natur eines Hathor-Kultbildes, das in einem tragbaren Schrein nach oben transportiert wurde. Dort soll das Relikt über Nacht in die Dachkapelle mit zwölf Hathor-Säulen (in der Südwestecke) gestellt worden sein, wo es mit frischer Energie »neu belebt« wurde. Wir gehen davon aus, dass die »Aufladung« nur im übertragenen Sinne verstanden werden darf. Dennoch bemerkenswert, dass Hathor, obwohl weder Sonne noch Sonnengott, als die »Glänzende«, »Strahlende«, »Leuchtende« bezeichnet und als »das Gold unter den Göttern und das Elektron unter den Göttinnen« gepriesen wurde.

Wie sah dieses »Kultbild« aus, das in einem verschlossenen Behälter nach oben befördert wurde? War es ein symbolischer Kopf oder eine Statue der Hathor? Oder etwas ganz anderes, das lediglich mit der himmlischen Erscheinungsform der Hathor assoziiert wurde? Es muss etwas ganz Besonderes gewesen sein, nicht einfach »irgendeine« Hathor-Statue. Vielleicht eine »überirdische« oder »wundertätige« Reliquie? Was noch auffällt: Mauern schirmen die Kapelle an drei Seiten vor Blicken ab. Die Steinblöcke dieser Wände sind nach einem ungewöhnlichen Verfahren mit schrägen Fugen zusammengesetzt worden.

Neben dem Neujahrsfest erwähnen Inschriften unter anderem das königliche »Sedfest« zum 30-jährigen Thronjubiläum, die »Osiris-Mysterien«, »Das Kind in seinem Nest-Fest« oder die »Himmlische Vereinigung« mit Horus von Edfu. Im heute muslimisch geprägten Ägypten undenkbar, aber im antiken Dendera beliebt: »Der Festtag der Betrunkenheit«. 162 göttliche »Kultbilder« soll es in Dendera gegeben haben, darunter nicht nur jene der Hathor. Anlässe für unzählige Festivals. Doch welche »Kultobjekte« waren genau gemeint, und was war ihre rituelle Funktion?

Osiris und der Zodiak

Im Nordwesten und Nordosten auf der Hathor-Terrasse befinden sich zwei Osiris-Kultstätten mit jeweils drei Räumen und einem kleinen Hof. Es sollen, ähnlich wie in Abydos das Osireion, »Gräber des Osiris« gewesen sein. Dendera wird als einer der Orte genannt, wo der ägyptischen Mythologie zufolge Teile des von Seth zerstückelten und von Isis wiedergefundenen Osiris-Körpers begraben waren. Die Wände der Kammern sind mit Reliefs geschmückt, die das Mysterium um Osiris beschreiben. Ein Abbild zeigt Isis als »Falkenweibchen«, wie sie über dem erigierten Phallus des mumifizierten Osiris schwebt und aus toter Materie Leben hervorbringt.

Ian Portman bemerkt dazu im Dendera-Reiseführer *Das Haus Hathors*: »Offensichtlich war diese regenerative Kraft von ungeheuerlicher Bedeutung für die alten Ägypter, und es erschien ihnen natürlich, diese zu ehren. Spätere Religionen sahen darin lediglich den sexuellen Akt und nicht, wie zuvor, die Lebenskraft an sich. Sie zwängten diese gewaltige Kraft in die Zwangsjacke ihrer Moralvorstellungen und zerschmetterten so das Band zwischen der natürlichen und religiösen Welt.«

Das führt zum mittleren Raum der östlichen Zwillingskapelle von Osiris. Er wird passend »Himmelssaal« genannt, denn an der Decke ist die Himmelsgöttin Nut in riesenhafter Gestalt einer nackten Frau dargestellt. Allerdings ist das Kunstwerk fast zur Gänze von Vandalen und Sittenwächtern zerstört worden. Gleich im Anschluss daran ist der berühmte Tierkreis von Dendera zu sehen. Vielmehr seine bereits etwas ramponierte Gipskopie. Das Original aus der spätptolemäischen Zeit mit einem Durchmesser von 2,54 Metern und einem Gewicht von 69 Tonnen wurde im Zuge von Napoleons Ägyptenfeldzug 1820 herausgesprengt. Über Kunstdiebe gelangte das Unikat nach Paris, wo es seit 1822 im Louvre ausgestellt ist. (Siehe Abb. 42 im Farbbildteil.)

Der kreisförmige Zodiak ist im alten Ägypten einzigartig. Er stellt im inneren Kreis 36 Figuren dar, die die Dekane im ägyptischen Jahreszyklus repräsentieren. Es sind Planeten, Sterne oder Sterngruppen, die nach ihren heliakischen Aufgängen angeordnet sind. Das ist jener Zeitpunkt, wo sie nach einer Phase der Dunkelheit wieder am Morgen des östlichen Horizonts erscheinen. Alle 10 Tage wiederholt sich dieser Aufgang, daher der Name Dekan, wobei Sirius der bekannteste von ihnen ist. Der Himmelskalender wird von vier Frauen sowie vier Paaren von knieenden falkenköpfigen Männern gestützt. Zusammen stehen sie für die 12 Monate im Jahr.

Das Prunkstück soll am 28. Dezember 47 v. Chr. in der »Himmelskapelle« eingeweiht worden sein. Das Datum fiel mit einer astronomischen Besonderheit zusammen: An diesem Tag konnte in Dendera ein »zenitaler Vollmond« beobachtet werden, der an diesem Ort nur alle 1480 Jahre sichtbar wiederkehrt. Astronomische Studien deuten darauf hin, dass bei der dargestellten Projektion des Sternenhimmels auch das Phänomen der Präzession mitberücksichtigt wurde. Damit verbunden wandert der Frühlingspunkt einmal durch alle Tierkreiszeichen. Das geschieht im Zuge der Veränderungen der Erdachse etwa alle 25 700 Jahre.

Merkwürdig ist, dass der Tierkreis offenbar Sternbilder in ganz anderen Stellungen als zur griechisch-römischen Zeit abbildet. Als Kleopatra regierte, begann das Zeitalter der Fische. Das findet der britische Autor und Forscher Graham Hancock höchst seltsam, weil »die Anordnung dieser Gestalten keinen ›Fische‹-Himmel wiedergibt. Ebenso wenig stellt sie, was verständlich sein könnte, den Himmel des vorhergehenden Zeitalters dar, als während des Frühlingsäquinoktiums das Sternbild Widder die Sonne aufnahm. Stattdessen stellt die Anordnung der Figuren einen Himmel in der ›Konfiguration des Wassermanns‹ dar«.

Hancock kommt deshalb zu anderen Schlüssen als die ägyptologische Lehrmeinung: »Computersimulationen deuten darauf hin, dass diese Konfiguration den charakteristischen Himmel im Zeitraum von ungefähr 4380 v. Chr. bis 2200 v. Chr. abbildet, ein Zeitalter, als das Sternbild Stier im Frühlingsäquinoktium stand und das Sternbild Löwe die Sommersonnenwende markierte.«

Das liegt »Lichtjahre« vor der Regentschaft von Kleopatra. Haben die Ptolemäer das astronomische Wissen ihrer ägyptischen Ahnen übernommen? Oder wurde aus altbabylonischen Quellen geschöpft?

Teil 5

Experimentelle Erleuchtungen

»Menschen mit einer neuen Idee
gelten so lange als Spinner,
bis sich die Sache durchgesetzt hat.«

Mark Twain (1835–1910),
amerik. Schriftsteller

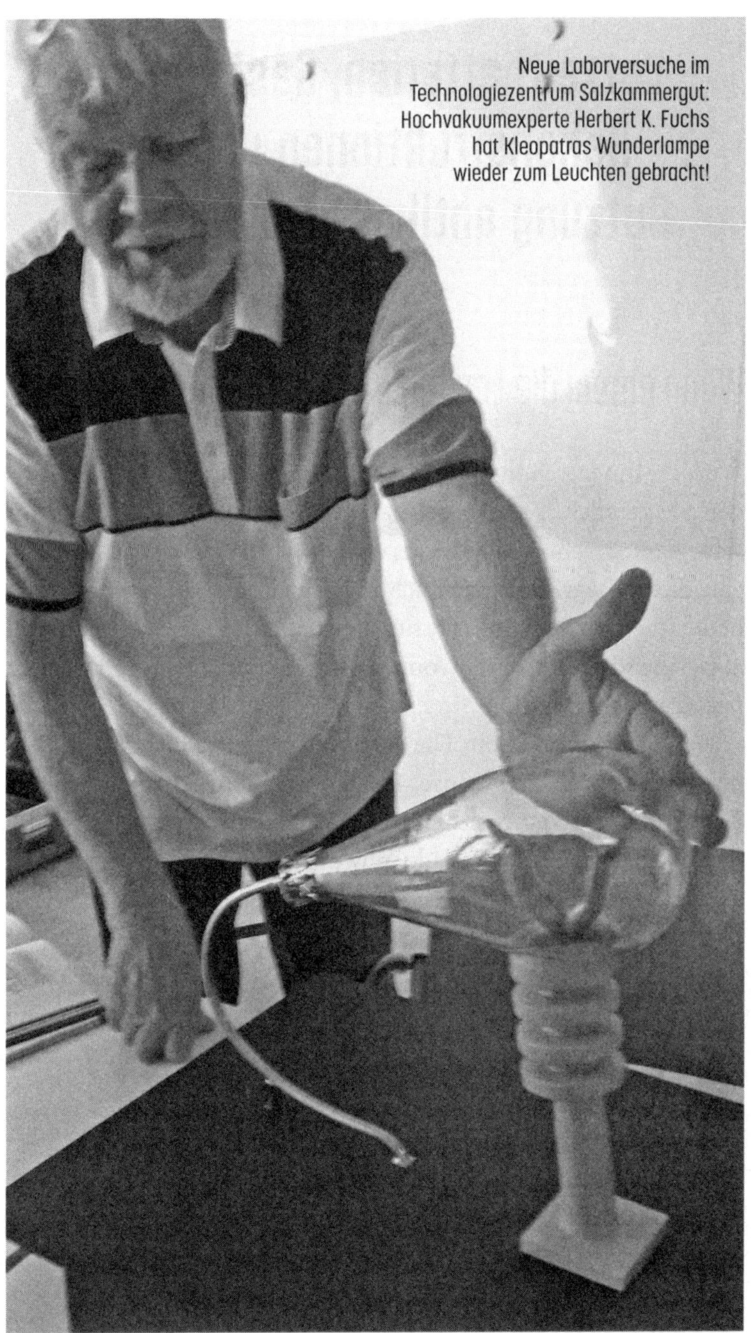

Neue Laborversuche im Technologiezentrum Salzkammergut: Hochvakuumexperte Herbert K. Fuchs hat Kleopatras Wunderlampe wieder zum Leuchten gebracht!

Vorzeitbatterien, Gaslampen-Rekonstruktionen und die Nutzung antiker Stromquellen

Wenn einem die Leviten gelesen werden

Wurden Ihnen schon einmal »die Leviten gelesen«? Sprich, wurden Sie getadelt, gemaßregelt oder ausgepfiffen? Dann könnte es sein, dass sie ein »Querdenker« sind. Noch vor wenigen Jahren galt dieser Begriff als Auszeichnung für selbstständiges Denken, heute ist er ein Schimpfwort für aufmüpfige Zeitgenossen, die sich abweichende Sichtweisen vom Mainstream erlauben. Mir Schelm passiert das ständig.

Was nicht alle wissen: Die Redewendung hat ihre Wurzeln in der Bibel. Im 5. Buch Mose, Deuteronomium genannt, steht im Kapitel 10, Vers 8 geschrieben: »Damals sonderte Jahwe den Stamm Levi dazu aus, die Bundeslade Jahwes zu tragen und vor Jahwe zu stehen, um ihm zu dienen und in seinem Namen zu segnen, wie es bis heute geschieht.« Das Geschlecht Levi war also für den Tempeldienst zuständig und dafür, dass die religiösen Gebote eingehalten werden. Ihre Nachfolger, die Leviten, gibt es noch heute. Sie sind eine eigene Gruppe im religiösen Judentum. Das 3. Buch Mose heißt im Lateinischen Levitikus und erinnert an diesen hebräischen Volksstamm. Bereits im Mönchstum des frühen Mittelalters war es üblich, die alttestamentarischen Texte mit Verhaltensregeln der Geistlichen zu verbinden. Im Anschluss nach den Levitikus-Lesungen folgte meist eine mahnende Strafpredigt an Ungehorsame.

Wer mit fantastischen Thesen jenseits geltender Lehrmeinung aufwartet, muss sich auf Skepsis und Kritik gefasst machen. Dagegen ist grundsätzlich überhaupt nichts einzuwenden. Im Gegenteil: Die Vorbehalte könnten ja berechtigt sein, und man lernt aus Fehlern. Sofern konstruktiv und sachlich, sind kritische Einwände willkommen. Diese Tugend ist heutzutage jedoch nicht mehr weit verbreitet. Wer nicht »meiner Meinung« ist, gilt schnell als Persona non grata, die man ausgrenzt, beleidigt und lächerlich macht. Selten geht es dabei um die eigentliche Sache, um den Austausch unterschiedlicher Standpunkte in einer kontroversen Angelegenheit. Stattdessen wird emotional und pauschal ausgeteilt. Die Streitfrage gipfelt nicht selten in gegenseitigen persönlichen Angriffen. Doch weder Gegner noch Befürworter eines polarisierenden Themas sind vor Fehlschlüssen gefeit. Manchmal gibt es Animositäten nur deshalb, weil Hintergrundinformationen da wie dort fehlen. Für jeden Wahrheitssucher, egal ob Autodidakt oder Universitätsdozent, gilt das Gleiche: Niemand ist im Besitz endgültigen Wissens über alles, was unsere Welt zusammenhält.

Konstruktive Kritik ist immer ernst zu nehmen. Man kann sie annehmen oder darauf pochen, dass man in dieser Frage eben eine andere Meinung hat. Im Zweifelsfall beruft man sich auf das Grundgesetz der Europäischen Union, Artikel 11:

»Jede Person hat das Recht auf freie Meinungsäußerung. Dieses Recht schließt die Meinungsfreiheit und die Freiheit ein, Informationen und Ideen ohne behördliche Eingriffe und ohne Rücksicht auf Staatsgrenzen zu empfangen und weiterzugeben.«

So sollte es sein in einer freien Gesellschaft. Wie sieht die gelebte Praxis aus? Menschen klagen zunehmend darüber, dass sie sich dreimal überlegen müssen, was sie wie zum Besten geben. Bosheiten sollte man freilich immer unterlassen. Die Tücke, dass sich jemand von einer unbedachten Wortspende beleidigt fühlt, obwohl nur als Kompliment missglückt, lauert überall. Staatliche Vorschreibungen, welche Wortwahl im Sinne der »Political

Correctness« einzuhalten ist, gleichermaßen. Wer etwa das Wort »Mumie« verwendet, muss mit einer Rüge der »Sprachpolizei« rechnen. Damit sich die sterblichen Überreste des Toten nicht belästigt fühlen, hat nun der korrekte Begriff »mumifizierte Person« zu gelten. Fußgänger gibt es auch keine mehr, das sind jetzt »zu Fuß Gehende«. Mama und Papa sollen ab sofort nur mehr »Elternteil 1 und 2« genannt werden. Frauen werden auf »Gebärende und menstruierende Personen« reduziert. Und Schriftsteller? Sind sie vielleicht bald nur mehr »Buchstaben tippende Subjekte«? Wohin wird diese holprige und konstruierte Verunstaltung unserer Sprache samt Sternchen*innen noch führen? Ich behaupte, früher oder später direkt in die Meinungsdiktatur oder in die Irrenanstalt.

Was in unserer globalisierten Hektomatikwelt noch zu bemerken ist: Ständig passiert es, dass dem Gegenüber nicht mehr zugehört wird, womit es zu peinlichen Missverständnissen kommen kann. Mir ist es so ergangen, als ich einmal Buchkritiken überflog. Da gab es unfreundliche Leserkommentare zu »R. Habeck« wie »An Inkompetenz nicht zu überbieten!« oder »Der Märchenonkel hat sie echt nicht mehr alle!« und die dringliche Empfehlung »Habeck, bitte schreiben Sie nur mehr Kinderbücher!« Ich war aufgewühlt. War ich irgendwo ins Fettnäpfchen getreten? Dann guckte ich genauer hin und war erleichtert. Nicht Reinhard Schreiberling war Opfer des Pamphlets, sondern der deutsche Wirtschaftsminister, mein Namensvetter Robert.

Kritik zur »Glühlampen«-These

Seit über »Glühlampen« im alten Ägypten spekuliert wird, sehen sich vermeintliche Aufklärer berufen, alle Hinweise dahingehend als »pseudowissenschaftlichen Reinfall« zu demaskieren. Dabei stützen sich die Kritiker bevorzugt auf die Dendera-Übersetzungen der Ägyptologie und ihre etablierte Auslegung als »imaginärer Sonnenlauf« sowie der »Geburt des Sonnengottes in der

Gestalt des Harsomtus«. Dass dieser leuchtende Schlangengott genauso dargestellt ist, wie man das von einer elektrischen Entladung erwarten würde, wird abgetan. Daneben lautet die Kritik, der religiöse Gesamtkontext werde von den Befürwortern ignoriert und die »Beweise« stützten sich lediglich auf die »Ähnlichkeit mit einer Glühbirne«. Der Interpretationsspielraum ist von ägyptologischer Seite doch recht groß. Indizien für eine alternative Sichtweise habe ich mehrfach ins Spiel gebracht. Zum Beispiel kann die »Lotosblume« ägyptologisch als »Wiege des Licht- und Sonnengottes« erklärt werden, gleichzeitig spirituell als »Blume der Erleuchtung« oder eben technisch als »Fassung einer Glühlampe«. In meinem Weltbild schließt die eine »Wahrheit« die andere nicht aus.

Einer der eifrigsten Skeptiker, der ausschließlich der ägyptologischen Deutung folgte, verstarb 2018. Er hieß Frank Dörnenburg und war ein deutscher Softwareentwickler. Zu Lebzeiten warnte er vor unkonventionellen Thesen und kühnen Weltanschauungen, die für ihn nur auf »Vermutungen, Halbwissen, Pseudowissenschaft, Irrtümern, Gerüchten und Kurzschlüssen« beruhten. Besucher aus dem Kosmos hielt er für Unfug, genauso wie Hightech im Altertum und hier besonders die »absurde Hypothese« vom Wissen über elektrischen Strom der Pharaonen. Auf seiner Homepage legte Dörnenburg seit 1998 eine kritisch-tadelnde Gegendarstellung zu den Thesen der Paläo-SETI-Forschung dar, die er 2009 in Buchform unter dem Titel *Pyramidengeheimnisse?* veröffentlicht hat. Darin beteuert der Autor, dass die angeblichen Mysterien der alten Ägypter allesamt sehr einfach und nüchtern – ohne Beistand von E.T. und Hochtechnologie – zu enträtseln sind. Skeptiker, die eine orthodoxe Deutung für die einzig vernünftige akzeptieren, werden an diesem Werk ihre Freude haben.

Ein weiterer »Nörgler« trat ein Jahr später hervor: Im *Heyne Science Fiction-Jahrbuch 2010* war der mit Literaturpreisen geehrte österreichische Künstler Uwe Neuhold stolz bemüht, die Thesen der Prä-Astronautik als »Pseudoforschung« zu entlarven. Der

Schöngeist warnte davor, dass die »Science Fiction vom Wegbereiter zum Missbrauchten« wird. Für seinen Artikel wählte Neuhold dreißig Themen der »Verbotenen Archäologie« aus und versuchte sie zu »zerpflücken«. Für seinen Faktencheck beschränkte sich Neuhold jeweils auf eine bescheidene halbe bis zu zwei Seiten. Respekt! Zur »Glühlampe von Dendera« wurde wiederum die Argumentation der Ägyptologie übernommen. Bei seiner Kritik holte Neuhold verbal aus und machte damit genau das, was er alternativen Denkern an Einfältigkeit und Polemik vorwirft. Autoren und ergebnisoffenen Wissenschaftlern, die das umstrittene Thema zum Inhalt ihrer Studien machten, unterstellte der Science-Fiction-Experte pauschal »Profilierungssucht, Geldgier, Ignoranz oder Liebe zu Verschwörungstheorien« sowie die »unreflektierte Verbreitung von Nichtwissen am Rande des Betrugs« und »Sensationslust zu längst widerlegten Behauptungen«.

An grenzwissenschaftlichen Autoren, bevorzugt meiner Person, ließ der Fantasyexperte kein gutes Haar und warnte: »Es ist bedenklich, dass mehrere dieser Publizisten auch ein Standbein in der SF-Szene haben (etwa Reinhard Habeck, der für die *Perry-Rhodan*-Serie und als Cartoon-Zeichner arbeitet), denn bei der Science Fiction sollte es sich um weitergedachte Wissenschaft handeln – und nicht um Pseudoforschung, die sich oftmals sogar als Gegner des (vermeintlich ignoranten) Wissenschaftsbetriebs darstellt …«

Was »Pseudoforschung« ist und was »seriöse Wissenschaft«, weiß und entscheidet der selbsternannte Lehrmeister. Eines verblüfft mich immer wieder aufs Neue: Wieso besitzen manche Science-Fiction-Visionäre, die doch naturgemäß die Fähigkeit besitzen müssten, weit über den Tellerrand hinauszublicken und selbst Unmögliches für möglich zu halten, ein so offensichtlich beschränktes Vorstellungsvermögen?

Sachlicher, aber dennoch ablehnend gegenüber fantastischen »Däniken-Thesen«, fällt das Urteil des deutschen Sozialpädagogen André Kramer aus. 2022 untersuchte er die bisher vorgelegten Forschungsergebnisse der Prä-Astronautik in seinem Werk *Paläo-SETI – Methodenbausteine für die Suche nach den Spuren Außerirdischer in der Vergangenheit.* Der Autor, der einen Kontakt mit Vorzeit-E.T.'s zumindest hypothetisch für möglich hält, nimmt die konkreten Indizien kritisch unter die Lupe und zeigt »spezifisch methodische Schwächen« des jungen Forschungszweiges auf. Kramer bemängelt, dass sich viele Vertreter der Prä-Astronautik auf Informationen aus zweiter Hand berufen und nicht auf streng wissenschaftlich überprüfbare »Primärquellen«. Außerdem würde der Gesamtkontext eines vorgestellten »angeblichen Rätselfundes« oft nicht in der abgeleiteten Deutung mitberücksichtigt werden.

Die Kontroverse zur »Glühlampen«-Debatte, so Kramer, entferne sich deshalb »immer mehr von einem sachlichen Diskurs hin zu einer ideologischen Versteifung«. Berechtigter Argwohn? Ganz losgelöst von dieser »Versteifung« dürfte selbst der Autor nicht sein. Kramers ungläubiges Resümee: »So verblüffend dem Augenschein nach die Ähnlichkeit der Reliefs im Dendera-Tempel mit modernen Glühlampen auch ist, so sehr sprechen die Fakten jedoch dagegen.« Modelle wie die »Gasentladungslampe« von Ingenieur Garn seien »keine Rekonstruktion eines realen Gegenstandes und auch kein Beweis für eine technische Realität hinter der Deutung. Es ist schlicht eine Konstruktion, deren Design sich äußerlich an dem Vorbild orientiert, dem es entlehnt ist«.

Kritik an der Kritik: Wer zieht wo die Grenzen zwischen angeblich handfestem Gegenbeweis, anderer Sichtweise und freier Meinung? Zur Erinnerung: Die Ägyptologen selbst hegen keinen Zweifel daran, dass die dargestellten »Kultobjekte« tatsächlich existierten. Die Frage ist nur: Wie sah das hergestellte Gerät aus, das »Harsomtus als lebenden Ba in strahlender Schlangenform« verkörperte?

Ein ungelöster Fall für Professor Lesch

Zuletzt nahm sich der bekannte Fernsehphysiker Prof. Dr. Harald Lesch der archäologischen Anomalien an. Er ist ein brillanter Naturphilosoph, der es versteht, komplizierte kosmologische und physikalische Phänomene einem breiten Publikum näherzubringen. Taucht man in *Leschs Kosmos* ein und folgt aufmerksam seinen Worten, dann könnte man den Eindruck gewinnen, der kluge Professor habe auf jede Rätselfrage des Universums die passende und logische Antwort parat. Ab und zu staunt der Zuschauer über ausführliche Widerlegungen zu Behauptungen, die niemand aufgestellt hat. Lehrreich sind sie trotzdem. Vor allem dann, wenn der Wissenschaftsmoderator nachfragt, ob es denn jetzt auch jeder kapiert hat und dazu rät: »Denken Sie mal darüber nach!« Das ist dann der bittere Moment, wo mich die Schulzeit wieder einholt und mir Versäumnisse bewusst werden. Warum habe ich Dummerchen damals nicht mehr gelernt? Dann nämlich bestünde in meinem aufgeklärten Weltbild überhaupt keine Unsicherheit darüber, dass »alternative Geschichte« oder »Aliens und UFOs« Verrücktheiten sind, die man nicht ernst nehmen sollte.

Bei aller galaktischen Gelehrtheit: Ein gewisses Talent zur Selbstinszenierung kann Professor Lesch nicht abgesprochen werden. Neuerdings trat der Tausendsassa als Experte für Archäologie in Erscheinung. Dazu veröffentlichte er mit der Fernsehautorin Gisela Graichen das Opus *Liegt die Antwort in den Sternen?* Der Bestseller basiert auf Beiträgen der ZDF-Dokumentationsreihe *Terra X – Ungelöste Fälle der Archäologie.* Präsentiert wird ein Potpourri mysteriös anmutender Rätselfunde, auf die viele grenzwissenschaftliche Autoren und Forscher bereits seit Jahrzehnten aufmerksam gemacht hatten – in Wort und Schrift, aber auch bildlich in Form von Foto- und Filmaufnahmen.

Besonders in der Folge »Verlorenes Wissen« schöpfen die Gestalter reichlich aus dem früheren Recherchetopf »verschwörungsverdächtiger Querdenker« und »unverbesserlicher Däniken-Jünger«.

Eine Episode im Lesch-Graichen-Werk trägt den Titel meines Buches »Dinge, die es nicht geben dürfte« aus dem Jahre 2008. Auch die Themenauswahl der vorgestellten archäologischen Rätsel deckt sich auffällig mit meinem Buchinhalt und der von mir im Jahre 2001 mitinitiierten Wanderausstellung »Unsolved Mysteries – Die Welt des Unerklärlichen«.

Um es kurz zu machen: Mit anderen, nicht der gängigen Lehrmeinung entsprechenden Sichtweisen hat das deutsche Wissenschaftsduo große Mühe. Alternative Thesen werden als »unseriös« abgelehnt, finden meist eine banale »Erklärung«. Oder es wird darauf gepocht, dass die offizielle Begründung eben die einzig wahre und vernünftige ist. Alles andere sei »totaler Unsinn«. Das gilt insbesondere für die »Glühlampe von Dendera«.

Erneut wird auf die ägyptologische Lesart verwiesen, wonach der langgezogene »Kolben« eine »Anspielung auf den Mutterleib der Himmelsgöttin Nut« sei, »in dem sich, laut Mythos, die Sonne während der Nacht verbirgt und den sie im Morgengrauen als Schlange verlässt«. Quintessenz vom Fernsehprofessor: »Alles klar?

7000 Jahre älter als die Pyramiden: altsteinzeitlicher Monolithen-Tempel in Südostanatolien. Wer waren die fortschrittlichen Architekten?

Spekulieren wir hier nicht lange herum. Keine der frühen Kulturen auf der Erde hatte die Möglichkeit, elektrische Energie zu nutzen. Denn richtig nutzbar wurde die erst, als man sie wirklich richtig berechnen konnte. Und das geschah nun mal im 19. Jahrhundert.«

Wir dürfen für die Belehrung dankbar sein. Wie aber erklärt sich, dass es nach dieser Logik dann auch keine planmäßig durchdachten und astronomisch orientierten Monumentalbauten gegeben haben dürfte? Und doch existieren sie, wie die über 12 000 Jahre alten Anlagen von Göbekli Tepe und ähnliche prähistorische Stätten in Südostanatolien beweisen. Der gängigen Lehrmeinung zufolge dürfte es sie dann eigentlich auch nicht geben, denn: Die Wiege und der Aufstieg unserer Zivilisation, so heißt es, begann nun mal bestenfalls im 4. Jahrtausend v. Chr. und nicht in der Altsteinzeit, also 7000 Jahre *vor* den ersten Hochkulturen der Ägypter und Sumerer. Wirklich alles klar – oder doch nicht?

Übers Ziel hinausgeschossen

Ob elitärer Hochmut, Rechthaberei oder ausufernde Fantasterei: Niemand ist immun gegen Übereifer. Jeder kann einmal den Bogen überspannen. Sucht man nach der tollkühnsten These zur Dendera-Interpretation, dann ist das deutsche Autorenduo Hermann Ilg und Helmut P. Schaffer ein guter Anwärter. In ihrem 1990 veröffentlichten Buch *Die Bauten der Außerirdischen in Ägypten* deuten sie die »blasenförmigen Körper mit Schlange« als Abbilder einer »außerirdischen Raumflugtechnik zum Empfang und zur Speicherung kosmischer Energie«. Als Wegbegleiter prä-astronautischer Spurensucher stoße auch ich hier an die Grenzen des plausibel Nachvollziehbaren. Da mangelt es mir in letzter Konsequenz dann doch an Fantasie. Andere Kollegen wollen in den Objekten »antike Bohrmaschinen« oder »spezielle Transportgeräte« erblickt haben. Anhaltspunkte dafür kann ich beim besten Willen ebenfalls nirgendwo erkennen.

Als in den späten 1970er-Jahren der dänische Ingenieur Tons Brunés die »Pharaonische Elektrotechnik« zum Buchthema machte, folgten mehrere Autoren ihrem Landsmann. Einer davon war Frede Melhedegaard (1919–1986), der mit dem Segen der ägyptischen Botschaft ein kleines Gemeindehaus in Stadil in Tut-Ankh-Amon-Institut umbenannt hatte. Melhedegaard war überzeugt davon, dass die Hieroglyphen »falsch gedeutet« werden. Seine eigenwillige These: Die altägyptischen Texte enthalten durchweg »Anleitungen zum Bau elektrischer Geräte«, wobei er verschiedene Hieroglyphen als Zeichensprache für moderne »Radiosender, Fernsehgeräte, Stromstecker, Elektrobohrer und Mikrofone« interpretierte. Zu dieser »utopischen Lesart« publizierten noch andere dänische Autoren, darunter 1980 Bjarno Finderup in *Hieroglyfferne var hermeneutiske*« (dt.: »Hieroglyphen waren hermeneutisch«) und 1981 Werner B. Isen in *Solens kraefter – på sporet af fortidens el-teknik* (dt. »Die Kraft der Sonne – Auf den Spuren der Elektrotechnik der Vergangenheit«). Fairerweise muss man einräumen, dass diese Spekulationen alle *vor* der Veröffentlichung erster ägyptologischer Dendera-Übersetzungen erfolgten. Zu diesem Zeitpunkt kursierten lediglich Zeichnungen der »Glühlampen«-Reliefs in esoterischen Kreisen. Fotos waren bestenfalls Ägyptologen bekannt.

Plasma-Experimente im Labor

Der Wiener Elektrofachmann Walter Garn interpretierte die Harsomtus-Darstellungen in Dendera als Zeichnungen, die einer Gasentladungslampe entsprechen. Der Ingenieur war der erste, aber keineswegs der einzige Fachmann, der die Reliefdarstellungen experimentell überprüfte. Garns Kollegen kamen zu ähnlichen Ergebnissen. 2002 schlug der Experimentalarchäologe Dr. Algund Eenboom als alternative Erklärung eine »Gasbeleuchtungstechnologie« vor, »bei der Gas aus dem sockelartigen Gasometer durch ein Schlauch- oder Rohrsystem in den lotusförmigen Ventilstutzen strömt. Dort entweicht es als zischende Flamme – einer Schlange ähnlich – in einen sogenannten Glühstrumpf. Durch die Hitze dieser Flamme beginnt das fragile Gerüst aus Thoriumoxid zu glühen, wobei ein extrem helles Licht emittiert.« (Siehe Abb. 44 im Farbbildteil.)

Ein anderer Techniker, der die Dendera-Reliefs studierte und über »die Ähnlichkeit mit einer elektrischen Einrichtung« staunte, ist der Ingenieur Prof. Dr. Rainer Ose von der Fachhochschule Wolfenbüttel. Seine Analyse aus dem Jahre 2003 deckt sich mit den Ausführungen von Ingenieur Garn und der Rekonstruktion als Gasentladungslampe oder der Wiedergabe von elektrischen Lichtbogenüberschlägen. Die Verwendung als Beleuchtungskörper schließt der Elektroexperte aus, aber »es wäre denkbar, dass man solche schlangenförmigen Entladungen für religiöse Zeremonien genutzt hat«. Potenzial- und Quasi-Feldstärkenmessungen, die Prof. Ose als Lehrbeauftragter für Elektrotechnik durchführt, ergeben, dass die »Schlangenabbildungen« einen realen Sinn besitzen, denn »wenn ein positives beziehungsweise negatives Potenzial an eine Hilfselektrode angelegt wird, verändert sich der Verlauf der Feldlinien je nach Polarität, und die in der ›Glühlampe‹ abgebildete ›Schlange‹ bewegt ihren ›Kopf‹«. Diese unterschiedliche Darstellungsform des Schlangenhauptes findet sich auf den Reliefs wieder. Mir fiel noch etwas auf, das bislang weder in der ägyptologischen, noch in der technischen Auslegung Erwähnung findet: Die drei Reliefs in der Südkrypta besitzen alle veränderte Erscheinungsformen der Schlange! Im linken Doppelrelief zeigt Harsomtus drei Wellenlinien, im Abbild daneben vier. Und auf der Darstellung gegenüber, wo die Arme des Djed-Pfeilers in die »Birne« hineinreichen sind fünf Wellen zu sehen. Bei den Versuchen mit der Gasentladungslampe von Walter Garn trat genau dieses Phänomen auf: Die elektrische Entladung verwandelte ihre Form von wellenartig bis geradlinig.

Der Ingenieur Klaus Deistung aus Wismar bevorzugt ebenfalls die elektrotechnisch statische Interpretation nach Walter Garn. Er sieht sie durch Experimente bestätigt, die er 2007 unter Laborbedingung durchführte: »Die für mich wahrscheinlichste Konstruktion ist ein Glaskolben, dessen Inneres zuerst evakuiert und anschließend – je nach Absicht – mit einem entsprechenden Gas gefüllt wurde.«

Auf unveröffentlichte Studien machte mich der Germanist Peter Fiebag aufmerksam. Er wusste von Experimenten, die Dr. Pierre Flécher aus Straßburg in Frankreich durchführte. Der Elektrofachmann war lange Zeit Mitarbeiter im Kernforschungszentrum Karlsruhe tätig, danach Vice President des weltgrößten Vakuumkonzerns. Flechér hatte sich auf dem Fachgebiet Mikrowellenplasma spezialisiert und erfand den sogenannten »Plasmakopf«. 1983 machte sich der Energieexperte selbstständig und gründete die Firma FPT – Fléchers Physikalische Techniken. Seine technische Analyse der Wandreliefs in Dendera schließt aus, dass dort klassische »Glühbirnen mit Glühdrähten« wiedergegeben sind. Das deckt sich mit den Analysen der Texte und Abbildungen, die nahelegen, dass mit der »Schlange« kein fester Gegenstand gemeint war, sondern ein »lebendiges Wesen«, das aus einer Spitze der Lotosblüte hervorkommen konnte.

Analog zur Garn-Lampe kam Flécher zu dem Ergebnis, dass die Darstellungen einen Plasmaprozess illustrieren, ähnlich den Glimmleuchteffekten in einer Neonröhre. Fléchers Studien sollten belegen, dass diese Entladung mit verfügbaren technischen Mitteln zur Zeit der Pharaonen realisiert werden konnte.

Im Jahre 2016 wollte der Wissenschaftler seine Beweise zur altägyptischen »Plasmalampe« auf einem Fachkongress in Freiburg präsentieren. Kurz vor Reiseantritt der Schock: Eine schwere Erkrankung, von der sich Dr. Flécher nicht mehr erholte, verhinderte das Vorhaben. Der Plasmaexperte starb noch im selben Jahr, ohne dass die Öffentlichkeit von seinen brisanten »Glühlampen«-Studien erfahren hatte. Im Februar 2023 kontaktierte ich die Familie und fragte nach den unveröffentlichten Plasmaanalysen zu Dendera. Der Sohn des Forschers, André Flécher, hatte mir jedoch

Trauriges mitzuteilen: »Mein Vater hat leider nicht mehr die Zeit gehabt, die ganze Theorie beziehungsweise den Versuchsaufbau und die Durchführung aufzuschreiben.« Besonders tragisch: »Die Anlage zur ägyptischen Plasmalampe war im Sommer 2022 noch da, jetzt leider nicht mehr.« (Siehe Abb. 43 im Farbbildteil.)

Was wurde aus »Unsolved Mysteries«?

2001 realisierte der Tiroler Kulturmanager Klaus Dona das bis heute einzigartige Ausstellungsprojekt »Unsolved Mysteries – Die Welt des Unerklärlichen«. Die Weltpremiere startete am 22. Juni im Vienna Art Center Schottenstift und wurde ein großer Publikumserfolg. Präsentiert wurden Hunderte mysteriöser Exponate von versunkenen Kulturen aus aller Welt (die meisten davon im Original!), die geeignet sind, das traditionelle Geschichtsbild ins Wanken zu bringen. Die Schau wurde von mir mitinitiiert und in dreijähriger Recherchearbeit mit Ausstellungs- und Katalogtexten ergänzt. Unterstützung fanden wir beim Historiker Dr. Willibald Katzinger (1949–2019), damals Direktor des Nordico Stadtmuseums in Linz.

Im Rahmen dieses Projektes war die »Pharaonenlampe« von Walter Garn zuletzt in der Öffentlichkeit zu sehen. 2004 wanderte die Phänomen-Ausstellung weiter in den Schweizer Mystery-Park (heute JungfrauPark) in Interlaken. Wem die Reise zum Originalschauplatz in Ägypten zu weit ist: Im Orient-Pavillon können Parkbesucher bequem im Nachbau einer Dendera-Krypta stehen und die Reliefs begutachten. Ein übergroßes Schauobjekt in Form einer hypothetischen Glühlampenrekonstruktion ist ebenfalls ausgestellt. Ein Jahr danach war »Unsolved Mysteries« in Berlin Kreuzberg zu sehen. Leider mussten die Zelte vorzeitig abgebrochen werden; die organisatorische Misere vor Ort verhinderte einen erfolgreichen Betrieb. Im Jahr 2008 war die Ausstellung noch einmal im südkoreanischen Seoul zu bestaunen. Weitere Bemühungen scheiterten an geeigneten Lokalitäten und Investoren.

Und die »Gasentladungslampe«? Zu neuen Studien und Experimenten kam es seither nicht mehr. Eine gemeinsam geplante Ägyptenreise mit dem »Pharaonenlichterzeuger« vereitelte das Schicksal. Walter Garn erlag kurz vor seinem 70. Geburtstag am 20. Juni 2010 einem schweren Krebsleiden. Co-Autor Peter Krassa verstarb bereits 5 Jahre zuvor. Was als Vermächtnis geblieben ist: die erste geglückte technische Rekonstruktion zum »Licht der Pharaonen«.

Als ich »Mister Fox« kennenlernte

Über ein Jahrzehnt stand das »Glühlampen«-Modell unberührt im Lager meiner Wiener Denkwerkstatt. Ich sinnierte oft darüber nach, ob und wie diese Wunderlampe jemals wieder zum Leuchten gebracht werden könnte. Ohne das Know-how eines sachkundigen Elektrotechnikers schwer umsetzbar.

Dann half im Februar 2019 »Kommissar Zufall« weiter. Der oberösterreichische Mechatroniker Herbert K. Fuchs kontaktierte mich. Fuchs ist ein Technikspezialist, der sich durch mehr als dreißig Patente auf dem Gebiet der Hochtechnologie einen Namen gemacht hat. In Kanada, England und Österreich gründete er Forschungsfirmen. Heute ist er pensioniert, aber die experimentelle Überprüfung ungelöster Fragen lässt ihm nach wie vor keine Ruhe. Der Fachmann wollte von mir wissen, ob ich mehr über das Phänomen der »Steinerweichung« wüsste. Ein Mysterium, das vor allem mit der Festung Sacsayhuamán im heutigen Peru nahe Cusco verbunden wird. Archäologen haben sich oft gefragt, mit welchen Verfahren die Inkas oder ihre Vorfahren die harten und gewaltigen Steinblöcke in kompliziert verwinkelte Formen brachten, die perfekt aneinander passten, und wie sie die präzisen Konturen herausarbeiten konnten.

Der amerikanische Forscher Prof. Hiram Bingham (1875–1956) fand während seiner peruanischen Expedition, die 1911 zur Entdeckung der Inkastadt Machu Picchu führte, Hinweise auf »geschmolzene« Steine. Einheimische hatten ihm von einem Pflanzensaft erzählt, mit dessen Hilfe es möglich sei, Steine aufzulösen und hinterher problemlos zu bearbeiten. Berichte dazu liegen auch von Oberstleutnant Percy Fawcett (1867–1925) vor. Der Brite kehrte von der Suche nach einer versunkenen Stadt (von ihm »Z« getauft) im brasilianischen Matto Grosso nicht mehr zurück. Die Vorgänge um sein Verschwinden sind bis heute ungeklärt.

Das Rätsel des »Steineschmelzens« begegnet uns ebenso im Reich der Pharaonen. Das wurde von mir bereits in vorigen Kapiteln erörtert. Dem Geheimnis, wie Steine für das Bauwesen weich gemacht werden könnten, ist Herbert K. Fuchs schon länger auf der Spur. In einem okkulten Werk aus dem Jahre 1614 stieß er auf zwei alchemistische Rezepte, die vorgeben, die Lösung zu kennen. In seiner Heimatstadt Gmunden werkte Fuchs im »Foxlabor«, wo er mit unterschiedlichen chemischen Substanzen experimentierte. Die Knacknuss dabei: Viele mittelalterliche Begriffe sind in ihrer Bedeutung längst vergessen. Außerdem betrifft es zumeist Ingredienzen, die nicht einfach im Drogeriemarkt zu beschaffen sind. Da wird zum Beispiel ein »weisser Küsseling« erwähnt, aber niemand vermag zu sagen, welche Substanz damit gemeint sein könnte. Ein spezielles Mineral von »Kieselsteinen«? Oder hatte die Bezeichnung eine geheime und symbolische Bedeutung? Die weitere Recherche an einer Universität, welche die deutsche Etymologie erforscht, könnte weiterhelfen, aber es bleibt mühsam.

Da die bisherigen Versuche nicht zu den erhofften Ergebnissen führten, erinnerte sich Herbert K. Fuchs an die Vorträge des Abenteurers Klaus Dona. Dem kam im Zuge der »Unsolved Mysteries«-Schau zu Ohren, dass 1962 in der ecuadorianischen Provinz Loja angeblich Skelette von Riesen gefunden wurden. Es hatte geheißen, dass ein inzwischen verstorbener Pater Carlos Vaca im Besitz einiger dieser Gebeine sei. Dona gelang es, die Familie in einem kleinen Dorf ausfindig zu machen. Mehr noch: Ihm wurde nebst einigen Knochen auch ein kleines Fläschchen ausgehändigt. Es enthielt eine rötliche Flüssigkeit, die, so wird behauptet, zur »Steinerweichung« gedient haben soll.

2004 wurde von Klaus Dona eine chemische Analyse angekündigt. Nun wollte der scharfsinnige Praktikus Fuchs für seine Laborexperimente wissen, was bei der Untersuchung herausgekommen ist. Das interessierte mich Hobbyarchäologen ebenso brennend, denn ich wusste, das Gefäß mit der Flüssigkeit existiert. Als ich nach dem Verbleib des Fundes fragte, antwortete mir Klaus Dona im Februar 2019: »Die Flüssigkeit wurde im Fresenius Institut untersucht und das Ergebnis war eine Mischung aus verschiedenen Pflanzen, einige davon unbekannt. Flasche und Flüssigkeit sind wieder bei mir.«

Reinhard Habeck mit Herbert K. Fuchs, der die Garn-Lampe verbesserte und im Technologiezentrum Salzkammergut wieder zum Leuchten brachte

Diese Information könnte man doch veröffentlichen? Ist es eine Drogensubstanz oder ein exotisches Giftgemisch? Meine Nachfrage, ob ich eine Kopie des Untersuchungsprotokolls erhalten könnte, ging leider ins Leere. So kann ich es Herbert K. Fuchs nicht verübeln, wenn er die »großartig angekündigte Analyse als ein in Luft aufgelöstes Märchen« bezeichnet.

In der Frage, wie Hartgestein weich gemacht werden könnte, kamen wir also nicht weiter. Dafür offenbarte sich in Sachen »Pharaonenlampe« ein ungeahnter Lichtblick: Der Funke von »Harsomtus«

sprang auf Herbert K. Fuchs über! Der Techniker nahm sich des Garn-Modells an und versprach, defekte Stellen abzudichten, kleine Verbesserungen vorzunehmen, die Bedienung zu vereinfachen und es mit neuen Experimenten wieder zum Leuchten zu bringen. In diesem Augenblick verspürte ich die Energie des Lichts: Glück!

Knisternde Funken der Parther

Elektrizität in der Vorzeit? Die glühbirnenartigen Reliefs in Dendera stehen in dieser Streitfrage nicht isoliert dar. Etwa im Zeithorizont der ägyptischen Ptolemäer und Kleopatras Wunderlampe, also zwischen 250 v. Chr. und 225 n. Chr., bediente sich das Volk der Parther des elektrischen Stroms aus Batterien. Grund für diese Annahme geben Ausgrabungen im heutigen Irak, die in der Partherzeit hergestellte Batterieelemente zutage förderten. Eine Apparatur erlangte besondere Berühmtheit – die sogenannte »Bagdad-Batterie«: Sie besteht aus einem fast 14 Zentimeter hohen Tongefäß, das einen 9 Zentimeter langen Kupferzylinder mit einem oxidierten Eisenstab enthält. Den Boden des Zylinders bildet eine dicht schließende Kupferkappe, die nach innen mit Bitumen beziehungsweise Asphalt isoliert wurde. Der obere Teil war ursprünglich mit einem Stöpsel, wiederum aus Bitumen, verschlossen. Diese schwarze Masse war in der Antike als »Erdpech« geläufig. Der Bereich zwischen der vasenförmigen Umhüllung aus Ton und dem Kupferzylinder enthielt eine laugenartige oder saure Flüssigkeit. Infrage kommen dafür Wein-, Essig- oder Zitronensäure, die den Parthern zur Verfügung standen.

Entdeckt wurde das Gerät 1936, als der österreichische Archäologe Wilhelm König, damals Direktor der Irakischen Antikensammlung im Nationalmuseum in Bagdad, die antike Siedlung Khujut Rabuah von Erdschichten befreite. Ähnliche Apparaturen waren bereits Jahre zuvor in Seleukia und in Ktesiphon, der einstigen Hauptstadt der Parther, gefunden worden.

Das Besondere an den Relikten: Sie funktionieren nach dem Galvanischen Prinzip und machen dem italienischen Anatomen Luigi Galvani (1737–1798) seine Erfindung streitig, dem man der Lehrmeinung nach das Aufspüren von Elektrizität und deren praktische Anwendung zuschreibt. Bei Experimenten mit einer Reibungselektrisiermaschine machte der Mediziner eine unerwartete Beobachtung: Frisch präparierte Froschschenkel, die mit verschiedenen Metallen in Berührung standen, begannen wie von Krämpfen befallen zu Zucken. Zu Galvanis Erstaunen bestand keine Verbindung des Präparats mit der Maschine. 12 Jahre lang versuchte der Forscher diesem Spuk auf die Schliche zu kommen, was ihm vorerst nur den Spitznamen »Tanzmeister der Frösche« einbrachte.

Galvani fasste diese Erscheinungen als »tierische Elektrizität« auf. Alessandro Volta (1742–1827), Physikprofessor aus Pavia, widerlegte diese Erklärung und schuf die Grundlagen zum Wissen über die Wirkung elektrochemischer Stromquellen. Seit dem 19. Jahrhundert ist dieses Verfahren als Galvanotechnik bekannt. Die daraus resultierenden Erkenntnisse sind aus unserem Leben nicht mehr wegzudenken. Das System dient zur Veredelung metallischer Oberflächen und wird als Korrosionsschutz verwendet. Auch für die Herstellung von Batterien oder Aluminium setzte sich diese Methode der Elektrolyse durch. Doch der Ruhm hinsichtlich dieser Erfindung und seine weitreichenden Folgen gebührt in Wahrheit einem unbekannt gebliebenen »Kollegen« aus Mesopotamien, der fast 2 Jahrtausende früher auf die gleiche Idee gekommen war.

Die »Urbatterie« auf dem Prüfstand

Die »Zaubergeräte« aus der Vorzeit besitzen alle nötigen Schlüsselelemente zur Erzeugung elektrischer Spannung. Sind es wieder bloß Zufälligkeiten und magischer Firlefanz wie Skeptiker behaupten? Oder doch technologisches Wissen, das bereits in der Antike zur praktischen Anwendung kam? Experimente haben bewiesen, dass diese »Urbatterien« exakt nach dem galvanischen Prinzip funktionieren. Sie könnten tatsächlich bereits im Altertum zur Vergoldung von Gegenständen gedient haben, auch wenn das für Vertreter der klassischen Archäologie nur schwer zu verdauen ist. »Über die Verwendung des Geräts aus Khujut Rabuah lassen sich nur Vermutungen anstellen«, resümierte Wilhelm König 1938 zu seiner Entdeckung im *Nachrichtenblatt der Deutschen Wissenschaft und Technik*. Einen Verdacht hegte der Archäologe schon damals: »Seinen Bestandteilen und deren Anordnung nach liegt der Gedanke nahe, dass es sich um eine Art galvanisches Element handelt.«

1957 glückten dem amerikanischen Wissenschaftler Willard F. M. Gray vom General Electric High Voltage Laboratory in Pittsfield, Massachusetts, erste Tests. Als er eine originalgetreue Replik mit einem Elektrolyten wie Traubensaft füllte und an ein Galvanometer anschloss, erzeugte das Gerät bis zu einem Volt Spannung. 1960 wiederholte John B. Perczynski an der Universität von North Carolina den Versuch mit einer Essiglösung, worauf der Voltmeter eine erzeugte Spannung von 0,5 Volt anzeigte. Damit war neuerlich der Nachweis erbracht worden, dass die »Tonvasen« tatsächlich Strom liefern konnten.

Für großen Medienrummel sorgte 1978 das Experiment von Direktor Dr. Arne Eggebrecht (1935–2004), der das Roemer-Pelizaeus-Museum in Hildesheim leitete. Im Rahmen der Ausstellung »Sumer, Assur, Babylon« waren 209 Leihgaben aus dem Irakischen Nationalmuseum erstmals in Deutschland und Österreich zu sehen, darunter die prominente Batterie aus Khujut Rabuah. Mit Unterstützung des Restaurators Rolf Schulte fertigte der Ägyptologe Eggebrecht eine genaue Kopie mit gleichen Materialen des Originals an. Von Anfang an hatte man angenommen, dass solche Batterien vorzugsweise zum Vergolden verwendet wurden. Der Versuch bestätigte erneut diese Anwendungsmöglichkeit: Nach etwas mehr als 2 Stunden wurde im Beisein von Fachleuten und Medien eine kleine Silberfigur vergoldet. Das galvanische Parther-Experiment gelang ohne Schwierigkeit. In der Folge konnten sich

Besucher während der Ausstellung live per Knopfdruck davon überzeugen, dass das Gerät eine Spannung von 0,5 Volt bei einer Stromstärke von 15 Milliampere erzeugt.

Was noch für die Galvanisierungsthese spricht: Im ehemaligen Territorium der Parther wurden zahlreiche silberne Kunstobjekte ausgegraben, die mit einer hauchdünnen Goldschicht überzogen sind. Hier reicht die übliche Hammer- und Feuervergoldung als Erklärung kaum aus. Bei diesem Verfahren wird das Goldblech auf das zu vergoldende Objekt gelegt, immer wieder erhitzt und platt gehämmert, bis es sich an den Untergrund schmiegt. Anders bei der Galvanisierung. Hier wird das zu vergoldende Objekt in eine Lösung aus Goldsalz gelegt, das bei diesem Verfahren unbedingt gebraucht wird. Durch Elektrolyse legen sich die Salze dann an das Metall. Aber woher sollten die Parther über Goldsalze verfügt haben? War es eine zufällige Entdeckung, wie der Galvaniseur Kurt Pengel vermutet? Goldsalze könnten demnach dadurch entstanden sein, dass zu verarbeitende Goldbleche zwischen zwei Lederlappen gelegt und zu Blattgold geklopft wurden. Bei schlechter Gerbung oder Verrottung lässt das Leder, sofern man es längere Zeit liegen lässt, dann tatsächlich Goldsalze entstehen! Aus dieser überraschenden Erfahrung schlugen die Parther damals offenbar Kapital.

Falsch informiert

Was tun mit archäologischen Störfällen, die nicht ins vorgefertigte Schema passen? Meiner Erfahrung nach werden solche lästigen Dinge oft ignoriert oder ungewiss und allgemein als »Kultobjekt« deklariert. Es ist ein wissenschaftliches Dogma, wonach technisches Wissen der Vorzeit unter jenes zu stellen ist, das heute vorherrscht. Das gilt auch für die elektrischen Zellen der Parther. Technische Kenntnisse traut die moderne Gelehrtenwelt dem antiken Reitervolk offenbar nicht zu. Deshalb kommt für viele Archäologen nur eine »okkulte Verwendung« infrage. Und so lautet die Lösung für das Unverstandene: »Behältnisse für Beschwörungen, Segensformeln und Zaubersprüche zur Ausübung magischer Praktiken.«

Skeptiker beharren darauf, dass die Interpretation der Funde als Stromquelle »völlig falsch« sei, übersehen in ihrer Missachtung aber, dass eine Erklärung wie »Zaubergerät, zum Vertreiben böser Geister« ebenfalls auf einer Mutmaßung beruht. Dagegen hieß es im Ausstellungstext zu »Sumer, Assur, Babylon« vonseiten der Kuratoren: »Die Deutung des Gerätes, das in parthischen Schichten recht zahlreich gefunden wird, ist umstritten. Die einen sehen in ihm eine Vorstufe unserer elektrischen Batterie, die zur Vergoldung von Silbergefäßen gedient haben könnte, andere dagegen halten es für ein Kult- oder Zaubergerät, wobei die eine Verwendungsmöglichkeit die andere nicht ausschließt.«

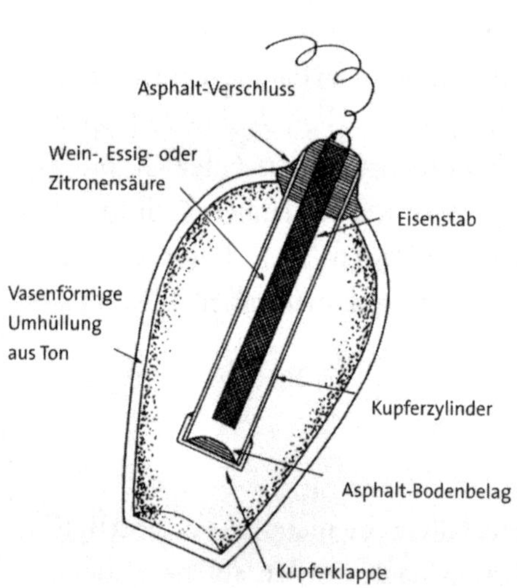

Galvanische Elemente der »Parther-Batterie«

Genauso ist es! Was dabei noch bemerkenswert ist: Der Fingerzeig auf »zahlreiche Funde« dieser Art. Manche Kritiker verweisen gern darauf, dass bestenfalls ein »Gerät« gefunden worden sei, das technische Anzeichen besitzt, eben die berühmte »Bagdad-Batterie«. In Wirklichkeit wurden viele ähnlich geartete Relikte entdeckt, wenngleich nicht immer mit vollständigem Zubehör erhalten. Bereits der Entdecker selbst, Wilhelm König, benennt in seinem 1940 veröffentlichten Buch *Im verlorenen Paradies Neun Jahre Irak* mehrere dieser »elektrischen Vasen«.

Wo befinden sich die »Urbatterien« heute? Fest steht, die Gegenstände waren bis zum Ausbruch des Zweiten Golfkrieges im

Nationalmuseum in Bagdad beherbergt. Doch während der US-geführten Invasion im Jahr 2003 fielen Teile des irakischen Kulturerbes Plünderern und Brandschatzern zum Opfer. Tausende Kunstschätze gelten nach wie vor als geraubt oder zerstört. Auch der Verbleib der »Elektroexponate« ist ungeklärt. Meine Anfragen bei der Irakischen Botschaft in Wien und am Institut für Alte Geschichte und Altorientalistik in Innsbruck brachten leider keine Klarheit. (Siehe Abb. 45 im Farbbildteil.)

Der Beweis des Gegenteils

Skeptiker wie der deutsche Astronom Markus Pössel erklärten, dass die »Parther-Batterie« technische Mängel besitze und eine elektrotechnische Nutzung schon deshalb fragwürdig sei. In seinem Buch *Phantastische Wissenschaft* aus dem Jahre 2000 merkte Pössel an: »Der Kupferzylinder, in den der Eisenstab ragt, ist unten abgeschlossen, oben war die Anordnung mit Bitumen versiegelt. Vollzieht man diese Versiegelung an einem mit den erwähnten Säuren gefüllten Modell nach, kommt der galvanische Prozess wegen *Sauerstoffmangels so gut wie sofort zum Stillstand.* Man kann die ›Batterie‹ mit organischer Säure also gar nicht zur Stromerzeugung nutzen.«

Der Mechatroniker Herbert K. Fuchs hält diese Behauptung für »schlichtweg falsch«. Dazu der Techniker in seiner Gegendarstellung: »Zunächst einmal muss geklärt sein, ob denn das Kupferrohr tatsächlich komplett geschlossen war. Aus den historischen Fotos des Originalfundes ist dies nicht klar ersichtlich. Vielmehr scheint über die Länge des Kupferrohres eine Fuge zu existieren, welche die Annahme zulässt, dass dieses Rohr aus einem zusammengerollten Stück Blech gefertigt war. Das müsste aber dann verlötet gewesen sein, um Dichtheit zu erhalten.«

Die Existenz einer vermeintlichen Fuge bleibt dennoch vorerst Spekulation, weil Überprüfungen am Original seit dem Verschwinden des Objekts nicht mehr möglich sind. Fuchs kommt zu folgender Überlegung: »Wenn aber eine Fuge vorhanden gewesen ist, so hätte der ganze Keramikhohlkörper als Behälter der als Elektrolyt dienenden Flüssigkeit (Fruchtsäfte, Essig, andere flüssige Substanzen) dienen müssen. Das hätte bedingt, dass nicht nur durch die poröse Wand des Tongefäßes, als auch durch die im Tonkörper noch vorhandene restliche Luft der angeblich notwendige Sauerstoff zur Verfügung stand.«

Fuchs führt auch an, dass es nicht ganz klar ist, ob Markus Pössel vom äußeren oder inneren Stromkreis und den sich dabei veränderten Polaritäten der Batterie ausgeht: »Innerhalb der Batterie wird Sauerstoff am Minuspol verbraucht, aber in der Form, dass er sich mit dem Eisen zu einem Oxid verbindet und dadurch, dass dieser (innerhalb der Batterie) selbst am Eisenpol gebildet wird, *nicht* von außen zugeführt werden muss. Die ganze Sache wird aber auch durch die intensiv mitbeteiligten Säurebestandteile zusätzlich verkompliziert.«

Wie immer man die Sache eines Spaltes oder einer Öffnung beurteilen mag, Herbert K. Fuchs hat daran einige Makel erkannt: »Entgegen der Ansicht von Herrn Pössel wird bei dem elektrochemischen Prozess in einer solch einfachen galvanischen Batterie kein Sauerstoff am Pluspol verbraucht.« In seinem »Foxlabor« hat der Techniker mehrere Versuchsmodelle nach dem »Funktionsprinzip« der »Parther-Batterie« gebaut. Sie wurde bewusst mit einem mit scharfem Essig nahezu ohne Freiraum gefüllten sowie oben und unten absolut luftdicht verschlossenen Kupferzylinder angewendet. Die experimentellen Tests brachten interessante Resultate, die mir Herbert K. Fuchs verraten hat:

»Nach fast 72 Stunden Betrieb bei gelegentlicher Spannungsmessung und zeitweilig vorgenommenem Kurzschluss unter Messung der auftretenden Stromstärken ergab sich das schon bei früheren Versuchen auch mit oben offenen Zellen aufgetretene Ergebnis:

Die auftretende Kurzschluss-Stromstärke betrug anfangs durchschnittlich etwa 25 Milliampere (1 Milliampere = 1/1000stel Am-

Herbert Fuchs bestätigt mit aktuellen Experimenten: Die Vorzeitbatterien funktionieren nach dem Prinzip der Galvanotechnik!

pere), sehr rasch fallend auf wenige Milliampere, bei gleichzeitigem Spannungsabfall auf praktisch 0,0 bis 0,1 Millivolt (1 Millivolt = 1/1000stel Volt). Nach dem Öffnen des kurzgeschlossenen Stromkreises begann die abgefallene Spannung sofort wieder zu steigen, um im Verlauf von wenigen Minuten wieder einen Wert von 480–490 Millivolt anzuzeigen, welcher sich nach einiger Zeit gemächlich wieder auf das Niveau von 506–515 Millivolt einpendelte. Der Versuch wurde mehrfach wiederholt, wobei die Messergebnisse stets sehr ähnliche Werte zeigten. Diese Tests bestätigen unmissverständlich, dass die von Kritikern postulierte Aussage, dass ›unter vollkommener Versiegelung der »Bagdad-Batteriezellen der galvanische Prozess wegen Sauerstoffmangels fast sofort zum Stillstand kommt‹, keine Berechtigung aufweist!«

Erweiterte Experimente

Die Anwendungsmöglichkeit der »Parther-Batterien« als Galvanisierer zum Vergolden metallischer Gegenstände wurde mehrfach erbracht. Herbert K. Fuchs vervollständigte das Versuchsprogramm und fertigte dafür sieben gleiche Modelle an, wieder mit Kupferrohr und Eisenbolzen. Optisch passte er die »Experimentierzellen« den echten archäologischen Funden an: »Damit waren diese ›Batterien‹ nach oben hin offen, sodass man sie auch mit verschiedenen Elektrolytflüssigkeiten befüllen konnte und der im Originalfund angewandte Bitumenverschluss durch schwarze, über den Eisenbolzen geschobene Deckel simuliert wurde.«

Die sieben Zellen wurden durch kleine Kabel in Serie geschaltet, die eine Gesamtspannung von 3,5 Volt (7 x 0,5 Volt) erzeugten. Ich war live dabei, als Herbert K. Fuchs im Technologiezentrum Salzkammergut eine Vorführung dieser Mehrfachschaltungen demonstrierte. Dabei wurden nicht nur etliche »LED-Lampen Arrays« dauerhaft zum Leuchten gebracht, sondern ebenso erweiterte Galvanisierungsarbeiten durchgeführt. Bei einem anderen Versuch wurde ein Kohlestab in einer Kupfersulfatlösung mit einer Kupferschicht überzogen. Da die »Parther-Batterien« in ihrer Größe nur geringe Stromstärken produzieren, ist es ein zeitlich längerer Vorgang, aber technisch machbar.

Die jüngsten Laborstudien bestärkten Herbert K. Fuchs in der Annahme, dass die Parther den Galvanisierungsprozess kannten und nutzten. Die Anwendung als »Leuchtmittel« schließt der Techniker aber aus und stellt fest: »Wenn Kritiker meinen, dass es unsinnig sei anzunehmen, dass schon vor Jahrtausenden mit solchen ›Batterien‹ irgendeine Art von Beleuchtung erreicht beziehungsweise vorgenommen wurde, so muss man den Skeptikern nach derzeitigem Wissen absolut recht geben! Wie etwa Markus Pössel völlig korrekt anführt, bräuchte man mehrere Hundert solcher Batterien, um auch nur eine Tachenlampenglühbirne zu vernünftigem Leuchten zu bringen. Keinesfalls möchte ich deshalb unterstellen, dass unsere Altvorderen in antiker Zeit schon über brauchbare kleine LED-Lampen verfügten, wie ich sie bei den Demonstrationen publikumswirksam vorführen beziehungsweise nutzen konnte. Es sollte damit lediglich belegt werden, dass tatsächlich Strom zur Verfügung stand. Schließlich sollte auch bedacht werden, dass so eine Taschenlampenglühlampe auf dem Prinzip eines äußerst feinen, beinahe mikroskopisch dünnen (Draht-)Fadens aus reinem Wolfram aufgebaut ist, der gemessen an dem erforderlichen Energieverbrauch, als Lichtquelle in höchstem Maße ineffizient ist.«

Die Bewertung der »Parther-Batterien« als Gerät zum Vergolden fällt dagegen zustimmend aus: »Der Beweis, dass galvanotechnische Arbeiten problemlos (wenn auch zeitaufwendig) damit durchgeführt werden konnten, ist da etwas gänzlich anderes. Es wird berichtet, dass in Ägypten Gegenstände aus Holz gefunden wurden, die mit einer hauchdünnen Metallschicht überzogen sind, wobei es sich nicht um Blattgold handeln soll. Ist es etwa Kupfer? Es bleibt der weiteren Altertumsforschung überlassen, ob und in welcher Weise solche ›Kultobjekte‹ in Wirklichkeit eingesetzt wurden. Möglichkeiten hierfür wurden aufgezeigt.«

Galvanischer Schmuck?

Wenn die Parther das Geheimnis des Vergoldens kannten, warum nicht auch ihre Zeitgenossen im Pharaonenreich? Konkrete Artefakte wie die »Bagdad-Batterie« sind mir aus Ägypten zwar nicht bekannt, dennoch lassen sich Hinweise auf Galvanisierer finden. Auf einen stoßen wir just in jener Südkrypta, in der wir auch den »Glühlampen von Dendera« begegnen. Im Raum direkt davor zeigt ein großes Relief auf der Nordwand, einen reich verzierten Halbkreis mit zwei schmalen Plattformen. Die auf der rechtsliegenden Seite bildet eine Schüssel ab, in der ein ovaler Gegenstand liegt. Vier dünne Säulen, mit ebenso vielen Hathor-Köpfen verziert, ragen senkrecht aus dem Halbkreis heraus. Sie sind durch einen mehrfach gewundenen drahtähnlichen Strang miteinander verbunden, die zu einem vasenähnlichen Gegenstand führen. Er erinnert an die Behälter der »Parther-Zellen«.

Vernunftmenschen werden einwerfen: Das sieht doch ein Blinder, dass hier ein Schmuckstück abgebildet ist! Und der übersetzte Begleittext scheint dies zu bestätigen: »Komme in Frieden, Herrscher von mntj. Ich habe empfangen Deine wunderbare Sache welche richtig gemacht ist mit Edelsteinen.« Und ergänzend: »Herbeibringen des Pektorals aus Gold, Worte zu sprechen: Dies ist der Schutz Deiner Majestät für das Fest, ausgeführt in ktmt-Gold.«

Das ist mit Verlaub in der klaren Aussage etwas dürftig. Welche »wunderbare Sache wurde wie richtig« gemacht? Das Wort »mntj« nimmt »Bezug auf etwas, das westlich und östlich des Nils liegt«. Was genau in diesem Zusammenhang gemeint ist, bleibt offen. Gold ist nicht gleich Gold. Die Bezeichnung »ktmt-Gold« meint nach den Übersetzungen von Dr. Wolfgang Waitkus »eine bestimmte Sorte von Gold«. Welche? Zu welchem Fest ist der Schutz »ausgeführt« worden und warum?

Als ich dem Elektrofachmann Walter Garn ein Foto des Amuletts zeigte und fragte, ob er etwas Technisches darin erblicken könne, erklärte er: »Es könnte tatsächlich eine Wiedergabe einer Elektrolyse sein: Von einem großen elektrischen Element führen Perlenschnüre zu vier Hathor-Köpfen mit säulenartigen Körpern, die man als Elektroden interpretieren kann. Je zwei dieser Elektroden sind verbunden, das heißt ›kurzgeschlossen‹. Die ›Stromleitungen‹ führen zu der gleichen Seite des Elementes. Die Ausführung eines Leiters, isoliert mit Keramikperlen, wird auch heute noch verwendet. Beispielsweise bei Heizkörpern. Auch der ›Anschluss‹ der Leitungen ist ähnlich einem Wickelanschluss, wie er in der Installationstechnik Verwendung findet.« (Siehe Abb. 46 im Farbbildteil.)

Die Perlenkette, Schnüre oder Drähte sind mit einem länglichen Gefäß verbunden, das als »Menat« begriffen wird. Dazu erklärt das *Lexikon der Ägyptologie* unbestimmt, dass es immer »mit einer Kette aus Metall versehen« ist und »wahrscheinlich zunächst kultischen Zwecken diente«. Ägyptologen geben dem »Menat« mehrfache Bedeutungen. Interessanterweise wird es als »Gerät«

bezeichnet, das als »Schmuck«, »Klangwerkzeug« oder »Hathor-Symbol« gedient hat. Es wird ebenso mit »Geburt« und »Erneuerung« assoziiert.

Hier in der Dendera-Krypta wird es als »Gegengewicht für das Amulett« angesehen, weil sonst der Brustschmuck für den Träger zu schwer geworden wäre. Was bei dieser Darstellung fehlt, aber auf Fotos aus den anderen unzugänglichen Dendera-Krypten zu erkennen ist, die ebenfalls das abnorme Schmuckstück zeigen: Der untere Knauf des »Menats« zeigt den Querschnitt einer stilisierten Frucht. Eine Zitrone oder Orange? Ein Indiz dafür, dass der Gegenstand kein Gewicht, sondern ein hohler Behälter sein kann? Gefüllt mit einer schwachsauren Flüssigkeit? Zitronensäure vielleicht?

Was hat eine Schüssel und das darin liegende runde Utensil auf dem »Hathor-Schmuck« zu bedeuten? Die Texte schweigen sich dazu aus. In der Nahaufnahme ist ein Detail zu erkennen: Im Inneren des ovalen Objektes ist eine »Zick-Zack-Linie« eingraviert. Wozu? Sicher nicht nur spaßeshalber. Die Übersetzung liefert auch dazu nichts Erhellendes. Üblicherweise ist dies das Symbol für eine Flüssigkeit, meist Wasser. Es gibt allerdings noch andere Bedeutungen. Im Grab des Qar auf dem Giseh-Plateau sind ein Mann und eine Frau dargestellt, die sich »geheime Sprüche zuflüstern«. Zwischen beiden Köpfen ist die bekannte »Zick-Zack-Linie« zu sehen. Oder: Könnte das Symbol ebenso gut für »Blitze« stehen – ein Piktogramm, das heutzutage jeder als »Zick-Zack-Pfeil« kennt und verwendet? Die Abbildung in Dendera zeigt offenkundig ein Schmuckstück. Könnten darin dennoch Informationen »versteckt« sein, die dem nicht Eingeweihten verborgen bleiben? Eine Gebrauchsanleitung zum Galvanisieren? Das erinnert einmal mehr an Königin Kleopatra, die naturwissenschaftlich sehr bewandert und imstande gewesen sein soll, auf geheimnisvolle Weise Gold herzustellen.

Die Mitra-Varuna-Energie

Waren die Parther wirklich die Ersten, die das technische Patent zum Bau elektrischer Zellen besaßen? Es gibt Quellen und bizarre Funde, die auf weitaus ältere Uranfänge schließen lassen. Der in Russland geborene und in Australien lebende Autor Andrew Tomas (1906–2001) erwähnte in seinem Buch *Wir sind nicht die Ersten*, dass in Behausungen babylonischer Magier ähnliche Krüge wie die der Parther gefunden worden sind. Allerdings wären sie damit um etwa 1800 Jahre älter als die elektrischen Zellen aus Ktesiphon.

Die indische Sanskrit-Sammlung *Agastya Samhita* liefert noch ältere Hinweise. Die Texte werden dem mythischen Rishi-Seher Agastya zugeschrieben, der Kontakt zu überirdischen »Göttern« gehabt haben will. Er wird bereits in den ältesten Überlieferungen der hinduistischen Veden erwähnt und galt in Südindien als Kulturheroe. Sein schriftliches Vermächtnis umfasst ein erstaunlich fortschrittliches Wissen, das offenbar Kenntnisse der Elektrotechnik miteinbezieht. In einem Abschnitt heißt es dazu: »Man lege eine gut gesäuberte Kupferplatte in ein irdenes Gefäß. Man bedecke sie mit Kupfersulfat und dann mit feuchtem Sägemehl. Danach lege man eine dünne, mit Quecksilber legierte Zinkplatte auf das Sägemehl, um Polarisation zu vermeiden. Durch diesen Kontakt wird eine Energie erzeugt, die unter dem Doppelnamen Mitra-Varuna bekannt ist. Durch diesen Strom wird Wasser in Pranavayu und Udanavayu aufgespaltet. Eine Verbindung von hundert Gefäßen bringt eine sehr starke, mächtige Kraft hervor.«

Was wirklich damit bezweckt wurde, bleibt ungewiss. Handelt es sich um die Beschreibung einer batterieähnlichen Apparatur? Jedenfalls vermitteln die Texte den Eindruck, dass ihnen ein reales technisches Wissen zugrunde liegt, und nicht bloß eine symbolhafte »Beschwörungsformel«. Andrew Tomas bemerkte dazu: »Das ›Mitra-Varuna‹ bezeichnet man heute als Kathode-Anode, Pranavayu und Udanavayu sind bei uns als Sauerstoff und Wasserstoff bekannt. Dieses Dokument belegt einmal mehr, dass im

Osten schon vor langer, langer Zeit Elektrizität genutzt wurde.« Originelle Synchronizität zur Moderne: Straßen- und Parkleuchten mit integrierten Leuchtdioden werden in Fachkreisen heute »Mitra LED« genannt.

Die »Steinbatterien« aus Klosterneuburg

Von der bisher absonderlichsten Entdeckung berichtet der österreichische Prähistoriker Dr. Heinrich Kusch. Als ehemaliger Lehrbeauftragter der Karl-Franzens-Universität in Graz untersucht und dokumentiert er mit seiner Frau Ingrid mysteriöse unterirdische Anlagen. Die Region Steiermark ist das bevorzugte Forschungsgebiet, wo Gangsysteme existieren, die vor mehr als 10 000 Jahren angelegt wurden. Jenseits aller Logik weisen manche von ihnen an den Wänden Spuren maschineller Bearbeitung auf. Warum wurden die Stollen angelegt, wie und von wem?

Diese Frage stellt sich ebenso bei einer unterirdischen Anlage im niederösterreichischen Klosterneuburg, nördlich von Wien. Der ehemals geheime Untergrund ist unter dem Namen »Zwölf-Apostel-Zeche« bekannt. Er umfasst ein weit verzweigtes Labyrinth von Kellern und Schächten, die 10 Meter hinab in die Tiefe führen. Als der heutige Besitzer Dr. Arbeo-Wolfram Scherer-Ottenfels das Grundstück im Jahre 2002 erwarb, waren die Keller noch bis zur Decke mit Schutt und Sand gefüllt. Offenbar war Klosterneuburgs Unterwelt im Mittelalter bewusst als »Zeitkapsel« versiegelt worden. Strenge Kirchenfürsten sollen das im Jahre 1580 veranlasst haben. In einer Abschrift wird als notwendiger Anlass die »Erkenntnis hermetischer Brennleuchten und sonstiger heidnischer Unfug« angeführt, der »den Passionisten unter den rechtschaffenen Katholiken zu Verderb geführt hat …«

Mit Beginn der Freilegung durch das Forscherduo Kusch kamen laufend unglaubliche Fundsachen unterschiedlicher Epochen zum Vorschein: von schwarzen Steinen aus dem Mittelalter, die unter UV-Lichtbestrahlung magische Symbole offenbaren, über eine Fußbodenheizung aus der Römerzeit bis hin zu neolithischen Werkzeugen und anthropomorphen Götterstatuetten. Die jüngsten Seltsamkeiten hat das Ehepaar Kusch in dem prächtigen Bildband *Geheime Unterwelt* veröffentlicht. Dabei wird der Fund von drei Steingefäßen bezeugt, die 1 Meter unterhalb römischer Bodenfragmente ausgegraben wurden. »Die Gefäße«, so Kusch, »weisen eindeutig mechanisch-technische Bearbeitungsspuren auf«. Er will sie als »älteste Batteriebehälter der Welt« identifiziert haben.

Bei einem dieser Artefakte stellte der Prähistoriker noch etwas Unfassbares fest: »Im Steinknauf des noch zur Gänze erhaltenen Deckels war eine Bohrung erkennbar, von der früher eine der Stromleitungen vom Gefäß wegführte. Das Gestein der Gefäße enthielt laut Laboruntersuchungen Kalium, Wismut und Blei-214. Der innere Kern, also der Inhalt dieser verschlossenen Gefäße – wir würden sie heute als ›Steinbatterien‹ bezeichnen –, bestand aus einer Masse von ›Manganoxid und Öl‹, um diesen war ein Mantel aus magnesiumhaltigem Segment gelegt.«

Dr. Kusch erwähnt, dass mit den Artefakten im Januar 2018 ein Laborversuch unternommen wurde, bei dem »ein Gleichstrom

Steingefäß aus dem Untergrund der »Zwölf-Apostel-Zeche« in Klosterneuburg bei Wien. Das Relikt wird als »Urbatterie« gedeutet und soll vor 57 000 Jahren benutzt worden sein. Von wem?

von 3,5 Volt, der 15-mal stärker war als jener einer heutigen Normalbatterie«, erzeugt werden konnte. Aus dem Ergebnis folgerte der Archäologe, dass die Gefäße »nicht nur vermutlich, sondern tatsächlich als Batterien benutzt worden sind«. Es kommt noch fantastischer: »Organisches Material aus dem Fundhorizont wie Holz, das im Zusammenhang mit den Keramiken und Lochbeilen und auch mit 14C [= Radiokarbonmethode, Anm. d. Verf.] datiert wurde, erbrachte in mehreren Auswertungsresultaten ebenfalls ein Alter von 55 000 bis 60 000 Jahren vor heute. So gesehen sind diese Batterien die ältesten derzeit bekannten Batterien der Welt!«

Wenn die sagenhafte Altersdatierung hält: Wer käme als Hersteller der Geräte infrage? Besucher aus der Zukunft? Gestrandete aus den Tiefen des Alls? Oder eine unbekannte irdische Hochkultur?

Geheime Wissenschaft

Die These, wonach die blasenförmigen Harsomtus-Reliefs im Hathor-Tempel antike Leuchtkörper darstellen könnten, wird von Ägyptologen ins Reich der Märchen verbannt. Schon deshalb, weil die »technischen Grundlagen und erforderlichen Hilfsmittel« dazu fehlen, so heißt es. Skeptiker fragen: Wo sind die Baupläne, technischen Zeichnungen, genaue Angaben der Materialien und die korrekten Messdaten? Vielleicht waren schriftliche Aufzeichnungen vorhanden. In Dendera soll es jedenfalls eine Bibliothek gegeben haben, doch Papyri wurden nirgendwo entdeckt. Das Problem fehlender Daten gilt gleichermaßen für andere ungelöste Mysterien: Wer kennt und besitzt die Pläne und Baudaten, die zum Architekturwunder der Großen Pyramide geführt haben?

Was stimmt: Das »Sieht-aus-wie«-Argument allein reicht als Indiz für antike elektrotechnische Kenntnisse nicht aus. Genau deshalb hatten Peter Krassa und ich bereits vor 4 Jahrzehnten fachliche Mitwirkung gesucht und in dem Ingenieur Walter Garn gefunden. Er überprüfte die Darstellungen nach technischer Relevanz und kam

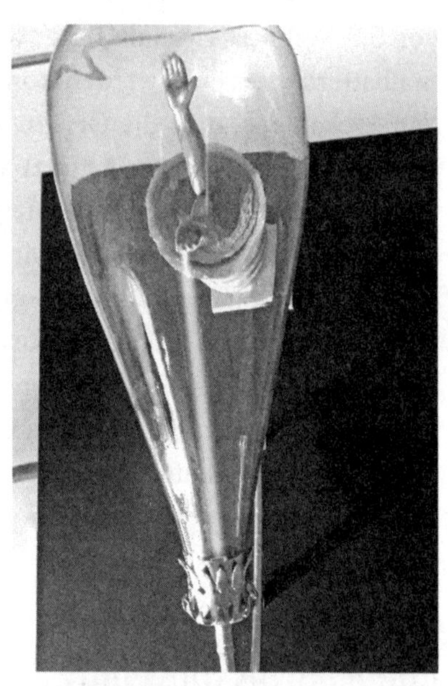

Der Vakuumexperte Herbert K. Fuchs restaurierte und verbesserte die Gasentladungslampe von Ing. Walter Garn aus dem Jahre 1981. Neue Laborversuche fanden 2022 im Technologiezentrum Salzkammergut statt.

nach anfänglichen Zweifeln zu der Überzeugung, dass die Abbilder tatsächliche elektrische Vorgänge zeigen. Mit der Rekonstruktion als funktionstüchtige Gasentladungslampe fand die technische Interpretation eine experimentelle Unterstützung. Dennoch blieben viele Fachfragen offen, weil die Übersetzungen der Dendera-Hieroglyphen mit Begriffen wie »leuchtende Schlange« oder dem isolatorähnlichen »Djed-Pfeiler« recht schwammig ausfallen. Das gilt umgekehrt ebenso für die ägyptologisch-religiöse Deutung als »Mutterleib« oder »Sonnenzyklus«. Der Spielraum für Auslegungen ist da wie dort recht groß.

Über die Hintergründe kann man spekulieren. Sind alle Begriffe immer »richtig« übersetzt worden? Hatten die Ptolemäer ein erstaunliches Wissen von ihren Urahnen übernommen, verstanden aber den ursächlichen Sinn nicht mehr? Oder beschränkte sich die Priesterschaft bewusst auf Andeutungen? Immerhin ist Wissen Macht. Behielten der Pharao und ein kleiner Kreis von Auserwählten geheime Einblicke für sich? Der auf archäologische Themen spezialisierte deutsche Erfolgsautor Philipp Vandenberg hält dazu in seinem Buch *Der Fluch der Pharaonen* fest: »Bei der Masse des Volkes waren Forschungen genauso von Geheimnissen umwittert wie die Männer, die sich damit beschäftigten. Was für die kleine gebildete Oberschicht eine Sache des Wissens war, war für das Volk ein Werk der Götter, ein Wunder, Magie. Nur so ist es zu erklären, dass bedeutende altägyptische Forscher ihre Erkenntnisse mit ins Grab nehmen konnten. Erkenntnisse, die nur kurze Zeit einen bestimmten Zweck erfüllten, um bald darauf wieder aus dem Bewusstsein des Menschen zu verschwinden, vielleicht für Jahrtausende, vielleicht für immer.«

Herbert K. Fuchs hat die Garn-Lampe runderneuert und mit ihr im Technologiezentrum in Gmunden neue Experimente durchgeführt. Die Resultate bestätigen die Tests von Walter Garn. Fuchs erklärt dazu: »Mithilfe hoher erzeugter Spannung (Garn benutzte hierzu eine kleine, handelsübliche Hochspannungsquelle, wie man sie für die Zündungen von Gasheizungen und ähnlichen Geräten verwendet) konnten in dem dafür (fast) luftleer gepumpten birnenförmigen ›Lampenkörper‹ sowohl eine bläuliche Leuchtsäule als auch artverwandte Leuchteffekte hervorgerufen werden, die eine frappante Ähnlichkeit und Beziehung mit der symbolischen, schlangenförmigen Reliefdarstellung des Lichtgottes Harsomtus aufweisen. Je nach der Güte (dem Restgasdruck) des in dem ›Lampenkörper‹ vorliegenden Vakuums können variable Leuchteffekte hervorgerufen werden.« (Siehe Abb. 47 im Farbbildteil.)

Glasklare Geheimnisse

Eine Frage, die man oft zu hören bekommt: Konnten die alten Ägypter bereits Glaskörper für eine mögliche Entladungslampe herstellen? Sucht man bei *Wikipedia* unter »Glas im alten Ägypten«, erfährt man, dass die Erzeugung »zum ersten Mal im Neuen Reich« belegt ist. Das versetzt den Beginn der Glasherstellung in die Zeit um 1500 v. Chr. Es gibt allerdings Glasfragmente, die datieren bis ins 5. Jahrtausend v. Chr. zurück. Als gut gesichert gilt ein grüner Glasstab aus Babylon um 2600 v. Chr. und ägyptische Glasperlen aus der Zeit um 2500 v. Chr. Zum Ende der 17. Dynastie, das war vor etwa 3500 Jahren, sind Glasgefäße belegt. Bald darauf begann die Herstellung der farbenprächtigen Ägyptischen Fayencen. Hierbei wird Quarzsand, der mit Ton, Metalloxiden, Kalk und Alkalien versetzt ist, gebrannt, wobei im Schmelzverfahren eine grünblaue Glasur entsteht. Die Ägypter nannten diese Glasur »tjehenet«, was für »glänzend« und funkelnd« steht.

Die Chemikerin Brigitte Jaschke merkt in ihrer Fachpublikation *Glasherstellung* an, dass »die Anfänge in Ägypten und Mesopotamien zu finden sind, aber niemand weiß sicher, wann und in welcher Kultur des Nahen Ostens erstmals Glas hergestellt wurde oder wie überhaupt jemand auf die Idee kam, die dazu nötigen Materialien zu mischen und stark zu erhitzen«.

Giseh-Wandmalereien, die transparente Glasbehälter illustrieren

Seit der Zeit von Tutanchamun ist auch das farblose, durchsichtige Glas bekannt. Allerdings: Auch hier reichen die Hinweise weiter in die Vergangenheit zurück als offiziell anerkannt. Der Bauingenieur Axel Klitzke machte mich auf Wandmalereien aufmerksam, die in einem 4000 Jahre alten Grab nahe der Großen Pyramide von Giseh erhalten sind. Abgebildet sind mehrere transparente Gefäße, die eine Flüssigkeit enthalten. Offiziell liest und hört man davon nichts. Wieso?

Ägyptologen nehmen an, dass die abgebildeten glühbirnenartigen »Kultgegenstände« in Dendera real existiert haben. Nicht als »Glühlampe«, aber als Gegenstand, der bei Tempelfesten gezeigt wurde. Der langgezogene Kolben wird als »himmlischer Mutterleib« interpretiert und könnte nach den Ausführungen von Dr. Wolfgang Waitkus »transparent« gewesen sein. Im Inventar der Tutanchamun-Schätze wird eine leere »Prunkflasche« angeführt: Höhe 65,8 Zentimeter, Durchmesser an der stärksten Stelle 9,6 Zentimeter, Inventar-Nr.: JE 62129. Sie besteht aus lichtdurchlässigem (!) Kalzit, eine Form des ägyptischen Alabasters. Der schlanke vasenförmige Körper wurde aus einem Stück gefertigt, was großes handwerkliches Geschick erforderte.

Ein Behälter dieser Art könnte auch als Hülle der Dendera-Lampen gedient haben, wenn man davon ausgeht, dass die Vorlagen einen älteren Ursprung besitzen als die Ptolemäer-Epoche. Zieht man die anerkannte Datierung für den Bau des heute bestehenden Hathor-Tempels heran, sind wir im Zeitalter von Cäsar und Kleopatra. Damals kam die Kunst der Glasbläserei gerade auf. Zuvor wurde um 200 v. Chr. in Syrien die Technik des Glasmacherpfeifens erfunden. Ihr Kernstück war ein Eisenrohr, etwa 120 bis 160 Zentimeter lang, mit einem gegen die Hitze isolierten Mundstück. Eine kleine Erweiterung am anderen Ende sorgte dafür, dass die Glasmasse daran hängen blieb. Mit diesem Werkzeug konnten durch Pusten aufwendige Glasformen gestaltet werden. Darstellungen solcher Pfeifen finden sich in einigen Gräbern Ägyptens, darunter in Theben und Beni Hassan. Die nötigen Techniken, um Glaskolben für Kleopatras Wunderlampe herzustellen, hat es somit definitiv gegeben. Da ergänzt es sich fließend, dass im ägyptischen Wadi Natrun bei Alexandria seit 300 v. Chr. eine der bedeutendsten Glashütten der Antike bestand, die Waren nach Griechenland, Italien und Asien exportierte.

Ungelöste Fragen zur »Elektrothese«

Den Reliefs in Dendera und den Begleitschriften ist nicht zu entnehmen, welche Kraft die Schlangengestalt des Harsomtus erscheinen lassen konnte. Die dazu vorgeschlagene »Glühlampen«-Hypothese findet in etablierten Fachkreisen der Ägyptologie sowie anderen Wissenschaften keine Akzeptanz. Die Vorstellung von elektrotechnischen Kenntnissen im Altertum wird belächelt und niemals ernsthaft als Möglichkeit in Betracht gezogen. Die Ablehnung stützt sich auf zwei elementare Fragen, zu denen bisher keine befriedigende Antwort gefunden wurde.

Erstens: Wie ist es den alten Ägyptern gelungen, ein Vakuum von jener Güte zu erzeugen, die erforderlich ist, um eine Gasentladung hervorzubringen? Walter Garn hat zu Demonstrationszwecken für sein funktionstüchtiges Modell eine moderne zweistufige ölgedichtete Labor-Drehschieberpumpe verwendet. Was stand den Pharaonen zur Verfügung?

Zweitens: Wie konnten die alten Ägypter jene Elektrizität von vielen Tausenden Volt Spannung erzeugen, um eine Gasentladung hervorzubringen, die mit der Abbildung auf den »Glühlampen«-Reliefs und den Erscheinungen in der Garn-Lampe übereinstimmt?

Weder Peter Krassa noch ich konnten darauf plausible Antworten geben. Natürlich machte sich Walter Garn Gedanken dazu, aber die Lösungsvorschläge blieben Spekulation. Demnach könnte die Erzeugung des Vakuums durch eine Stufenschaltung von mehreren Wasserstrahlpumpen erzielt worden sein. Ein Relief im Erdgeschoss des Hathor-Tempels, das Priester mit einer Vorrichtung zeigt, aus der Wasser in die Richtung zweier »Glühlampen« spritzt, könnte als Indiz gewertet werden. Für die Erzeugung hoher Spannungen zog Walter Garn die Anwendung von elektrostatischen Bandgeneratoren nach Van de Graaff in Betracht. Der »Isolator des Pharao«, der sogenannte Djed-Pfeiler, könnte von innen her mit Heißluft, Staub und Rauch aufgeladen worden sein. Elektrisiermaschinen, die nach dem Prinzip der Reibungselektrizität funktionieren, sind seit 1663 bekannt. Sie waren bis zum Beginn des 19. Jahrhunderts die einzige Quelle künstlich erzeugter Elektrizität. Alternative Überlegungen sind einfache Influenz- oder Wimshurstmaschinen (benannt nach ihrem britischen Erfinder James Wimshurst, der diese Influenzmaschine 1878 entwickelte), die sehr hohe Spannungen erzeugen können.

Den Experten für Hochvakuumtechnik, Herbert K. Fuchs, überzeugen diese Vorschläge nicht. Sein technischer Einspruch: »Durch ›hohe Spannungen‹ kann man kein Vakuum erzeugen. Zuerst muss der Glaskörper weitgehend evakuiert werden [Herstellen eines Vakuums, Anm. d. Verf.], aber nicht wirklich vollständig, das heißt bis zu einem ›stark verdünnten‹ Restgasdruck von 2 bis 5 Millibar. Vollständige Evakuierung würde keinerlei Elektrizität durchlassen. Wasserstrahlpumpen können auch in mehrstufiger Hintereinanderschaltung je nach Wasser- und Umgebungstemperatur kein besseres Vakuum als etwa 30 bis 50 Millibar erzeugen. Bei den in Ägypten vorliegenden Temperaturen würde Wasser bei einem Restdruck von circa 30 bis 35 Millibar schon buchstäblich ›kochen‹. Das ist noch weit oberhalb des erforderlichen Restgasdruckes, den genannten 2 bis 5 Millibar. Und was die Bandgeneratoren wie auch Wimshurstmaschinen betrifft: Sie setzen physikalisches Grundwissen über Elektrizität voraus, dessen Kenntnis den alten Ägyptern bis dato nicht zugetraut werden kann. Für beide Themen gilt, dass man meines Wissens nach niemals irgendwelche Objekte oder hinweisende Teile davon entdeckt hat.«

Die Lösung zum Vakuumrätsel

Wie also konnten die alten Ägypter ein hohes Vakuum erzeugen, um Lichterscheinungen in einem Behälter zu bewirken? Dazu erklärt Herbert K. Fuchs: »Üblicherweise muss man auf etwa 3 bis 6 Millibar abpumpen. Das entspricht einem Vakuum von 99,4 bis 99,7 Prozent [!]. Die uns umgebende Luft ist ein sehr guter Isolator und lässt üblicherweise keinen Strom durch. Ab einer gewissen Spannung aber wird diese Isolation ›durchschlagen‹. Das äußert sich dann in der Form eines Funkens. Bei gewöhnlichem Druck und gewöhnlicher Temperatur in der Physik sind das 20 Grad Celsius, wobei die Luftfeuchtigkeit auch eine Rolle spielt, wird die ›Durchschlagsfestigkeit‹ für Luft mit 1000 Volt per Millimeter (1 Million Volt per Meter) angegeben. Wird die Luft auf etwa 6 Prozent ihres gewöhnlichen Druckes verdünnt (circa 94 prozentiges Vakuum), so kann bei entsprechend hoher Spannung eine dünne, fadenförmige Art Funkenstrecke beobachtet werden. Die breiteren, bandförmigen, bläulich leuchtenden Entladungen treten erst ab etwa 6 Millibar (99,4 Prozent Vakuum) eindrucksvoll in Erscheinung.«

Wie aber könnte in einem Gefäß (etwa jenem von Ägyptologen als Hen-Behälter und ›Mutterleib‹ bezeichneten länglichen Kolben) eine verdünnte Luft erzeugt werden? »Mister Fox« darauf angesprochen: »Zunächst einmal durch eine einfache Luftpumpe. Die ist im Prinzip so aufgebaut wie eine Fahrradpumpe, jedoch mit dem Unterschied, dass die Ventile ›verkehrt‹ geschaltet sind. Beim Hochziehen des Kolbens wird über den (Vakuum-)Schlauch Luft angesaugt während das Auslassventil sperrt, beim Hinabdrücken des Kolbens sperrt das Ansaugventil und die zuvor angesaugte Luft wird über das nun öffnende Auslassventil aus der Pumpe hinausgedrückt. Sorgfältige Bauweise und Handhabung vorausgesetzt, könnte man auch dadurch ein Vakuum von etwa 90 bis 94 Prozent erzeugen.«

Experimente zeigten aber, dass diese Methode für die vorgesehenen Leuchterscheinungen nicht ausreicht. Eine Alternative wären die von Ingenieur Garn vorgeschlagenen Wasserstrahlpumpen. Technisch wären der Bau und die Nutzung solcher Wasserpumpen für die Ägypter keine Hexerei gewesen. Herbert K. Fuchs sieht dennoch zwei Probleme bei der praktischen Anwendung:

»Solche Pumpen benötigen einen Wasserdruck (beziehungsweise Wasserstrahl) von etwa 3 bis 6 Bar. Mit solchen Pumpen ist unter gewöhnlichen Bedingungen nur ein Vakuum von etwa 30 bis 40 Millibar (96 bis 97 Prozent Vakuum) zu schaffen. Da hilft keinerlei Stufenschaltung! Die Ursache ist in einem grundsätzlichen physikalischen Gesetz, dem ›Dampfdruck‹ des Wassers in Abhängigkeit von Außendruck und Temperatur, zu suchen.«

Der Mechatroniker Fuchs bringt eine einfachere Möglichkeit ins Spiel, um ein perfektes Vakuum zu erzeugen, mit dem unterschiedliche Leuchterscheinungen des Harsomtus erklärt werden könnten: die »Barometer-Methode«! Es ist das Prinzip des Quecksilberbarometer nach Evangelista Torricelli (1608–1647). »Dabei wird«, so erklärt es uns das *Techniklexikon*, »in eine nach oben luftdicht geschlossene Röhre mit kleinem Durchmesser Quecksilber gefüllt. Das untere Ende taucht in ein offenes Gefäß, das ebenfalls Quecksilber enthält. Auf das Quecksilber in dem offenen Gefäß wirkt nun der Luftdruck. Das Gewicht des im oberen geschlossenen mit Quecksilber vollständig gefüllten Rohres wirkt aber dagegen. Bei einem mittleren Standardluftdruck der Erdatmosphäre von 1013 Hektopascal = 760 Torr = 760 Millimeter Quecksilbersäule hat letztere den erforderlichen Gegendruck zur Erdatmosphäre erreicht und kann in dem Rohr nun bis zu dieser Höhe erhalten verbleiben. War das gefüllte Rohr ursprünglich höher, wird jegliches über der 760 Millimeter hohen Quecksilbersäule ebenfalls gefüllt gewesene Volumen zu einem Vakuum.«

Herbert K. Fuchs, der mit einem mehr als 76 Zentimeter hohen Rohr und daran befestigter Glaskugel Laborexperimente durchführte, ergänzt: »Angewendet auf das birnenförmige Gefäß, in dem sich der Lichtgott Harsomtus zeigen soll, würde es genügen, dieses mit einem gut abgedichteten Schlauch komplett mit Quecksilber zu befüllen und mit einem entsprechend großen Quecksilbervorratsgefäß zu verbinden. Das ist tatsächlich alles, was man braucht!«

Der Quecksilbertrick

Eine Nuss gibt es hinsichtlich der »Quecksilberbarometer«-These doch noch zu knacken: Das erzeugte Vakuum ist mit nahezu 100 Prozent schlichtweg zu perfekt, um damit die gewünschten Gasentladungseffekte zu erzielen. »Meister Fuchs« nennt den Grund: »Ein Vakuum von so hoher Qualität enthält zu wenig (Gas-)Moleküle, um eine Gasentladung, also den Transport von elektrischer Energie durch ein verdünntes, aber ionisierbares Gas durchzuführen, und dabei gut erkennbare Leuchterscheinungen zu erhalten. In der Praxis muss man also in dem zu evakuierenden Gefäß (bei den Reliefs ist es der ägyptologisch bestimmte ›Hen-Behälter‹) eine kleine Luftblase in der Quecksilberbefüllung vorsehen, deren Größe sich nach dem Volumen des Gefäßes richtet.«

Wird das mitberücksichtigt, ob zufällig oder bewusst angewandt, glücken die Harsomtus-Leuchteffekte! Für den Experimentalforscher Fuchs ist die »Quecksilberbarometer«-Methode nicht nur »die einfachste«, sondern »unter den vorgegebenen Umständen, auch die einzig denkbare, physikalisch korrekte Methode, ein für die Gasentladung brauchbares Vakuum zu erzeugen.«

Besaßen die alten Ägypter sauberes metallisches Quecksilber? Eine Spurensuche im Areal des Hathor-Tempels hat noch niemand unternommen. Vielleicht eine Anregung, denn immerhin stammen die frühesten Hinweise auf die Verwendung des Metalls aus den Anfängen des Pharaonenreiches um 3000 v. Chr. Die Ägypter kannten es in Form von Kupfer- und Zinnamalgam. In Zinnober enthalten wurde es auch als Pigment zur Bemalung von Grabkammern und Statuen verwendet. Seit dem 4. Jahrhundert v. Chr. ist es unter der Bezeichnung »Wassersilber« bekannt. Noch heute wird der Begriff »lebendiges Silber« mit dem Mineral verknüpft. Spätestens mit den

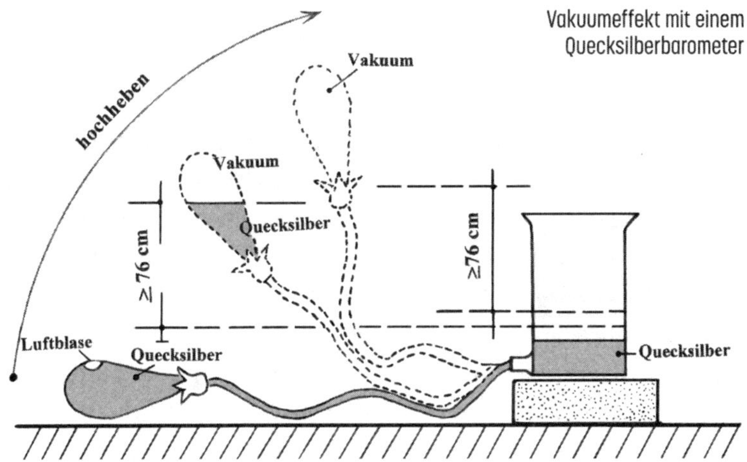

Vakuumeffekt mit einem Quecksilberbarometer

Römern ist gesichert, dass man bereits in der Antike wusste, wie man das flüssige Metall aus Zinnober (Quecksilbersulfid, HgS) gewinnen konnte. Es wird dem römischen Gott Merkur (Symbol für Wandel und Beweglichkeit) zugeordnet. Daran erinnert noch heute die englische Bezeichnung für Quecksilber: *mercury*.

Götterbote Merkur war das römische Pendant zum griechischen Hermes, der seine Ursprünge wiederum im ägyptischen Wissenschaftsgott Thot hat. Über die ältesten Quecksilberfunde in Ägypten berichtet der deutsche Troja-Entdecker Heinrich Schliemann (1822–1890). Er fand in Gräbern von Kurna bei Theben Behälter, die sogar noch Reste von Quecksilber enthielten. Die Grabbeigaben wurden dem Neuen Reich um 1400 v. Chr. zugeordnet. Einen Hinweis zur Quecksilberverwendung liefert ebenso Johann Almquist in seinem 1928 erschienenen Buch *Syphilis-Therapie*: »Mir scheint es wahrscheinlich, dass die Ägypter es nicht zu medikamentösen, sondern nur zu technischen Zwecken angewandt haben.«

Technische Zwecke? Welche?

Vorsicht, Hochspannung!

Mit dem Vakuumrätsel stellt sich ebenso die »Gretchenfrage«: Woher kam der Strom? Wie konnten die alten Ägypter jene elektrische Hochspannung von vielen Tausenden Volt bereitstellen, mit denen man in einem evakuierten Gefäß Gasentladungen hätte hervorrufen können?

Herbert K. Fuchs sieht in der Nutzung der natürlichen »Luftelektrizität«, vergleichbar dem Elmsfeuer, die einfachste und wahrscheinlichste Lösung: »Nur wenige Menschen sind sich dessen bewusst, dass wir immer und überall von Elektrizität umgeben sind. Unzweifelhaft haben schon in den frühesten geschichtlichen Zeiten die damaligen Menschen Blitz und Donner gekannt und als Zorn ihrer Götter auch gefürchtet. Auch war ihnen das Phänomen des sogenannten Elmsfeuers wohl bekannt, bei dem unter bestimmten Wetterkonditionen speziell nachts die Erscheinung beobachtet werden kann, dass speziell auf in die Höhe ragenden, spitzen Strukturen oder anderen spitzen, hochragenden Teilen ein bläuliches Leuchten von häufig büschelförmiger Struktur erscheint. Heute wissen wir, dass es sich um die sogenannte Luftelektrizität (engl. *atmospheric electricity*) handelt und dass diese höchst ungewöhnliche, obskure Effekte hervorbringen kann.«

Könnte so manches skurril anmutende Bilderrätsel aus dem Pharaonenreich dadurch eine Erklärung finden? Berühmt ist das wiederkehrende Totenbuch-Bild der Himmelsbarke auf ihrem Weg ins Schattenreich der Unterwelt: Im Boot steht der widderköpfige Schöpfergott Chnum. In einer Hand hält er den Ankh-Schlüssel, das Lebenssymbol. Der mächtige Chnum ist gemeinsam mit einer lotrecht dargestellten Schlange zu sehen. Beide befinden sich geschützt in einem geschlossenen Schrein. Über der Himmelsbarke windet sich eine große Schlange. In der Grabstätte von König Sethos I. im Tal der Könige sind die farbenprächtigsten Wandmalereien dieses Motivs erhalten.

Warum muss die Schlange immer als mythologisches Fabelwesen angesehen werden? Könnte es nicht ebenso gut möglich sein, dass ein real beobachtetes Naturphänomen als Illustrationsvorlage gedient hat? Darüber machte sich bereits Walter Garn Gedanken, als er notierte: »Vor Gewittern ist die Atmosphäre bekanntlich elektrisch aufgeladen. Das macht sich dann auf den metallenen Mastspitzen der Schiffe bemerkbar. Die dabei sichtbaren elektrischen Entladungen sind uns auch unter der Bezeichnung Elmsfeuer bekannt. Ein feuchtes Binsenboot und die darauf befindliche lotosähnliche Erhebung aus Metall wäre hierfür ein besonders auffälliges Beispiel. Solche Entladungen werden vor allem in der Dämmerung sichtbar. Wird dann der metallene Lotos hochgezogen, dann fungiert er als elektrischer Leiter, und es kann zu Blitzeinschlägen kommen.«

Was mit dieser Deutung korreliert: Chnum wurde in seiner Universalität als Ba (geistige Kraft) des Re (Himmel) und des Schu (Luftraum), des Geb (Erde) und des Osiris (Unterwelt) verehrt. Und das Beste: Er war der »Herr der Abendsonne«! Dämmert es? (Siehe Abb. 49 im Farbbildteil.)

Frühe Geistesblitze

Die Geschichte kennt so einige Episoden rund um die Luftelektrizität, die manchmal nicht ungefährlich endeten. Das kuriose Beispiel von elektrischen Erscheinungen, denen Werner Siemens und seine Begleiter auf der Cheopspyramide ausgesetzt waren, habe ich im 2. Teil des Buches beschrieben.

Eine Frage hat schon viele Forscher und Erfinder beschäftigt: Wie kann die uns umgebende Elektrizität für praktische, technische Zwecke genutzt werden? Einer von ihnen war seiner Zeit weit voraus: Nikola Tesla (1856–1943). Der aus dem heutigen Kroatien stammende Physiker und geniale Visionär stellte sich den gesamten Erdball mit beiden Polen als natürlichen Generator vor, der grenzenlose Energie produziert, die man frei »anzapfen« und nützen könnte. Eine Vorstellung, die mit Teslas Experimenten zur drahtlosen Gewinnung von Elektrizität durch die Atmosphäre verknüpft ist. Grundlage dafür ist eine Form statischer Elektrizität, die sich auf Wassertröpfchen bildet und von diesen auf kleine Staubpartikel übertragen werden kann. Ein Phänomen, das in der Atmosphäre häufig auftritt und bei Gewittern und Sandstürmen elektrische Blitze erzeugt.

Teslas Beschäftigung mit der Luftelektrizität führte zu vielen Patenten, nachdem er 1884 in die USA immigriert war. Etliche davon sind inzwischen in Vergessenheit geraten. Eines beschreibt, wie aus höheren Luftschichten vorhandene Elektrizität aufgefangen werden kann. Tesla verwendete dafür »eine Metallplatte und erklärte auch, dass die Menge der aufgefangenen Elektrizität proportional zur Größe (Fläche) der Platte ist. Bei der Ausführung des Experiments tritt noch etwas anderes auf: der sogenannte fotoelektrische Effekt. Im 19. Jahrhundert gab es mehrere Versuche, Elektrizität mit Ballons »einzufangen«, nachdem 1752 bereits Benjamin Franklin mit seinem »Drachenexperiment« Gewitterblitze anzog. Herbert K. Fuchs ergänzt dazu: »Die Oberflächen der Ballone oder deren Netzummantelung sind zweckmäßigerweise mit vielen kleinen Spitzen versehen, weil elektrisch leitfähige Spitzen der Luft viel schneller und leichter Elektrizität entziehen als beispielsweise glatte, gerade oder nur schwach gekrümmte Flächen. Die große Oberfläche der Ballone tut das Ihrige dazu. Mit den damals am Markt bereits befindlichen, mit Dampfkraft betriebenen dynamoelektrischen Generatoren konnten solche Konstruktionen schon wegen ihres aufwendigen Betriebes und ihrer vergleichsweise doch geringen Nutzleistung nicht mithalten, und das Interesse daran verebbte schließlich.«

Es müssen keine Ballone sein, um Luftelektrizität einzufangen. Es gibt auch keine Anzeichen dafür, dass die alten Ägypter dazu imstande gewesen wären. Mit langen Masten kann dieser Effekt ebenso erzielt werden, auch ohne die physikalischen Grundlagen der Elektrizitätslehre zu beherrschen. Technikmeister Fuchs kennt etliche geglückte Experimente aus der Vergangenheit, die als Beispiele dafür dienen, wie die alten Ägypter zu den hohen benötigten

Spannungen gekommen sein könnten. Doch wozu überhaupt das Bemühen? Ein Motiv könnte darin bestanden haben, dass man dem frommen Volk bei religiösen Festlichkeiten die »lebendige Erscheinung« des Harsomtus vorführen wollte.

Eine Möglichkeit, wie das gelungen sein könnte, führt zum französischen Naturforscher Thomas François Dalibard (1703–1779): Er installierte in der Nähe von Paris eine circa 12 Meter lange Eisenstange, deren unteres Ende in ein Schilderhäuschen ragte, sodass es ein Regen nicht benetzen konnte. Die Stange wurde senkrecht so aufgestellt, dass sie außerhalb des Häuschens durch seidene Schnüre an drei Holzsäulen befestigt war. Die Skizze, die Dalibard von seiner Gerüstkonstruktion (Mäste mit den verbundenen Seilen) angefertigt hat, ähnelt dem Querschnitt von Pyramiden. Es mag eine Missdeutung sein, aber mich erinnert der Aufbau an jenes »Pyramidenmast«-Relief im Hathor-Tempel von Dendera, das in der »Halle des Erscheinens« zu sehen ist. Beschrieben und abgebildet im 3. Teil des Buches auf Seite 147. Als 1752 beim Dalibard-Experiment ein Gewitter aufzog, konnten der Eisenstange erstmals Funken entlockt werden. Ist die Vorrichtung um etliche Meter länger, können elektrische Funken bereits bei Schönwetter auftreten.

Wie aber kann diese eingefangene Luftelektrizität vorübergehend gespeichert werden? »In der Anfangszeit der Elektrotechnik nannte man solche Zwischenspeicher ›Leidener Flaschen‹, später dann, wie heute üblich, Kondensatoren«, erklärt Fuchs und ergänzt: »Ist dann ein solcher Speicher einmal zum Teil oder gänzlich angefüllt, kann man ihn ganz plötzlich direkt entleeren, und die ganze zuvor aufgesammelte Elektrizitätsmenge wird ›in einem Schwung‹ frei. Je nach Größe des ›Speichers‹ spürt man das dann sehr deutlich bis hin zu letalen Folgen.«

Für den Elektrofachmann machen die alten Berichte deutlich, »dass auch in der Frühzeit unserer Menschheitsgeschichte es mit den allereinfachsten Mitteln möglich gewesen sein sollte, höchst erstaunliche Erscheinungen der hochgespannten Elektrizität hervorzubringen sowie diese selbst relativ leicht zu erhalten. Es genügt, die Natur genauer zu beobachten und auch auf die Überlieferungen jener zurückzugreifen, die ähnliche Erscheinungen schon früher gemacht hatten. Für die Priester und Zauberer der Alten war dieses geheim gehaltene Wissen bestimmt ein wesentlicher Faktor, um ihre gesellschaftliche Stellung und den Respekt der Bevölkerung einzufordern.«

Nutzung freier Energie

Bei einem Gewitterblitz entstehen extrem hohe Stromstärken von etwa 20 000 Ampere und Spannungen von ungefähr 100 Millionen Volt. Ein einzelner Blitz liefert dabei für kurze Zeit eine Wattzahl, welche die elektrische Leistung aller Kraftwerke in Deutschland zusammen um das 15-Fache übertrifft. Zum Vergleich: Der normale Haushaltsstrom hat nur eine Spannung von 230 Volt und eine Stärke von 16 Ampere. Ein Lichtblitz besitzt auch extreme Geschwindigkeiten und entwickelt Temperaturen von bis zu 30 000 Grad Celsius.

Diese Energie müsste sich doch irgendwie nutzen lassen, grübelte Nikola Tesla vor 120 Jahren und experimentierte mit riesigen Impulstransformatoren und »Blitzmaschinen«. Der geniale Erfinder war seiner Zeit weit voraus. Teslas vergessene Technologien und sein Traum, Energie weltweit drahtlos zu übertragen, rücken erst in jüngster Zeit wieder in den Blickpunkt des Forschungsinteresses.

Wir wissen, fossile Brennstoffe decken vorerst noch den Großteil des Energieverbrauchs der Welt. Doch die Ressourcen schrumpfen mit gleichzeitig steigendem Energiebedarf einer wachsenden Weltbevölkerung. Mit den Auswirkungen des Klimawandels und der zunehmend aufwendigeren Förderung dieser Rohstoffe müssen alternative Quellen erschlossen werden. Wir nutzen derzeit fünf verschiedene Arten an erneuerbaren Energien: Solarenergie, Windenergie, Wasserkraft, Biomasse und Erdwärme.

Mit dem von der Europäischen Union aktuell geförderten »HUNTER-Project« soll die visionäre Idee, »Elektrizität aus der Luft einzufangen«, mit heutigen Nanotechnologien in die Realität umgesetzt werden. Als Ziel gilt die Entwicklung und Anwendung neuer Leistungsgeräte, die Strom aus Luftfeuchtigkeit gewinnen. In die Praxis umgesetzt soll damit das bekannte Spektrum erneuerbarer Energien um eine weitere Energiequelle erweitert werden: die Luftfeuchtigkeit.

Eine späte Würdigung für das zu Lebzeiten verkannte Genie Nikola Tesla. Der brillante Erfinder verstarb am 7. Januar 1943 im Alter von 86 Jahren mittellos in New York. Nach seinem Tod nahm die US-Regierung das Eigentum des »elektrischen Magiers« an sich. Große Teile des Besitzes gelangten später wieder in die Hände seiner Familie und an das Tesla-Museum in Belgrad. Dennoch seltsam: Einige von Teslas Unterlagen sind bis heute geheim. Wenn einer die Weltformel kannte, dann Nikola Tesla: »Möchtest du die Geheimnisse des Universums erfahren, denke in den Begriffen Energie, Frequenz und Schwingung.«

Und sie leuchtet doch!

Im Sommer 2022 erreichte mich von Herbert K. Fuchs die frohe Kunde, dass er das Garn-Modell in seinem Heimatort Gmunden modifiziert und wieder zum Leuchten gebracht hat! Davon wollte ich mich persönlich überzeugen! Am 3. Juli machte ich mich mit Partnerin Elvira auf den Weg nach Oberösterreich zum Traunsee. Mit dabei die Dokumentarfilmerin Dr. Johanna Pötsch, die in den letzten Jahren mehrere Filme zu Mystery-Themen realisierte. Mir war wichtig, dass die ersten Experimente mit der restaurierten Glühlampe auf Film dokumentiert werden. Dazu hatte Johanna das nötige Profiequipment und die Möglichkeit, die exklusiven Aufnahmen für ein neues Filmprojekt über verborgene Energien zu nutzen.

»Meister Fuchs« empfing unser Trio im Technologiezentrum Salzburg, wo ein Laborraum für die Live-Vorführungen zur Verfügung gestellt wurde. Der Eintritt war nur mittels eines mehrfachen Sicherheitscodes möglich. Einmal vertippt und man stand vor verschlossener Türe. Herbert K. Fuchs hatte alles für den Dreh vorbereitet: »Glühlampen«-Modell und Zubehör standen »im neuen Gewand« genauso einsatzbereit wie Repliken der »Parther-Batterien« zum Verkupfern, Versilbern und Vergolden. Dann der magische Moment, als unter hohen Spannungen Strom durch das stark verdünnte Restgas im Glaskörper geleitet wurde: Analog zu den Reliefs in Dendera kam aus der als Fassung fungierenden Lotosblüte eine »leuchtende Schlangenlinie« hervor. Es schien so, als wäre die Ba-Seele von Harsomtus im gespenstisch weiß-blau-violettem Licht wieder »lebendig«! Es ist eine plasmaartige Lichterscheinung, die exakt den Abbildern im Hathor-Tempel von Dendera entspricht. Praktiker Fuchs sei Dank, Kleopatras Wunderlampe erstrahlte wieder in alter Pracht! (Siehe Abb. 48 im Farbbildteil.) Meine »Jenseits-Freunde« Walter Garn und Peter Krassa wären begeistert.

Inzwischen hat Herbert K. Fuchs noch einige wenige Veränderungen am Modell und bei den Ventilen vorgenommen, die erweiterte bizarre Leuchterscheinungen ermöglichen, etwa wenn man mit den Fingern gefahrlos die Glasbirne berührt. Zusätzlich wurde die Bedienung vereinfacht, sodass ein elektrotechnischer Laie wie ich die Entladungslampe in Betrieb nehmen kann, ohne Sorge, es könnte dabei die Wohnung in die Luft fliegen.

Ausklang und Anregung

Wie sind die neuen Studien, Experimente und Erkenntnisse zu bewerten? Es lässt sich folgendes zusammenfassen:

- Die ägyptologische Deutung der glühbirnenähnlichen Dendera-Reliefs als »Geburt des Harsomtus« und Wiedergaben von

»Sonnenzyklen« wird ihre Berechtigung haben. Die Symbole Himmelsgöttin Nut, Harsomtus, Sonnenboot und Lotosblüte lassen sich in den religiösen Kontext einordnen.

- Die technische Auslegung als Gasentladungslampe findet ebenso ihre Logik, denn die Funktionsweise ist auf den Reliefs physikalisch korrekt wiedergegeben: »Glaskörper, elektrische Entladung, kabelartige Stränge, Birnenfassung« ergeben eine technische Sinngebung. Es dreht sich alles nur darum, wie die Texte und Bilder zu interpretieren sind.
- Die Ägyptologie führt selbst an, dass die »Kultobjekte« real existiert haben müssen. In Erwägung wird dabei gezogen, dass der kolbenartige »Mutterleib« aus Glas bestanden haben könnte. Es waren »außergewöhnliche Gegenstände«, die bei zeremoniellen Festen eine Rolle spielten. Aber wie genau sahen sie aus und was war ihr Zweck? Der »Elektrothese« zufolge könnten es magische Leuchtkörper gewesen sein, die zu besonderen Anlässen den Schlangengott Harsomtus verkörpert haben. Das widerspricht in meinen Augen nicht der ägyptologischen Lesart.
- Hundertprozentige Beweise fehlen da wie dort. Aber es gibt eine Indizienkette, die es erlaubt, die »Elektrothese« ernsthaft in Betracht zu ziehen. Herbert K. Fuchs, Walter Garn und andere versierte Techniker haben das mit ihren Laborversuchen anschaulich dokumentiert.
- Zu den technischen Einwänden von Kritikern, wonach die Herstellung von gutem Vakuum und das Hervorbringen von hochgespannter Elektrizität »unmöglich« wären, bietet die Gegendarstellung von Herbert K. Fuchs neue Erkenntnisse: Quecksilberbarometer-Prinzip und atmosphärische Elektrizität!
- Die Motive im Hathor-Tempel von Dendera wirken wie »elektrische Entladungen«. Man kann das als »reinen Zufall« abtun. Und ja, es kann sich auch nur um theoretische Abbilder elektrischer Abläufe handeln. »Doch selbst in diesem Fall«, so erklärte es Garn bereits 1982, »würde es bedeuteten, dass die in der Atmosphäre ablaufende Entladungen und ihre Erscheinun-

> gen unglaublich präzise beobachtet worden sind, und zwar in einer Weise, wie es eigentlich nur zur Anwendung elektrischer Energie möglich gewesen wäre«.

Trotz berechtigter Skepsis und Ungewissheiten, nicht zuletzt auch deshalb, weil die Dendera-Textinhalte vieles nur in »blumiger« Sprache andeuten, ist eine weitere wissenschaftliche Aufarbeitung des Datenmaterials umso wichtiger. Meiner Überzeugung nach wäre es allerdings notwendig, diese Überprüfung nicht nur der Sichtweise der derzeit herrschenden ägyptologischen Doktrin unterzuordnen, sondern ebenso neue Betrachtungsweisen zuzulassen – etwa die Überprüfung der Frage nach technologischem Wissen in der Vorzeit.

Das sieht Herbert K. Fuchs in seinem Resümee ähnlich: »Es bleibt der zukünftigen, weiteren und sorgfältig durchgeführten Forschung auf den einschlägigen Gebieten vorbehalten, erweiternde beweisbare Fakten und Erkenntnisse nachzuliefern. Dabei sollte jener offene Geist bewahrt bleiben, der es zulässt, zu erkennen, dass verborgene Fähigkeiten und verborgenes Wissen des Altertums weit über das Aneinanderreiben von trockenen Hölzern zwecks Hervorbringen von Feuer hinausragen kann.«

Die Mythologien versunkener Kulturen rund um den Erdball erzählen von überirdischen Göttern, die vor Jahrtausenden auf die Erde kamen und die Entwicklung der Menschheit beeinflussten. Das ist bei den Göttermythen der alten Ägypter nicht anders. Heutige Gelehrte gehen davon aus, dass diese Episoden nichts weiter als imaginäre Traumgespinste sind, die »Götter« nur erfundene Wunderwesen ohne Bezug zu real stattgefundenen Ereignissen. Wenn die Interpretation des leuchtenden Schlangengottes Harsomtus als »elektrische Entladung« akzeptiert würde, ergäben die glühlampenähnlichen Reliefs durchaus einen technologisch fassbaren Sinn. Bei den mythologischen Sternengöttern verhält es sich ähnlich: Ersetzt man das Wort »Götter« mit »Außerirdische«, die aufgrund ihrer überlegenen Technologie von unseren

Urahnen missverständlich als »überirdische Götter« angesehen wurden, ergibt so manche als irrational ausgelegte Überlieferung einen Sinn.

Für den Bau von »Harsomtus-Leuchtkörpern« benötigte es keinen Wissenstransfer von den Sternen. Das technische Know-how ist Kleopatra und ihren Priestern zuzutrauen. Anders wäre es, wenn die Kenntnisse auf einem Wissen beruhen, das in vordynastische Zeiten zurückreicht. Die Inschriften in Dendera deuten das an, denn sie datieren die Gründungsurkunde in eine mythische Epoche, als die »Gefährten des Horus« auf Erden regierten. Dann wäre die Nutzung der Elektrizität, dargestellt als »Glühbirnen von Dendera«, nur mehr eine verblasste Erinnerung an die göttlichen Stammväter. Da kommt einem wieder der allmächtige Thot in den Sinn: Die Pyramidentexte und das ägyptische Totenbuch erzählen, dass er der Ursprung aller Weisheit ist, allen Wissens, dem das alte Ägypten seinen Aufstieg zu einer der großen Hochkulturen dieser Erde zu verdanken hat. Die Herkunft des Universalgenies ist ungeklärt. Kam Thot aus Atlantis? Von den Sternen? War er ein Mensch – oder ein außerirdisches Wesen? Gemäß den Mythen war Thot auch der Hüter aller göttlichen Zauberworte, die er erfunden haben soll: die Hieroglyphen.

Ein altägyptischer Text, der dem Weisheitsgott Thot in den Mund gelegt wird, bezweifelt prophetisch, dass uns vermeintlichen Alleswissern und Nachkommen Adams jemals ein Licht aufgehen wird. Er lautet sinngemäß:

»O Ägypten, Ägypten! Von Deiner Religion werden nur leere Geschichten bleiben, die die Nachwelt nicht mehr glauben wird, und in Stein geschlagene Worte, die von deiner frommen Wahrheit erzählen.«

Abgesang

Gestern in einer fernen Zukunft?

»Ich nahm die Wahrheit mal aufs Korn
und auch die Lügenfinten.
Die Lüge machte sich gut von vorn,
die Wahrheit mehr von hinten.«

Wilhelm Busch (1832–1908),
dt. Zeichner und humoristischer Dichter

Mir kam zu Ohren, dass der verehrte Fernsehprofessor Harald Lesch von E.T.'s zur Erde geschickt wurde, um »UFO-Träumern« und »Däniken-Jüngern« wie mir weiszumachen, es gäbe keine Außerirdischen. Sie werden sagen, das ist eine erfundene Behauptung, das kann nicht sein. In der Tat kann ich diese unerhörte Hypothese nicht wissenschaftlich beweisen. Das Gegenteil aber ebenso wenig. Was heute als Science-Fiction à la Weltraumheld »Perry Rhodan« beginnt, kann schon übermorgen als Tatsachenbericht enden. Man könnte auch sagen: Früher begannen Märchen mit »Es war einmal …«, heute mit »Laut Experten …« und vielleicht in gar nicht allzu ferner Zukunft mit »Die KI hat zweifelsfrei bestätigt …«.

Hieroglyphe für Menscheit mit Fingerzeig:
Wir sind Kinder der Sterne!

Die universelle Wahrheit und objektive Wissenschaft, auf die sich rationale Alleswisser gerne berufen, gibt es nicht. Freie Forschung mit neuen Herausforderungen und Deutungsangeboten ist einem ständigen gesellschaftlichen Wandel unterworfen. Was hat es in unserer schönen Welt nicht schon alles an wissenschaftlichen Irrtümern gegeben? Hochqualifizierte Experten, Politiker, Medien und selbsternannte »Faktenchecker«, die Dinge für unumstößliche Wahrheiten gehalten haben? Und das bis auf den heutigen Tag, wo selbstherrliche Meinungsmacher und ideologisch getriebene Vordenker Menschen mit anderen Ansichten und Denkweisen als unbelehrbare »Idioten« oder »Wissenschaftsleugner« beschimpfen dürfen.

Dabei gehört der Irrtum zur Wissenschaft dazu wie jede zündende Idee. Die Liste falscher Prognosen und widerlegter Dogmen ist endlos. Wir müssen dazu nicht bis ins 16. Jahrhundert zurückfallen, als der Großteil der Gelehrten versicherte: »Die Erde und der Mensch stehen im Mittelpunkt des Universums!« Nikolaus Kopernikus lehrte die »Geozentriker« eines Besseren. Seither wissen wir, dass das heliozentrische Weltbild seine Richtigkeit hat. Zum Ausklang nachfolgend ein paar amüsante Kostproben von Koryphäen aus vergangenen Tagen:

- 1878, Sir Erasmus Wilson, berühmter britischer Chirurg und Dermatologe: *»Wenn die Weltausstellung in Paris zu Ende geht, wird man nie wieder etwas von elektrischem Licht hören!«*
- 1895, William Thomson Lord Kelvin, Präsident der Royal Society: *»Schwerer als Luft? Solche Flugmaschinen sind unmöglich!«*
- 1901, Gottlieb Daimler, Erfinder des Automobils: *»Die weltweite Nachfrage nach Kraftfahrzeugen wird 1 Million nicht überschreiten, allein schon aus Mangel an verfügbaren Chauffeuren.«*
- 1928, Louis B. Mayer, Chef der US-Filmgesellschaft Metro-Goldwyn-Mayer, Gründer der Oscar-Academy Awards, über Trickfilmstar »Micky Maus«: *»Jede Frau hat Angst vor Mäusen, daher kann es kein Erfolg werden!«*

- 1934, Albert Einstein, der mit der Relativitätstheorie die Grundpfeiler der modernen Physik geschaffen hat: *»Es gibt nicht den geringsten Hinweis, dass Atomenergie jemals nutzbar sein wird.«*
- 1943, Thomas Watson jr., Chef des US-Konzerns IBM, weltweit führendes Unternehmen im Bereich elektronischer Datenverarbeitung: *»Ich glaube, es gibt einen Weltmarkt für vielleicht fünf Computer.«*
- 1961, T. A. M. Craven, Entwickler der Funktechnologie, Kommissar der staatlichen US-Behörde Federal Communications Commission (FCC): *»Es gibt so gut wie keine Chance, dass Kommunikationssatelliten für bessere Telefon-, Telegrafen-, Fernseh- oder Radiodienste genutzt werden können.«*
- 1981, Bill Gates, Gründer von Microsoft: *»640 KB sollten für jeden reichen.«*
- 1989, Erich Honecker, Vorsitzender des Staatsrats der DDR, 10 Monate vor dem Fall der Berliner Mauer: *»Die Mauer wird in 50 und auch in 100 Jahren noch bestehen bleiben!«*
- 1998, Paul R. Krugman, Nobelpreisträger und Kolumnist der *New York Times*: *»Das Internet wird nicht mehr Einfluss haben auf die Wirtschaft als das Faxgerät.«*

Die jüngsten falschen »Profiprognosen« zu Ukrainekrieg, Klima und Corona erspare ich meiner geschätzten Leserschaft. Da würde selbst der dickste Wälzer nicht ausreichen. Irrtümer, Täuschungen und Falschinformationen passieren, sie sind keine Schande. Das Irren gehört zum Menschsein dazu. Im Idealfall lernen wir daraus. Auch in Zukunft werden selbst renommierte Spezialisten nicht vor Fehleinschätzungen bewahrt werden.

Archäologie, Ägyptologie und Religionsgeschichte sind Disziplinen der Geisteswissenschaft. Hier sind Überlieferungen, Funde und vergleichende Studien gefragt, die in einem historischen Rahmen klassifiziert und eingeordnet werden. Gibt es in der Quellenbasis Lücken, eröffnet sich ein Interpretationsspielraum, der zu unterschiedlichen Betrachtungen und Thesen führen kann. Neue

Entdeckungen, und sei es auch nur die einer winzigen Tonscherbe, können bisherige Studien bestätigen, ergänzen oder widerlegen.

Lehrmeister aus dem All? Hightech in der Vorzeit? Eine Glühlampe für Kleopatra? Warum sollten der Priesterschaft des Altertums nicht bereits technische Bravourleistungen geglückt sein? In meinen Augen gibt es Indizien dafür, die es rechtfertigen, diesen »regelwidrigen« Spuren weiter zu folgen. Es genügt meiner Meinung nach nicht, zum Beispiel die Möglichkeit elektrotechnischer Kenntnisse wegen fehlender handfester Beweise auszuzuschließen. Vielmehr ist die archäologische Wissenschaft dazu aufgerufen zweifelsfrei zu beweisen, dass es ein Hightech-Wissen im Altertum *nicht* gegeben haben kann. Solange das nicht gelingt, bleibt sein Vorhandensein im Bereich des Möglichen. Und so lange gibt es auch keinen Grund, jene alternativen Forscher als »Spinner« abzuqualifizieren, die das aufgrund umstrittener Funde in Erwägung ziehen.

Warum aber hat man nirgendwo eine antike Wunderlampe gefunden? Vielleicht deshalb, weil noch niemand danach gesucht hat? Könnten Überreste bereits entdeckt worden sein? Fragmente, die bisher übersehen oder falsch interpretiert wurden? Dazu fällt mir ein Kuriosum der Gegenwart ein: In den USA gibt es eine ewig leuchtende Glühbirne, die in den 1890er-Jahren von der Shelby Electric Company in Ohio hergestellt wurde. Sie hängt in der Feuerwehrstation des kalifornischen Städtchens Livermore. Dort wurde sie 1901 erstmals eingeschaltet und leuchtet seither dauerhaft mit 4 Watt Leistung! Nur einmal wurde es nach 112 Jahren Rekordzeit stockfinster. Am Morgen des 21. Mai 2013 fiel infolge eines Malheurs bei der Stromversorgung das »Symbol der Ewigkeit« plötzlich aus. Doch schon nach einigen Stunden der Ungewissheit flackerte die langlebigste Glühbirne der Welt wieder auf. Fans können sich auf der »Centennial Bulb«-Webseite (englisch für »hundertjähriges Licht«) über eine Webcam vom Wohlergehen der Superbirne überzeugen. Die moderne Zauberlampe leuchtet weiterhin unsterblich Tag und Nacht!

Trotz dunkler geschichtlicher Zeiten und erfolgter hoffnungsfroher Erleuchtungen: Unsere Zivilisation hat ein Ablaufdatum.

Seit 1901 in Betrieb: die ewig brennende Glühlampe von Livermore in Kalifornien

Irgendwann wird es die Menschheit nicht mehr geben. Apokalyptiker behaupten, angesichts der irren Weltlage könnte das Horrorszenario früher eintreten als befürchtet. Man stelle sich vor, im Jahre 4023 n. Chr. finden Archäologen der Zukunft oder außerirdische Kundschafter unverstandene Relikte aus grauer Vorzeit – Gegenstände aus unserer Gegenwart. Angenommen sie stoßen dabei in Kalifornien unter Schutt und Asche unerwartet auf einen Hohlraum mit der leuchtenden »Centennial Bulb«-Glühlampe. Wie würde die Analyse der fortschrittlichen Autoritäten lauten?

Oder noch besser: Zukunftsarchäologen finden zerbrochene Reste von ehemaligen Glühbirnen. Es können auch Scherben von Halogen- oder Energiesparlampen sein. Die Experten setzen die Bruchstücke wieder zusammen und fragen sich, was das für seltsame Relikte waren. Bei ihren Nachforschungen stellen sie fassungslos fest, dass offenbar bei versunkenen Kulturen rund um den Globus solche »Zaubergeräte« weit verbreitet waren. Werden die Fachgrößen von Übermorgen dann die richtigen Schlüsse aus ihren wundersamen Entdeckungen ziehen? Würden die »Kultobjekte« von den Experten folgerichtig als »Fragmente eines antiken elektrischen Leuchtkörpers« wiederhergestellt und begriffen werden?

Oder könnten die sonderbaren »Kultobjekte« ebenso gut interpretiert werden als »Heilige Mutterleibe, in denen glühende Würmchen gefangen gehalten wurden«? Dann kämen die Zukunftsarchäologen vielleicht zur einleuchtenden Schlussfolgerung, dass diese »Göttlichen Glühwürmchen« auf diesem Planeten einst milliardenfach in illuminierten Kulttempeln große Verehrung genossen haben. Den letzten Beweis für dieses Gutachten würde ein Schriftzug liefern, der auf vielen rekonstruierten »gläsernen Fruchtblasen« entziffert werden konnte: »Osram«! Wohl der Name eines überirdischen Lichtgottes aus dem untergegangenen Zeitalter der primitiv-terranischen »Plastik-Periode« …

Anhang

Chronologie zum Hathor-Tempel von Dendera und zur »Glühlampen«-These

»Eine Chronik schreibt nur derjenige, dem die Gegenwart wichtig ist.«

Johann Wolfgang von Goethe (1749–1832), dt. Dichter und Naturforscher

Die genaue Datierung der Pharaonendynastien sowie der Regierungszeiten einzelner Herrscher werden in der Fachwelt nach wie vor diskutiert und unterschiedlich angeführt. Die Jahresangaben zur ägyptischen Geschichte in dieser Chronologie beruhen auf den Angaben von John Baines und Jaromir Malen (*Atlas of Ancient Egypt*, Oxford 1980).

Unterwegs, abseits vertrauter Pfade:
Elvira Schwarz und Reinhard Habeck

Vordynastische Periode, früher als 3000 v. Chr.

4000–3032 v. Chr., Naqada-Kultur, Prädynastik
Der Überlieferung nach reicht der Bauplan des Hathor-Tempels zurück in eine prädynastische Epoche der »mythischen Horusgefährten«.

Frühdynastische Zeit, etwa 3000–2575 v. Chr., 0. bis 3. Dynastie
Vereinigung von Ober- und Unterägypten unter König Narmer beziehungsweise Menes

Altes Reich, um 2575–2134 v. Chr., 4. bis 8. Dynastie

2550 v. Chr., 4. Dynastie. (Zeit der großen Pyramiden)
Inschriften in Dendera behaupten, dass während der Regentschaft von Pharao Cheops die Gründungsurkunde wiederentdeckt wurde. Das Dokument soll im Königspalast von Memphis aufbewahrt gewesen sein.

Um 2270 v. Chr., 6. Dynastie
Das erste Hathor-Heiligtum wird in der Regierungszeit von Pepi I. ausgebaut. Der König ist der erste Herrscher mit dem Titel »Sohn der Hathor, der Herrin von Dendera«.

Erste Zwischenzeit, um 2134–2040 v. Chr., 9. und 10. Dynastie
Zahlreiche Könige mit kurzer Regierungszeit, Vormacht von Theben und Herakleopolis

Mittleres Reich, um 2040–1640 v. Chr., 11. bis 14. Dynastie

Um 2020 v. Chr., 11. Dynastie (Blütezeit der Kunst und Literatur)
Reste einer Ka-Kapelle des Königs Mentuhotep II. gelten als älteste erhaltene Zeugnisse dafür, dass in Dendera bereits vor mehr als 4000 Jahren ein bedeutendes Heiligtum stand. Der Schrein ist im Ägyptischen Museum in Kairo ausgestellt.

Zweite Zwischenzeit, um 1640–1532, 15. bis 17. Dynastie
Hyksosherrschaft durch den Einfall fremder Völker aus dem Osten

Neues Reich, um 1550–1070 v. Chr., 18. bis 20. Dynastie

Um 1450 v. Chr., 18. Dynastie (Zeit der großen Baumeister)
Dem Dendera-Tempel droht der Verfall. Pharao Thutmosis III. ordnet einen Neubau an, exakt am Platz und in den Grundrissen des ersten Tempels. Unter Amenophis III. und seinen Nachfolgern werden Dekorationen vorgenommen.

Dritte Zwischenzeit, um 1070–712 v. Chr., 21. bis 25. Dynastie
Übergang vom Neuen Reich bis zum Niedergang der traditionellen Pharaonenherrschaft

Spätzeit, um 712–332 v. Chr., 26. bis 31. Dynastie
Perser regieren über Ägypten
Das älteste noch bestehende Gebäude im Hathor-Tempelbezirk stammt aus der 30. Dynastie. Es wurde um 360 v. Chr. errichtet und ist das Geburtshaus von Nektanebos I.

Griechisch-römische Zeit, um 332 v. Chr. –395 n. Chr.
Alexander der Große erobert Ägypten, Herrschaft der Ptolemäer und römischer Kaiser

54 v. Chr.
Abtragung alter Hathor-Vorgängerbauten. Neuerrichtung der heutigen Tempelanlage in mehreren Etappen.

30 v. Chr. bis 180 n. Chr., römische Herrschaft
Kleopatra, die letzte Königin der Ptolemäer-Dynastie, begeht Selbstmord. Unter den ersten römischen Kaisern wird die Tempelanlage mit dem großen vorgelagerten Hypostylon und seinen 24 mächtigen Hathor-Säulen erweitert. Die letzte römische Bautätigkeit erfolgt unter Marc Aurel.

Byzantinische Zeit, 395–642 n. Chr.
Als letztes Bauwerk im Dendera-Tempelbezirk entsteht im 5. **Jhd.** eine Basilika der christlichen Kopten. Die Überreste stehen zwischen dem römischen und pharaonischen Geburtshaus.

Frühislamische Zeit, ab 642 n. Chr.
Mit der Eroberung unter Amr Ibn al-Aas wird Ägypten allmählich islamisiert. Der Tempelkomplex wird für Stallungen und Behausungen genutzt. Es bildet sich über Jahrhunderte ein gewaltiger Schutthügel.

Osmanische Zeit, um 1516–1798
Die Kultstätte ist größtenteils verschüttet und vergessen. Die älteste Erzählung zum Dendera-Tempel stammt von Frederic Louis Norden, der 1737 im Auftrag des dänischen Königs Ägypten bereist.

Französische Herrschaft, 1798–1805
Napoleons Ägyptenfeldzug und französische Besatzung

Ägyptische Adelsdynastie, benannt nach Muhammad Ali Pascha, 1805-1952

Noch 1838 ist die Tempelanlage weiterhin »von Geröll- und Schuttbergen bedeckt«. Das belegen vor allem die Farbgemälde des schottischen Malers David Roberts.

1845
Muhammad Ali Pascha veranlasst die erste partielle Ausgrabung des Haupttempels und der Tempelfront. Ab Mitte des 19. Jahrhunderts liegen erste Schwarz-Weiß-Fotografien vor, die den versunkenen Hathor-Tempel ablichten.

1862–1876
Johannes Dümichen erweitert die Freilegung des Heiligtums und dringt im Tempelinneren in »geheime Korridore« vor. Die Ergebnisse seiner Forschungsarbeit beschreibt der Philologe in der Publikation *Bauurkunde der Tempelanlagen von Dendera.*

1870–1875
In Paris und Kairo erscheint in fünf Bänden eine vollständige Publikation der Bildwerke und Hieroglyphen des Hathor-Tempels von Auguste Mariette.

1879
Der Amerikaner Thomas Alva Edison erfindet die Glühbirne.

Britische Herrschaft, 1882–1922
Die Abtragung des kompletten Schutthügels rund um das Hathor-Heiligtum erstreckt sich bis ins 20. Jahrhundert.

Ägypten ist unabhängiges Königreich, 1922–1952

1935
Der Ägyptologe Emile Chassinat begründet das neunbändige Standardwerk *Le Temple de Dendara* mit umfänglichen Schwarz-Weiß-Fotos. Darunter erste Bilddokumente zu den »Glühlampen«-Reliefs, die zu diesem Zeitpunkt nur der Fachwelt bekannt sind.

Arabische Republik Ägypten, 1952 bis heute

1952
Neue archäologische Grabungen. François Daumas entdeckt im nördlichen Tempelbezirk das römische Geburtshaus. Zeitgleich verweist der Autor Henry Verner Kjellson in seinen Büchern *Forntidens Teknik* und *Forsvunden Teknik* auf die »merkwürdigen Bilder« und ihre Ähnlichkeit mit Glühbirnen.

1964
Der Schwede Ivan Troëng veröffentlicht in seinem Buch *Kulturer Føre Istiden* Zeichnungen der Dendera-Reliefs und deutet sie als »elektrische Lampen«.

1972
Der amerikanische Schriftsteller Ivan Terence Sanderson thematisiert die »Glühbirnen von Dendera« in seinem Buch *Investigating the Unexplained.*

1974
In den USA veröffentlicht Charles Berlitz seinen Weltbestseller *The Bermuda Triangle*. In einem Kapitel stellt er auch eine Zeichnung von zwei »Glühlampen«-Reliefs vor.

1977
Tons Brunés Buch *Energien der Urzeit* erscheint und befasst sich erstmals ausführlich mit der elektrotechnischen Deutung der Dendera-Reliefs. Das Buch enthält Zeichnungen, aber keine Fotos der Relikte.

1979
Ägyptenreise von Reinhard Habeck. Dem 17-jährigen Österreicher glücken erste Farbfotos der sonderbaren Darstellungen, die fortan in grenzwissenschaftlichen Publikationen bekannt werden.

1980
Kurier-Redakteur Peter Krassa macht Reinhard Habeck das Angebot, über die Dendera-Story ein Buch zu schreiben. Eine gemeinsame Ägyptenreise besiegelt das Projekt.

1981
Ägyptens Staatspräsident Sadat fällt einem Attentat zum Opfer
Krassa und Habeck legen Walter Garn Fotos der Dendera-Reliefs vor und bitten ihn um seine technische Expertise. Verblüfft von den Darstellungen rekonstruiert er getreu der ägyptischen Vorbilder zwei funktionstüchtige Modelle. Berühmt wird die Garn-Gasentladungslampe.

1982
Hosni Mubarak wird Ägyptens Staatspräsident
Krassa, Habeck und Garn veröffentlichen ihr Buch *Licht für den Pharao – Elektrischer Strom im alten Ägypten*. Das Thema findet seinen Weg in die Fernsehstudios. Der ORF ist der erste TV-Sender, der in seinem Magazin *Okay* den Nachbau der »antiken Glühlampe« in Funktion ausstrahlt.

1983
Erste Übersetzungsversuche der Dendera-Texte durch den deutschen Ägyptologen Prof. Dieter Kurth. Begleittexte der »Glühlampen«-Reliefs lauten: »Harsomtus in Gestalt einer Schlange verlässt den sackartigen Behälter.« Angaben zu Größe und Material der »Kultobjekte« werden genannt.

1985
Dr. Johannes Fiebag und sein Bruder, der Germanist Peter Fiebag, bringen ein Handbuch zur Paläo-SETI-Hypothese heraus: *Aus den Tiefen des Alls*. Ein Kapitel widmet sich der »Elektrizität im alten Ägypten«.

1986
Sylvie Cauville wird wissenschaftliche Leiterin der Ausgrabungsstätte Dendera. Sie vervollständigt die Herausgabe der Publikationsreihe zu den Studien des Hathor-Heiligtums.

1987
Erich von Däniken greift *Licht für den Pharao* in seinem Bestseller *Die Augen der Sphinx* auf. Der Hathor-Tempel von Dendera etabliert sich zur Attraktion im Programmangebot diverser Ägypten-Reiseveranstalter.

1988
Start der von Erich von Däniken herausgegebenen Anthologiereihe über *Kosmische Spuren* (Band 1), worin Vertreter der Paläo-SETI-Forschung alternative Antworten auf die Fragezeichen der Geschichte geben. Bis heute sind acht Folgebände erschienen. In jedem Band sind Beiträge zur »Glühlampen«-Kontroverse und dem Hightech-Wissen der alten Ägypter enthalten. Jüngster Band: *Galaktische Horizonte* (2018).

1990
Das Autorenduo Hermann Ilg und Helmut P. Schaffer deuten die »blasenförmigen Körper mit Schlange« als Abbilder einer »außerirdischen Raumflugtechnik zum Empfang und zur Speicherung kosmischer Energie«.

1991
Dr. Wolfgang Waitkus widmet seine Dissertation den Inschriften in den Krypten des Hathor-Tempels. Es ist die erste umfassende Übersetzung zur Funktion und Bedeutung der an Glühlampen erinnernden Darstellungen. Der kolbenförmige Körper, »Hen« genannt, wird mythologisch als »Mutterleib der Himmelsgöttin Nut« interpretiert. Weitere überarbeitete Fachpublikationen zur »Geburt des Harsomtus aus der Blüte« folgen 1997 und 2002.

1992
Krassa und Habeck legen mit ihrem Buch *Das Licht der Pharaonen* neue Fakten und Spekulationen zur »Elektrothese« vor. Dabei werden sie erneut vom »Glühlampen«-Konstrukteur Walter Garn unterstützt.

1993
Mit Unterstützung von *Wetten, dass…?*-Erfinder Frank Elstner entsteht für SAT1 die 25-teilige Mystery-TV-Reihe *Auf den Spuren der All-Mächtigen*, die am 10. Januar startet. Erich von Däniken moderiert und führt seine Zuschauer zu geheimnisvollen Schauplätzen. Folge 20 ist dem »Licht für den Pharao« auf der Spur und zeigt die funktionierende Gaslampe von Ing. Walter Garn.

1997
Ulrich Dopatka gibt *Die große Erich von Däniken Enzyklopädie* heraus. Es ist eine aktualisierte Fassung seines Standardwerkes *Lexikon der Prä-Astronautik* aus dem Jahr 1979. In der erweiterten Ausgabe wird den Dendera-Reliefs sowie der Streitfrage, ob es in der Antike bereits technisch erzeugten Strom gegeben hat, breiter Raum eingeräumt.

2000
Markus Pössel möchte in seinem Buch *Phantastische Wissenschaft* die Thesen von Erich von Däniken und Johannes von Buttlar »auf Herz und Nieren« prüfen. Beim Thema »Glühlampe von Dendera« folgt Pössel der ägyptologischen Lehrmeinung.

2001 bis 2008
Klaus Dona realisiert gemeinsam mit Reinhard Habeck und dem Historiker Willibald Katzinger das Ausstellungsprojekt »Unsolved Mysteries«. Ein Bereich ist dem Thema »Hochtechnologie und Elektrizität in der Frühzeit« gewidmet.

2002
Dr. Algund Eenboom schlägt in einem Experiment eine alternative Gasbeleuchtungstechnologie vor, ähnlich der Funktion eines »Glühstrumpfes«.

2003
Experimente und Analysen von Prof. Dr.-Ing. Rainer Ose von der FH Wolfenbüttel decken sich mit den Ausführungen von Walter Garn und den Rekonstruktionen als Gasentladungslampe.

Das Magazin P.M. stellt in seiner Juli-Ausgabe »7 Dinge, die es nicht geben dürfte. Oder?« auch die »Glühbirne von Dendera« vor. Im selben Jahr wird in der Nähe von Dendera das Skelett eines prähistorischen Mannes gefunden, der vor 33 000 Jahren in der Region lebte. Ein mythischer »Horusgefährte«?

2004
Sylvie Cauville analysiert in ihrer Publikation *Les cryptes du temple d'Hathor* die Inschriften in den Krypten. Sie deckt sich mit den früheren Studien von Wolfgang Waitkus dahingehend, dass die Reliefs als Schlangengott Harsomtus eine religiöse Erklärung finden und den Lauf der Sonne zeigen.

2005
Der Geistheiler Diethard Stelzl deutet die Reliefs spirituell als Teil von Einweihungs- und Mysterienkulten.

2005
Pharaonenlicht-Autor Peter Krassa stirbt am 11. Oktober mit 66 Jahren. Im selben Jahr widmet sich das italienische Magazin *Mystero* in seiner September-Ausgabe ausschließlich dem Thema »Das elektrische Licht der Pharaonen«.

2006
Nach mehrjähriger Restaurierungsarbeit ist der Hathor-Tempel wieder für Besucher geöffnet.

2007
Achmed A. W. Khammas veröffentlicht seine Online-Publikation »Buch der Synergie«, die laufend erweitert wird und derzeit rund 10 000 Seiten umfasst. Dabei werden erneuerbare Energien und Technologien als Lösungsvorschläge für die Umwelt- und Energiefrage präsentiert. Ein Thema ist den Dendera-Reliefs gewidmet. Im selben Jahr unternimmt Dipl.-Ing. Klaus Deistung neue Experimente und bestätigt die Studien von Garn. Zur selben Zeit spekuliert Dr. Bruce Goldberg über Atlanter, Außerirdische und Zeitreisende. In seinem Buch *Egypt: An Extraterrestrial And Time Traveler Experiment* erkennt er in den »Glühlampen«-Darstellungen des Hathor-Tempels eine Art Vorläufer primitiver TV-Geräte.

2009
Sylvie Cauville analysiert erstmals die Texte und Wandtafeln des Isis-Tempels. Das kleine Heiligtum auf dem Hathor-Areal enthält ein wenig bekanntes »Glühbirnen«-Relief. Im selben Jahr behauptet der Klangheiler Tom Kenyon, dass er seit 1980 mit »einer Gruppe intergalaktischer Lichtwesen«, die sich Hathoren nennen, in Channeling-Kontakt steht. Ein Jahr, in dem sich auch Kritiker zu Wort melden, darunter Frank Dörnenburg, der auf seiner Homepage bemüht ist, die »Glühbirnen«-These als »Unsinn« zu entlarven.

2010
Walter Garn stirbt am 20. Juni in Wien. Im selben Jahr möchte Uwe Neuhold die Prä-Astronautik als »Pseudoforschung« entlarven. Zur »Glühlampe von Dendera« wird die Argumentation von Markus Pössel aus dem Jahre 2000 übernommen.

2011–2012
Revolution in Ägypten, Regierung der Muslimbrüder
Erhielt die Erde vor Urzeiten Besuch von außerirdischen Intelligenzen? Das ist seit 2009 das Thema der TV-Dokuserie *Ancient Aliens*. Folge 3 der 5. Staffel trägt den Titel »Außerirdische Kraftwerke«. Dabei sind auch die »Glühbirnen von Dendera« Thema.

2013
Sturz der Regierung durch das Militär, ab 2014 ist El-Sisi Präsident
John A. West, bekannt durch seine These, dass der Große Sphinx von Giseh rund 5000 Jahre vor Cheops von einer Vorgängerkultur der alten Ägypter erbaut wurde, erkennt in den Dendera-Darstellungen Wiedergaben »urzeitlicher Kosmologien«.

2016
Der Plasmaforscher Dr. Pierre Flécher unternimmt neue Laborversuche, die die Dendera-Darstellungen als »Leuchteffekte in einer Neonröhre« bestätigen. Seine Studien bleiben unvollendet, da der Vakuumexperte kurz vor der Veröffentlichung verstirbt.

2018
Der Journalist Erdoğan Ercivan vertritt die These, dass »mit den ›Lichtapparaten‹ von Dendera die Erneuerung des Königtums zeremoniell nachempfunden wurde, wobei man einfachste Technik verwendete«. Der Autor verweist hierbei auf den Universalgelehrten Johann Samuel Halle, der 1792 eine »magische Lampe« erfand.

2020
Reinhard Habeck bietet sich im Hathor-Tempel die einmalige Gelegenheit, weitere – bisher öffentlich nicht zugängliche – Krypten zu besichtigen.

2021
Die zweite Phase einer umfangreichen Instandhaltungs- und Restaurierungsarbeit am Hathor-Tempel wird abgeschlossen. Innenwände, Säulen und Decken sind von Ruß befreit worden. Die Wandreliefs erstrahlen wieder im prachtvollen Farbenglanz wie zu Kleopatras Zeiten.

2022
Astrophysiker Prof. Harald Lesch und die Fernsehautorin Gisela Graichen veröffentlichen ihr Werk *Liegt die Antwort in den Sternen?* Das Autorenduo folgt der ägyptologischen Lehrmeinung und hält die elektrotechnische Interpretation der Dendera-Reliefs für »Unsinn«. Im selben Jahr unternimmt der Mechatronikspezialist Herbert Fuchs im Technologiezentrum Salzkammergut Experimente mit der verbesserten Garn-Lampe, die neue Indizien für die »Elektrothese« liefern.

2023
Die US-Dokumentarserie *History's Greatest Mysteries* widmet sich in Folge 310 dem Pyramidenrätsel und dem Geheimwissen der Pharaonen. Dabei werden die Dendera-Reliefs und die »Elektrothese« von Krassa, Habeck und Garn thematisiert.

Jüngste Recherche zu *Kleopatras Wunderlampe* im Februar: Reinhard Habeck und Elvira Schwarz fliegen nach Kairo. Mit dem Ägyptologen Prof. Dr. Ahmed M. Osman gehen sie abseits bekannter Touristenpfade in Giseh, Sakkara und Memphis auf neue Spurensuche. Im Spätsommer desselben Jahres erscheint das vorliegende Buch mit aktuellen Erkenntnissen zur »Elektrothese« und dem Hightech-Wissen der Pharaonen.

Shukran und eine Bitte des Autors

»Keine Schuld ist dringender als die, Dank zu sagen.«

Marcus Tullius Cicero (106 v. Chr.–43 v. Chr.), röm. Politiker und Philosoph

Das Wort *shukran* steht im Arabischen salopp für »Danke«. Wird das Dankeschön tiefer und herzlicher empfunden, gilt der Ausdruck *jazak Allah kheir* (»Gott belohne dich«) oder *mamnunak* (»Ich bin dir verbunden«). Mein aufrichtiger Dank gilt vielen Menschen, Wegbegleitern und Freunden, ohne die meine Arbeit über all die Jahre nicht möglich gewesen wäre. Das gilt einmal mehr für das vorliegende Buch *Kleopatras Wunderlampe.*

Zum Gelingen des ehrgeizigen Projekts haben viele Fachexperten, Ingenieure, Techniker, Archäologen, Ägyptologen, Organisationen und Autorenkollegen der »alternativen Forschung« in vielfältiger Weise mitgewirkt. Sie taten das selbstlos in Form von Interviewbeiträgen, Bekanntgabe brisanter Informationen, zur Verfügung gestelltem Bildmaterial oder durch wohlgemeinte Kritik. Das wünscht man sich als Autor und Sonntagsforscher, wohl wissend, dass das keineswegs selbstverständlich ist. Heutzutage, im Zeitalter der gesellschaftlichen Polarisierung und politischen Korrektheit, überlegt sich jeder Bürger (ja, auch Bürger:innen und Mensch:innen) lieber dreimal, was man wie wem sagen soll und darf. Für Freigeister und Selberdenker eine etwas befremdliche Entfaltung im Miteinander. Dem Meinungsdiktat zum Trotz ehrt und freut es mich besonders, dass meine prä-astronautische Spurensuche auch bei etlichen Fachgelehrten Beihilfe findet, obwohl sie ganz und gar nicht all meine Thesen um Hightech-Wissen im Altertum teilen, ja, vielleicht sogar für »Unsinn« halten. Dennoch gibt es keine Berührungsängste im Dialog mit fantastischen Ideen. Das ehrt und freut mich! Merci!

Allen voran gilt herzlicher Dank meinem ägyptischen Freund, dem klassischen Archäologen Prof. Dr. Ahmed M. Osman. Wir kennen uns seit 2015 und haben zwischen Kairo und Abu Simbel viele gemeinsame Abenteuer erlebt. Dank seines profunden Wissens habe ich viel über die Welt der Pharaonen gelernt und sehe heute manches selbstkritischer als noch in jungen Jahren. Die »Elektrothese« sieht der renommierte Ägyptologe kritisch, trotzdem war er offen und bereit, zum vorliegenden Buch das Vorwort zu verfassen. 1000 und 1 Mal Shukran!

Der zweite namhafte Wissenschaftler, der das Buch mit seiner technischen Expertise krönt, ist der Hochvakuumexperte Herbert K. Fuchs. Ihm habe ich es zu verdanken, dass Kleopatras Wunderlampe wieder zum Leuchten gebracht und neue Erkenntnisse gewonnen werden konnten. Es bleibt hochspannend!

Kein Buch ohne Schweizer Lebensgefährtin Elvira Schwarz. Seit den Nullerjahren sind wir gemeinsam unterwegs zu Wunderorten in aller Welt. In Ägypten waren wir seit 2015 etliche Male, zuletzt im Februar 2023. Ohne Elvira käme ich nicht weit. Sie organisierte die wichtigsten Reiserouten, übernahm E-Mail-Korrespondenz, übersetzte Texte und lieferte als erste »Testleserin« wertvolle Anregungen für die weitere Abfassung. Die meisten Fotos in diesem Buch stammen von ihr. Merci immerzu! Neue Reiseabenteuer warten!

Alle anderen Namen nenne ich nachfolgend in alphabethischer Reihenfolge. Es bedeutet nicht, dass die genannten Personen die von mir in diesem Buch geäußerten Ansichten teilen oder für Inhalte verantwortlich gemacht werden. Sollte ich jemanden vergessen haben, war es keine böse Absicht und ich bitte um gütige Nachsicht.

Mein herzliches Shukran an:

Die A.A.S. – Forschungsgesellschaft für Archäologie, Astronautik und SETI, Prof. Dr.-Ing. Uwe Apel (Institut für Aerospace Technologie an der Hochschule Bremen), Charles Berlitz (†2003), Ing. Josef F. Blumrich (†2002), Luc Bürgin, Steffen Bretschneider, Erich von Däniken, MA Mostafa Dahshor, Dipl.-Ing. Klaus Deistung, Prof. Dr. Hoimar von Ditfurth (†1989), Klaus Dona, Dr. Algund Eenboom, Gisela Ermel und die Redaktion von *Sagenhafte Zeiten*, Walter Ernsting alias Clark Darlton († 2005), Claudia und StD Dipl.-Hdl. Peter Fiebag, Dr. Johannes Fiebag († 1999), Lars A. Fischinger, André Flécher, Dipl.-Ing. Walter Garn (†2010) und Familie, Dr. Dominique Görlitz, Ingrid und Historiker Willi Grömling (†2015), Frank Heudorf, Lic. Phil. nat. UP Hans-Peter Jaun, Prof. Dr. Rolf Kamps (Hochschule Luzern, Institut für Maschinen- und Energietechnik), Ameer Kareem, Karl Kovalcik, Friedhelm Krämer, Peter Krassa (†2005), Andreas »Desmond« Kirchner, Prof. Dr. Heinrich und Ingrid Kusch, den Reiseveranstalter Ute Kopp & Cornelia Spangler, Dipl.-Ing. Bau-Ing. Axel Klitzke, Walter-Jörg Langbein, Mag. Gabriele und Ladislaus Lukacs, Frede Melhedegaard (†1986), Prof. Dr. Khalil Messiha (†1999), Heinrich Morariu, Dr. Elisabeth Newzella und Familie, die Film- und Fotoproduktion Dr. Johanna Pötsch, Mario Rank, Andreas von Rétyi, Art Director Anni Rehm und die Redaktion von *Mystery – Welt der Geheimnisse*, Dietmar Rücker, Prof. Dr. Helmut Satzinger, Hans-Werner Sachmann, Dr. Arbeo-Wolfram Scherer-Ottenfels, Eberhard Schneider, den Galileo-Park-Gründer Wolfgang Schmidt (†2020), Ing. Mag. Erich Spitzer, Dr. Martin Thöni, Prof. Dr. Dipl.-Phys. Wolfgang Waitkus, den Unternehmer und Erfinder Thomas Walli, Prof. Dr. Erich Winter (†2022), Jürgen Zimmermann und Ramon Zürcher.

Zu guter Letzt danke ich meiner Lektorin Christina Neuhaus und dem Verlagshaus Kopp für die lange und gute Zusammenarbeit. Stellvertretend für viele ein Shukran an Projektleiter Thomas Tritschler, Grafikleiterinnen Stefanie Huber und Nicole Lechner,

Layouterinnen Lilly Stühle und Stefanie Beth, und besonders an Verleger Jochen Kopp. Danke für das Vertrauen und das Interesse an meinen Mystery-Themen zwischen Himmel und Erde!

Ad astra!

Am Ende eine Bitte an meine Leserinnen und Leser:
Vielleicht sind Sie selbst ein »Grenzgänger des Fantastischen«, haben Dinge erlebt und gesehen, die Sie zuvor für im wahrsten Sinne des Wortes unglaublich gehalten haben? Oder Sie wissen von einer verborgenen »unmöglichen« Entdeckung, die Rätsel aufgibt? Oder Sie sind sogar selbst im Besitz eines kuriosen Gegenstandes mit ungeklärter Herkunft und Bedeutung? Dann würde ich mich freuen, wenn Sie mir schreiben. Alle Angaben werden vertraulich behandelt. Sie erreichen mich unter meiner E-Mail-Adresse: *info@reinhardhabeck.at*

Postskriptum: Wer Lust und Laune verspürt, mit mir gemeinsam auf Mystery-Tour zu gehen, hat exklusiv über den Reiseveranstalter Kopp & Spangler die Gelegenheit dazu. Die Entdeckungsreisen führen zu geheimnisvollen Schauplätzen, die Thema meiner Kopp-Bücher sind, darunter zu archäologischen Wundern in Ägypten, zu den Monomentalbauten von Göbekli Tepe in der Osttürkei, zu Heiligtümern und kosmischen Kirchen in Bulgarien, zu unterirdischen Anlagen der Steiermark oder zu den alpinen Felsbildrätseln des Val Camonica in der Lombardei.

Kontaktinfo: *https://www.kopp-spangler.de/besondere-reisen.html*

Quellen, Literatur und Links

»Wer in der Zukunft lesen will, muss in der Vergangenheit blättern.«

André Malraux (1901–1976),
frz. Schriftsteller, Filmregisseur und Politiker

Alle hier aufgeführten Links waren bei Redaktionsschluss aufrufbar. Sollte dies bei Drucklegung nicht mehr der Fall sein, kann der entsprechende Link in der Regel beim Internetarchiv *(http://archiv.org/web)* gefunden werden.

Teil 1: Vernachlässigte Pharaonenschätze

Bücher und Zeitschriften

Aschenbrenner, Klaus: *Die Antiliden*, München 1993.

Bürgin, Luc: *Lexikon der verbotenen Archäologie*, Rottenburg 2009.

Dahshor, Mostafa: *The Illustration of Duty Ihy in the temples of Dandara and Edfou*, The Degree Of Master of Science In Tourist Guidance, Alexandria University, 2014.

Däniken, Erich von (Hrsg.): *Brisante Archäologie*, Rottenburg 2008.

Däniken, Erich von: *Meine Welt in Bildern*, Düsseldorf-Wien 1973.

Dopatka, Ulrich: *Die große Erich-von-Däniken-Enzyklopädie*, Düsseldorf-München 1997.

Eenboom, Algund/ Fiebag, Peter: »Das Pa-di-imen-Artefakt«, in: *Sagenhafte Zeiten*, Nr. 1, Beatenberg 2022.

El Saddik, Wafaa/ Heimlich, Rüdiger: *Es gibt nur den geraden Weg Mein Leben als Schatzhüterin Ägyptens*, Köln 2013.

Emery, Walter B.: *Great Tombs of the First Dynasty*, Cairo 1949.
Fiebag, Peter/ Eenboom, Algund/ Belting, Peter: *Flugzeuge der Pharaonen*, Rottenburg 2004.
Giacobbo, Roberto: *Rätsel der Pyramiden*, Berlin 2010.
Görlitz, Dominique/ Erdmann, Stefan: *Das Cheops-Projekt*, Rottenburg 2015.
Graichen, Gisela/ Lesch, Harald: *Liegt die Antwort in den Sternen?*, Berlin 2022.
Habeck, Reinhard: *Dinge, die es nicht geben dürfte*, Wien 2008.
Habeck, Reinhard: *Ungelöste Rätsel – Wunderwerke, die es nicht geben dürfte*, Wien-Graz-Klagenfurt 2015.
Haus der Kunst München (Hrsg.): *Tutanchamun*, Ausstellungskatalog, Köln 1980.
Helck, Otto/ Otto, Eberhard: *Lexikon der Ägyptologie, Band IV*, Wiesbaden1975.
Johnson, Buffie: *Die Große Mutter in ihren Tieren*, Olten-Freiburg 1990.
Kees, Hermann: »Die Schlangensteine und ihre Beziehung zu den Reichsheiligtümern«, in: *Zeitschrift für Ägyptische Sprache*, Band 57, Leipzig 1922.
Kotsanas, Kostas: *Altgriechische Technologie*, Progs 2014.
Müller-Römer, Frank: *Die Technik des Pyramidenbaus im alten Ägypten*, Diss. Universität München 2008.
Neubert, Otto: *Tut-Ench-Amun – Gott in Goldenen Särgen*, Hamburg-Wien 1956.
(o. V.): »Foto gibt Rätsel auf«, in: *Kurier*, Wien, 24.2.1981.
Reeves, Nicholas: *Faszination Ägypten*, München 2001.
Sachmann, Hans-Werner: »AAS-Studienreise nach Ägypten«, in: *Ancient Skies*, Nr. 4, Juli-August 1990, Feldbrunnen, Schweiz.
Sachmann, Hans-Werner: *Archaische Dokumente*, Groß-Gerau 2010.
Schulz, Regine/ Seidel, Matthias (Hg.): *Ägypten Die Welt der Pharaonen*, Köln 1997.
Siliotti, Alberto, *Ägypten – Land der Pharaonen*, Erlangen 1994.
Sitchin, Zecharia; *Stufen zum Kosmos*, Unterägeri 1982.
Stanglmeier, G. F. L./ Biffinger, Beat: *Der Tut-anch-Amun-Skandal*, Marktoberndorf 2005.
Walker, Barbara G.: *The Womans Dictionary of Symbols & Sacred Objects*, San Francisco 1988.
Wiese, André/ Brodbeck, Andreas (Hg.): *Tutanchamun – Das Goldene Jenseits*, Ausstellungskatalog, Antikenmuseum Basel und Sammlung Ludwig, Basel 2004.
Wolff, Doris: *Was war vor den Pharaonen?*, Zürich 1994.

Persönliche Mitteilungen

Blumrich, Ing. Josef F.: 29.8.1994, Colorado, USA.
Dahshor, Mostafa: 13.2.2023, Kairo.
Ditfurth, Prof. Dr. Hoimar von: 1981, Staufen.

Fiebag, StD. Peter: 6.5. und 17.6.2021, Northeim.
Kamps, Prof. Dr. Rolf: 16.3.2023, Luzern.
Messiha, Prof. Dr Khalil: 15.10.1980, Kairo.
Osman, Prof. Dr. Ahmed M.: 6.2.2023, Kairo.
Sachmann, Hans-Werner: 21.1.2023, Dortmund.

Internetrecherche (Stand Juli 2023)

http://dibb.de/mariette.php.
http://papyrus-magazin.de/geschichte/das-aegyptische-museum-in-kairo-im-wandel-der-zeiten/.
http://www.aegyptologie.com/forum/cgi-bin/YaBB/YaBB.pl?action=lexikond&id=090114204553.
http://www.glgeise.de/.
http://www.meteoritenland.de/himmelseisen-geschenk-der-goetter/.
https://aegyptiaca-kestneriana.de/wp-content/uploads/2020/06/AEGYPTIACA_ KESTNERIANA_Band-1_Homeyer_Klocke.pdf.
https://anarkia333data.center/megalithe/sarcophage-de-hordjedef.
https://anti-matrix.com/2022/09/13/antikes-aegyptisches-artefakt-das-raetsel-der-sabu-scheibe-video/.
https://de.wikibrief.org/wiki/Serpopard.
https://de.wikipedia.org/wiki/Schlangenhalspanther.
https://egyptianmuseumcairo.eg/emc/.
https://nefershapiland.de/Bauten%20Mentuhotep%202.htm.
https://rotary.de/wissenschaft/revolutionen-in-der-archaeologie-a-21025.html.
https://sciodoo.de/naqada-kultur/.
https://www.abendblatt.de/hamburg/article213876125/Airbus-und-das-Raetsel-der-alten-Aegypter.html.
https://www.ancient-origins.de/artefakte-alte-technologie/scheibe-von-sabu-007540.
https://www.derstandard.at/story/1376533962878/aelteste-eisen-artefakte-sind-extraterrestrischen-ursprungs.
https://www.derstandard.at/story/2000069831887/rohmaterial-fuer-fruehe-artefakte-aus-eisen-kam-vom-himmel.
https://www.faz.net/aktuell/wissen/erde-klima/hammer-gestein-geschichte-und-geologie-des-granits-18613256.html.
https://www.fischinger-blog.de/2018/03/terra-x-auf-den-spuren-der-der-ungeloesten-raetsel-der-archaeologie/.
https://www.moin-monja.de/egypt/pharaonen/06-mittleres_reich/11-dynastie/mentuhotep_II-teil1/mentuhotep_nebhepetre.htm.
https://www.scinexx.de/news/geowissen/tutanchamun-dolch-aus-meteoriten-metall/.

https://www.spektrum.de/news/tutanchamun-fuer-den-pharao-ein-dolch-aus-meteoreisen/1991689.
https://www.spiegel.de/wissenschaft/mensch/aegyptens-antikenchef-hawass-ich-wuerde-diesen-job-liebend-gerne-hinschmeissen-a-746438.html.
https://www.t-online.de/nachrichten/wissen/geschichte/id_86017714/tutanchamun-der-skarabaeus-des-pharaos-war-ein-geschenk-des-himmels.html.
https://www.welt.de/reise/Fern/article241228557/Aegypten-Besuch-im-Aegyptischen-Museum-Kairo-bevor-es-schliesst.html.
https://www.zdf.de/dokumentation/terra-x/ungeloeste-faelle-der-archaeologie-verlorene-techniken-mit-harald-lesch-100.html.

Teil 2: Kraftzentrale Cheopspyramide

Bücher und Zeitschriften

Bezold, Carl (Hrsg. u. Übers.): *Kebra Negast Die Herrlichkeit der Könige,* München 1905.
Brugsch, Heinrich: *Reiseberichte aus Ägypten (geschrieben in den Jahren 1853 und 1854)*, Leipzig 1855.
Charroux, Robert: *Phantastische Vergangenheit*, München 1969.
Däniken, Erich von: *Erinnerungen an die Zukunft*, Düsseldorf-Wien 1968.
Däniken, Erich von: *Raumfahrt im Altertum*, München 1993.
Dunn, Christopher: *The Giza Power Plant – Technologies of Ancient Egypt*, Rochester 1998, Vermont, USA.
Eggers, Stefan (Hrsg.)/ Graefe, Erich (Übers.): *Das Pyramidenkapitel in Al-Makrizi's »Hitat«*, Norderstedt 2003.
Feldkirchen, Wilfried (Hrsg.): *Werner von Siemens – Lebenserinnerungen*, München 2008.
Fiebag, Peter/ Fiebag, Johannes: *Das Gralsgeheimnis*, München 2006.
Fischinger, Lars A.: *Rebellion der Astronautenwächter*, Hanau 2015.
Forbiger, Albert (Übers.): *Strabo – Geographica,* vollständige Ausgabe, Wiesbaden 2005.
Goyan, Georges: *Die Cheopspyramide*, Augsburg 1990.
Habeck, Reinhard: *Unterirdische Anlagen, die es nicht geben dürfte*, Rottenburg 2021.
Hamp, Vinzenz/ Stenzel, Meinrad/ Kürzinger, Josef (Hrsg. u. Übers.): *Die Heilige Schrift des Alten und Neuen Testamentes*, 28. Auflage, Aschaffenburg 1980.
Hancock, Graham: *Die Wächter des Heiligen Siegels*, Bergisch Gladbach 1992.
Henning, Richard: *Wo lag das Paradies?*, Berlin 1950.
Herders Bibelkommentar (Hrsg.): *Die Bibel – Die Heilige Schrift des alten und neuen Bundes*, Freiburg im Breisgau 1965.
Herold, Franz: *Aus sonnigen Ländern*, Wien 1924.

Hoffmann, Lars (Einleitung)/ Bähr, Johann Christian F. (Übers.): *Herodot Neun Bücher zur Geschichte*, Wiesbaden 2007.
Jelitto, Hans: »Ewiges Rätsel Ägypten«, in: *Brisante Archäologie* (Hrsg. Erich von Däniken), Rottenburg 2008.
Klitzke, Axel: *Pyramiden: Wissensträger aus Stein*, Zürich 2016.
Krassa, Peter: *Gott kam von den Sternen*, Freiburg im Breisgau 1974.
Langbein, Walter-Jörg: *Das Sphinx-Syndrom: Die Rückkehr der Astronautengötter. Eine neue Schöpfung hat begonnen*, München 1995.
Lepsius, Carl Richard: *Briefe aus Aegypten, Aethiopien und der Halbinsel des Sinai: geschrieben in den Jahren 1842-1845 während der auf Befehl Sr. Maj. des Königs Friedrich Wilhelm IV von Preußen ausgeführten wissenschaftlichen Expedition*, Berlin, 1852.
Lipinski, Artur/ Holowacz, Arleta: *Das Pyramidenrätsel – Endlich gelöst?*, Groß-Gerau 2020.
Luther, Martin (Übers.): *Die Bibel oder die ganze Heilige Schrift des Alten und Neuen Testaments*, Wien 1972.
Manley, Bill: *Die siebzig großen Geheimnisse des alten Ägyptens*, München 2003.
Oeser, Erhard: *Cheops' Geheimnis – Die wissenschaftliche Eroberung Ägyptens*, Darmstadt 2013.
Paganini, Rico/ Risi, Armin: *Die Giza-Mauer und der Kampf um das Vermächtnis der alten Hochkulturen*, Neuhausen 2005.
Rétyi, Andreas von: »Sensation in der Cheops-Pyramide: ›Unbekannte‹ Kammer entdeckt!«, in: *Mystery*, Nr. 3, Mai-Juni 2023, Rottenburg.
Sassoon, George/ Dale, Rodney: *Die Manna-Maschine*, Rastatt 1979.
Siemens, Natalie von (Hrsg.): *Werner von Siemens – Der brodelnde Geist*, Hamburg 2016.
Spiegelberg, Wilhelm: »Vermeintliche Erwähnung des Blitzableiters, in ägyptischen Inschriften«, in: *Zeitschrift für ägyptische Sprache und Altertumskunde*, Band 45, Leipzig 1908.
Sterne, Carus: »Die Urgeschichte des Blitzableiters« in: *Vossische Zeitung* (in sieben Abhandlungen der Sonntagsbeilagen), Berlin 1877.
Tompkins, Peter: *Cheops – Die Geheimnisse der Großen Pyramide*, Bern und München 1973.
Ullmann, Ludwig (Übers.): *Der Koran – Das heilige Buch des Islam*, München 1959.
Waldhauser, Hermann: *Regenzauber der Pharaonen*, Behamberg 1976.
Yoshimura, Sakuji/ Tonouchi, Shioiji/ Nakagava, Takeshi (Hrsg.): *The substance of speech: The First International Symposium on The Application of modern technology to archaeological explorations at the Giza Necropolis*, Waseda University, Tokyo 1987.

Persönliche Mitteilungen

Krämer, Friedhelm: 11.3.2023, Mülheim an der Ruhr.
Klitzke, Dipl.-Ing. Bau. Ing. Axel: 7.3.2023, Kamsdorf.
Fuchs, Herbert K.: 19.4.2023, Gmunden.

Internetrecherche (Stand Juli 2023)

http://www.benben.de/Alt_Index.html.
http://www.cheops-insider.homepage.t-online.de/42753.html.
http://www.egyptianmuseums.net/html/imhotep_museum.html.
http://www.gernot-geise.de/aegypten/dateien/txtgranit.html.
http://www.scanpyramids.org/.
http://www.zeno.org/Meyers-1905/A/Blitzableiter.
https://atlantisforschung.de/index.php?title=Sintflut,_Katastrophen_und_verstecktes_Geheimwissen_in_den_Pyramiden_von_Giseh.
https://de.wikibrief.org/wiki/Umara_ibn_Abi_al-Hasan_al-Yamani.
https://de.wikipedia.org/wiki/Cheops-Pyramide.
https://elexikon.ch/03_0035.
https://hores.org/.
https://ia803102.us.archive.org/8/items/UGAAe18/UGAAe_18.pdf.
https://werkstoffzeitschrift.de/flexibles-glas-fuer-flexible-elektronik/.
https://www.ardalpha.de/wissen/natur/naturgewalten/sahara-wueste-wasser-geschichte-sand-see-eiszeit-wendekreiswueste-102.html.
https://www.buch-der-synergie.de/c_neu_html/c_01_10_micro_energy_02_atmos_b.htm.
https://www.cheops-pyramide.ch/pyramidensteine/steinbearbeitung.html.
https://www.cheopspyramide.de/aegypten_forum_pyramidenbau-cheops-pyramide_inschrift-cheopspyramide-borchardt.htm.
https://www.derstandard.at/story/2000072530497/cheopspyramideneu-entdeckte-kammer-in-koennte-eisernen-thron-enthalten.
https://www.dw.com/de/4500-jahre-alt-unber%C3%BChrte-kammer-in-cheops-pyramide-entdeckt/a-64876807.
https://www.everyday-feng-shui.de/waren-die-pyramiden-elektrische-kraftwerke/.
https://www.fischinger-blog.de/2016/09/artikel-reihe-mumie-in-der-cheops-pyramide-gefunden-teil-1-das-schweigen-des-pharao-und-die-grabraeuber/.
https://www.fischinger-blog.de/2017/10/war-die-cheops-pyramide-ein-elektrisches-kraftwerk/.
https://www.fischinger-blog.de/2019/09/geheimnis-cheops-pyramide-die-verschollenen-buecher-und-schriften-der-pyramiden-bauer-artikel/.
https://www.golem.de/news/glas-der-wunderwerkstoff-1612-124968.html.
https://www.grenzwissenschaft-aktuell.de/zahi-hawass-vermutet-cheops-grab-unterhalb-der-neuentdeckten-kammer20230309/.

https://www.nefershapiland.de/Djoser-Pyramide.htm.
https://www.planet-wissen.de/technik/energie/elektrizitaet/index.html.
https://www.pravda-tv.com/2018/12/unbekannte-botschaft-von-atlantis-an-der-grossen-pyramide-von-gizeh-entdeckt-videos/.
https://www.rostfrei-stahl.com/blog/detail/das-geheimnis-von-rostfreiem-stahl/.
https://www.schlachterbibel.de/de/bibel/altes_testament/index.php.
https://www.tum.de/aktuelles/alle-meldungen/pressemitteilungen/details/bedeutsamer-fund-in-der-cheops-pyramide-von-gizeh.
https://www.uibk.ac.at/theol/leseraum/bibel/.
https://www.zauberspiegel-online.de/index.php/was-zum-lernen-junior-419/7771-sieben-weltwunder-der-antike-die-pyramiden-von-gizeh.
https://www.zora.uzh.ch/id/eprint/151804/1/Meurer_2002_Die_Feinde_des_Koenigs_in_den_Pyramidentexten.pdf.

Teil 3: Historische Hathor-Zeitreise

Bücher und Zeitschriften

Berlitz, Charles: *Das Bermuda-Dreieck*, Wien-Hamburg 1975.
Betrò, Maria Carmela: *Heilige Zeichen*, Wiesbaden 2004.
Bonnet, Hans: *Reallexikon der ägyptischen Religionsgeschichte*, Berlin 1952.
Braun, Ralph-Raymond: *Ägypten*, Erlangen 2005.
Brier, Robert: *Zauber und Magie im alten Ägypten*, Bern-München 1981.
Brunés, Tons: *Energien der Urzeit*, Zug 1977.
Brunton, Paul: *Geheimnisvolles Ägypten*, Zürich 1966.
Cauville Sylvie: *Le temple de Dendera Guide archéologique*, Institut français d'archéologie orientale le Caire (IFAO), Kairo 1990.
Cauville, Sylvie: »Dendera«, in *Encyclopedia of the Archaeology of Ancient Egypt* (Hrsg. Kathryn A. Bard), London 1999.
Cauville, Sylvie: *Dendara Le fonds hiéroglyphique au temps de Cléopâtre*, Paris 2001.
Cauville, Sylvie: *Dendara Les structures décoratives du temple d'Hathor*, Leuven Paris-Bristol 2020.
Chassinat, Émile/ Daumas, François/ Cauville, Sylvie: *Le Temple de Dendara I-XV*, Institut français d'archéologie orientale du Caire, Kairo 1934–2020.
Chassinat, Emile: *Le Temple de Dendera*, Kairo 1934.
Däniken, Erich von: *Die Augen der Sphinx*, München 1989.
Daumas, François: *Les mammisis de Dendara*, Imprimerie de l'Institut français d'archéologie orientale, 1959.
Dobelhofer, Ernst: *Die Entzifferung alter Schriften und Sprachen*, Stuttgart 2008.
Dümichen, Johannes: *Baugeschichte des Denderatempels und Beschreibung der einzelnen Teile des Bauwerks nach den an seinen Mauern befindlichen Inschriften*, Straßburg 1877.

Erman, Adolf/ Grapow, Hermann (Hrsg.): *Wörterbuch der ägyptischen Sprache*, Berlin-Leipzig 1926–1931.

Fiebag, Johannes/ Fiebag, Peter (Hrsg.): *Aus den Tiefen des Alls*, Tübingen-Zürich-Paris 1985.

Grof, Stanislav: *Totenbücher – Bilder vom Leben und Sterben*, München 1994.

Habeck, Reinhard (Hrsg.): *Erich von Dänikens Geflügelte Worte*, Rottenburg 2015.

Habeck, Reinhard: »Noch schweigt die Göttin«, in: *Perry Rhodan Report*, Nr. 71, Rastatt 1981.

Hannig, Rainer: *Großes Handwörterbuch Ägyptisch-Deutsch: (2800– 950 v. Chr.)*, Mainz 2006.

Hornung, Erik (Hrsg. und Übers.): *Die Unterweltsbücher der Ägypter*, Düsseldorf-Zürich 1997.

Ions, Veronica: *Ägyptische Mythologie*, Wiesbaden 1968.

Isen, Werner B.: *Solens Kraefter*, Kopenhagen 1981.

Junker, Hermann: *Grammatik der Denderatexte*, Leipzig 1906.

Kenyon, Tom: *Aufbruch ins höhere Bewusstsein – Die Hathor-Botschaften*, Hanau 2009.

Keul, Alexander: »Elektrisches Licht vor 2000 Jahren?«, in: *Wiener Zeitung*, Wien, 2.10.1981.

Kjellson, Henry: *Forsvunden Teknik*, Haderslev 1974.

Kolpaktchy, Gregoire (Übers.): *Das ägyptische Totenbuch*, Weilheim/Obb. 1970.

Krassa, Peter/ Habeck, Reinhard: *Das Licht der Pharaonen*, München 1992.

Krassa, Peter/ Habeck, Reinhard: *Licht für den Pharao*, Luxemburg 1982.

Krassa, Peter: *Als die gelben Götter kamen*, München 1973.

Mariette, Auguste: *Denderah description générale du grand temple de cette ville*, Tome I-VI, Paris-Kairo 1870–1875.

Pfundtner, Thomas: »Hatten die Pharaonen schon elektrisches Licht?«, in: *Bild*, Berlin, 8.10.1982.

Portman, Ian: *Das Haus Hathor – Ein Führer zum Tempel von Dendera*, Kairo 2008.

Posener, Georges (Hrsg.): *Knauers Lexikon der ägyptischen Kultur*, München-Zürich 1978.

Sanderson, Ivan T.: *Investigating the Unexplained*, Englewood Cliffs, New York 1972.

Satzinger, Helmut: *Das Kunsthistorische Museum in Wien. Die Ägyptisch-Orientalische Sammlung*, Mainz 1994.

Semsek, Hans-Günter: *Ägypten und Sinai*, Ostfildern 2008.

Stelzl, Diethard: *Die Einweihungen der Pharaonen*, Darmstadt 2009.

West, John Anthony: *The Traveler's Guide to Ancient Egypt*, Wheaton 1996 (USA).

Zimmermann, Jürgen: »In den Krypten des Hathor-Tempels – Prähistorische Wurzeln von Dendera«, in: *Neugierde verboten!* (Hrsg. Erich von Däniken), Rottenburg 2014.

Persönliche Mitteilungen

Satzinger, Univ. Prof. Dr. Helmut: 16.8. und 18.8.1980, Wien.

Garn, Dipl.-Ing. Walter: 6.2.1980 und 22.5. 1985, Wien.

Winter, Prof. Dr. Erich: 6.9.1980, Gusterath und 21.3.1991, Universität Trier.

Zimmerman, Jürgen (Brief an Peter Krassa): 15.2.2002, Bergisch-Gladbach.

Internetrecherche (Stand Juli 2023)

http://archiv.ub.uni-heidelberg.de/propylaeumdok/4545/1/Budde_Hathor_2012.pdf.

http://geschichteinchronologie.com/afrika/aegypten/pharaonenreich/gluehbirnen.html.

http://www.aegyptologie.com/forum/cgi-bin/YaBB/YaBB.pl?action=lexikond&id=050423214644.

http://www.montpellier-egyptologie.fr/equipe/historique/emile-chassinat-1868-1948/.

http://www.montpellier-egyptologie.fr/equipe/historique/francois-daumas/.

https://anyextee.com/john-anthony-west-explains-the-dendera-lightbulb-with-anyextee/.

https://de.wikipedia.org/wiki/Gl%C3%BChbirnen_von_Dendera.

https://de.wikipedia.org/wiki/Liste_bekannter_%C3%84gyptologen.

https://digi.ub.uni-heidelberg.de/diglit/mariette1870bd1/0001/image,info,thumbs.

https://tomkenyon.com/german-archives.

https://www.ancientegyptfoundation.org/auguste_mariette-bey_denderah.shtml.

https://www.efodon.de/html/publik/sy/SY126/SY12606%20GLG%20-%20Dendera-Gluehbirnen.pdf.

https://www.hist-chron.com/afrika/aegypten/pharaonenreich/gluehbirnen.html.

https://www.khm.at/besuchen/sammlungen/aegyptisch-orientalische-sammlung/.

https://www.khm.at/objektdb/detail/319162/?lv=detail&cHash=34e4baf1267b89e433d7ef939e5d2db9.

https://www.mein-altaegypten.de/Website/C-Architektur-Tempel-Dendera.html.

https://www.planet-wissen.de/geschichte/antike/hieroglyphen/index.html.

https://www.sagenhaftezeiten.com/.

Teil 4: Streitfall Dendera-Licht

Bücher und Zeitschriften

Arnold, Dieter: *Lexikon der ägyptischen Baukunst*, Düsseldorf 2000.

Assman, Jan: *Tod und Jenseits im alten Ägypten*, München 2001.

Bergman, Ludwig/ Schäfer, Clemens: *Lehrbuch der Experimentalphysik*, Berlin 1961.

Berliner Matriachatsarbeitsgruppe (Hrsg.): *Auf den Spuren von Göttinnen – Berliner Museen feministisch betrachtet, Band 1*, Berlin 1995.

Brugsch, Heinrich: *Die Sage von der geflügelten Sonnenscheibe*, Göttingen 1870.
Bürgin, Luc: *Lexikon der verbotenen Geschichte*, Rottenburg 2018.
Cauville, Sylvie: *Dendara Le temple d' Isis, Volume I: Textes; Volume II: Institut français d'archéologie orientale du Caire*, Kairo 2007.
Ehlebracht, Peter: *Haltet die Pyramiden fest!*, Düsseldorf 1980.
Ercivan, Erdogan: »Krypta des Lichts«, in: *Sagenhafte Zeiten*, Nr. 1, Beatenberg 2016.
Ercivan, Erdogan: *Das Sternentor der Pyramiden*, München 1997.
Ercivan, Erdogan: *Verbotene Ägyptologie*, Rottenburg 2001.
Ermel, Gisela: »Die ewig brennende Lampe von Edessa«, in: *Sagenhafte Zeiten*, Nr. 2, Beatenberg 2018.
Geise, Gernot L.: »Dendera und die ›Glühbirnen‹«, in: *Synesis-Magazin*, Nr. 6, Hohenpeißenberg 2014.
Habeck, Reinhard: »Carnuntum und das ewige Licht«, in: *Sagenhafte Zeiten*, Nr. 2, Beatenberg 2018.
Habeck, Reinhard: *Mysteriöse Museumsschätze*, Wien-Graz-Klagenfurt 2017.
Hancock, Graham/ Faiia, Santha: *Spiegel des Himmels*, München 1998.
Habeck, Reinhard: »Schlangensteine – Symbole der Ewigkeit oder technologische Hinweise?«, in: *Mystery*, Nr. 5, September-Oktober 2023, Rottenburg
Helck, Wolfgang W./ Eberhard, Otto E.: *Kleines Wörterbuch der Ägyptologie*, Wiesbaden 1970.
Heuer, Hanns Manfred: *hax pax max – Wunder und Geheimnisse des Okkultismus*, Hamburg 1973.
Hopfner, Theodor (Übers.): *Plutarch über Isis und Osiris*, 2 Teile, Prag 1940 u. 1941.
Krupp, Edwin C.: *Astronomen, Priester, Pyramiden*, München 1980.
Küpfmüller, Karl: *Einführung in die theoretische Elektrotechnik*, Berlin-Heidelberg 1957.
Kurth, Dieter: *Die Dekoration der Säulen im Pronaos des Tempels von Edfu*, Wiesbaden 1983.
Leitz, Christian u. a.: *Lexikon der ägyptischen Götter und Götterbezeichnungen, Band 5*, Leuven 2002.
Lurker, Manfred: *Lexikon der Götter und Symbole der alten Ägypter*, Bern-München-Wien 1974.
Melchizedek, Drunvalo: *Die Blume des Lebens, Band 1 und 2*, Burgrain 1998 u. 2000.
Nack, Emil: *Götter, Helden und Dämonen Mythologie der Ägypter, Griechen, Römer und Germanen*, Wien 1968.
Pauwels, Louis/ Bergier, Jacques: *Der Planet der unmöglichen Möglichkeiten*, Bern 1968.
Roth, Arnold: *Hochspannungstechnik*, Wien 1950.
Schoeller, Gisela: *Isis – Auf der Suche nach dem göttlichen Geheimnis*, München 1991.
Schüssler, Karlheinz: *Ägypten – Altertümer, Koptische Kunst, Islamische Denkmäler*, Zürich-München 1977.

Spitzer, Jörg: *Paläo-SETI und Wissenschaft*, Norderstedt 2019.
Surya, G. W.: *Hermetische Medizin, Stein der Weisen, Lebenselixiere*, Berlin-Pankow 1923.
Taylor, Ken: *Kosmische Kultstätten der Welt*, Stuttgart 2012.
Waitkus, Wolfgang: »Die Geburt des Harsomtus aus der Blüte Zur Bedeutung und Funktion einiger Kultgegenstände des Tempels von Dendera«, in: *Studien zur Altägyptischen Kultur* (SAK), Band 30, Hamburg 2002.
Waitkus, Wolfgang: »Die Texte in den unteren Krypten des Hathortempels von Dendera«, in: *Münchner Ägyptologische Studien (MÄS)*, Band 47, Mainz 1997 (zugleich: Diss. 1991, Universität Hamburg 1991).
Wertheimer, Oskar von: *Kleopatra, die genialste Frau des Altertums*, Zürich-Leipzig-Wien 1947.
Zauzich, Karl-Theodor: *Hieroglyphen ohne Geheimnis*, Mainz 1980.

Persönliche Mitteilungen

Osman, Prof. Dr. Ahmed M.: 23.4.2023, Kairo.
Schneider, Eberhard: 9.10.1990, 28.5.1991, 17.10.1994, Bargteheide.

Internetrecherche (Stand Juli 2023)

http://www.auxiliarkastell.at/.
https://egymonuments.gov.eg/# (Ministerium).
https://sciodoo.de/turiner-koenigsliste/.
https://www.abc.net.au/science/news/scitech/SciTechRepublish_550172.htm.
https://www.ifao.egnet.net/publications/catalogue/Temples-Dendara/.
https://www.pharaon-magazine.fr/actualites/actualit/les-ampoules-de-denderah-la-mythologie-de-la-cr-ation-du-monde.
https://www.scinexx.de/dossier/auf-der-suche-nach-kleopatra/.
https://wiki.edu.vn/wiki18/2021/01/05/dendera-tierkreis-wikipedia/.
https://digi.ub.uni-heidelberg.de/diglit/duemichen1867bd1/0001/image,info,thumbs.
http://archiv.ub.uni-heidelberg.de/propylaeumdok/2703/1/Beinlich_Zwei_Osirishymnen_in_Dendera_1995.pdf.

Teil 5: Experimentelle Erleuchtungen

Bücher und Zeitschriften:

AAS (Hrsg.), Ancient Astronaut Society, heute: Forschungsgesellschaft für Archäologie, Astronautik und SETI: Programmheft zur 8. Weltkonferenz am 12. u. 13. November 1982, Hilton-Hotel, Wien.
Ali al-Shalah: »Der dritte Brand«, in: *Neue Zürcher Zeitung*, Zürich, 16.6.2003.
Collins, Andrew: *Der Schwan*, Rottenburg 2019.

Deistung, Klaus: »Die rätselhafte Lampe von Dendera«, in: *Sagenhafte Zeiten*, Nr. 3, Beatenberg 2007.
Dona, Klaus/ Habeck, Reinhard: *Im Labyrinth des Unerklärlichen*, Rottenburg 2004.
Eenboom, Algund/ Belting, Peter: »Neues Licht für die Pharaonen. Glühstrumpf-Technik in Dendera«, in: *Sagenhafte Zeiten* Nr. 3, Beatenberg 2004.
Ercivan, Erdogan: »Krypta des Lichts – Künstliche Energie und Lampen versunkener Reiche«, in: *Galaktische Horizonte*, Rottenburg 2018.
Fawcett, Percy Harrison (Verf.)/Fawcett, Brian (Bearb.)/ Heinrich Pleticha (Hrsg.): *Geheimnisse im brasilianischen Urwald*, Lenningen 1996.
Ferzak, Franz: *Nikola Tesla*, Neuenhinzenhausen 1995.
Finderup, Bjarno: *Hieroglyfferne var hermeneutiske*, Skive 1980.
Graichen, Gisela/ Lesch, Harald: *Liegt die Antwort in den Sternen?*, Berlin 2022.
Habeck, Reinhard: »Das Geheimnis der Schlangensteine«, in: *Mysteria*, Nr. 3, *Halver* 1980 sowie in: *Neuer Kosmos*, Nr. 5, Wien 1980.
Habeck, Reinhard: »Elektrizität im Altertum«, in: *Ancient Skies*, Feldbrunnen/ SO 1980.
Habeck, Reinhard: »Glühbirnen im alten Ägypten«, in: *Kosmische Spuren* (Hrsg. Erich von Däniken), München 1989.
Habeck, Reinhard: »Licht für den Pharao«, in: *Perry Rhodan Report*, Nr. 76, Rastatt 1981.
Habeck, Reinhard: »Und sie leuchtet doch!«, in: *Jäger verlorenen Wissens* (Hrsg. Erich von Däniken), Rottenburg 2003.
Habeck, Reinhard: *Dinge, die es nicht geben dürfte*, Wien 2008.
Habeck, Reinhard: *Mysteriöse Museumsschätze*, Wien-Graz-Klagenfurt 2017.
Hain, Walter: *Irrwege der Geschichte*, Wien 1981.
Hancock, Graham: *Die Magier der Götter*, Rottenburg 2018.
Horn, M. Roland: *Atlantis – Alter Mythos, Neue Beweise*, Grafing 2009.
Ilg, Hermann/ Schaffer, Helmut P.: *Die Bauten der Außerirdischen in Ägypten*, Herrenberg 1990.
Jaschke, Brigitte: *Glasherstellung*, Deutsches Museum, München 1997.
König, Wilhelm: »Ein galvanisches Element aus der Partherzeit?«, in: *Forschungen und Fortschritte*, Nr. 14, München 1938.
König, Wilhelm: *Im verlorenen Paradies Neun Jahre Irak*, Baden bei Wien 1940.
Kramer, André: *Paläo-SETI*, Lüdenscheid 2022.
Kusch, Heinrich/ Kusch, Ingrid: *Geheime Unterwelt*, Graz 2021.
Lay, Peter: *Die Physik der Pharaonen*, Poing 2000.
Melhedegard, Frede: *Tut-Ankh-Amon Er Vagnet*, Stadil 1971.
Neuhold, Uwe: »Die Bagdad-Batterie und das Hesekiel Raumschiff«, in: *Das Science Fiction Jahr 2010*, München 2010.

(o. V.): »Elektro-Batterien aus der Zeit Cäsars und Kleopatras«, in: *Neue Kronen Zeitung*, Wien, 24.12.1978.

(o. V.): »Knisternde Funken«, in: *Der Spiegel*, Nr. 40, Hamburg 1978.

Ose, Rainer: »Elektrizität im alten Ägypten«, in: *Jäger verlorenen Wissens* (Hrsg. Erich von Däniken), Rottenburg 2003.

Pászthory, Emmerich: »Stromerzeugung oder Magie«, in: *Antike Welt*, Nr. 1, Darmstadt 1984.

Pauwels, Louis/ Bergier, Jaques: *Aufbruch ins dritte Jahrtausend*, Bern und München 1962.

Peter, Krassa/ Habeck, Reinhard: »Licht von den Göttern?«, in: *Esotersa*, Nr. 10, Freiburg 1982.

Pössel, Markus: *Phantastische Wissenschaft*, Reinbek bei Hamburg 2000.

Schmidt, Klaus: *Sie bauten die ersten Tempel*, München 2008.

Shuker, Karl P. N.: *Weltatlas der rätselhaften Phänomene*, Bindlach 1996.

Strommenger, Eva (Red.): *Sumer, Assur, Babylon*, Ausstellungskatalog, Ausgabe für Österreich, Stadtmuseum Linz Nordico und Schloss Schallaburg, Berlin 1978.

Thumshirn, Werner: »Die ›Urbatterie‹ sollte bloß Dämonen abwehren«, in: *Frankfurter Allgemeine Zeitung*, 23.7.1986.

Tomas, Andrew: *Wir sind nicht die Ersten*, Bergisch Gladbach 1979.

Urbanitzky, Alfred Ritter von: *Die Elektrizität des Himmels und der Erde*, Wien 1888.

Vandenberg, Philipp: *Der Fluch der Pharaonen*, Bern und München 1973.

Vogl, Günther: *Quecksilber – Bindeglied zwischen antiker und moderner Hochtechnologie*, Groß-Gerau 2021.

Persönliche Mitteilungen

Deistung, Dipl.-Ing. Klaus: 9.3. und 14.3.2023, Wismar.

Dona, Klaus: 2.3.2019, Philippinen.

Fiebag, StD. Peter: 9.3.2023, Northeim.

Flécher, André: 7.3.2023, Bockhorn.

Fuchs, Herbert K.: 13.2.2019, 27.3.2020, 5.4. und 3.7. und 19.4.2022, Gmunden.

Fuchs, Herbert K.: »Kritik zur ›Elektro-Hypothese‹. Anmerkungen und Entgegnungen«, unveröffentlichtes Manuskript, Gmunden, März 2023.

Garn, Dipl.-Ing. Walter: »Die Realisierung einer altägyptischen Reliefdarstellung aus dem Hathor-Tempel von Dendera«, Manuskript, Wien 1982.

Klitzke, Dipl.-Ing. Bau_Ing. Axel: 7.3.2023, Kamsdorf.

Pötsch, Dr. Johanna: 14.7.2022, Großwarasdorf.

Internetrecherche (Stand Juli 2023)

http://fra.europa.eu/de/eu-charter/article/11-freiheit-der-meinungsaeusserung-und-informationsfreiheit.

http://grenzwissenschaft-aktuell.blogspot.com/2010/06/pharaonenlicht-erzeuger-walter-garn.html.

http://pyramidengeheimnisse.de/.

http://www.aegyptologie.com/forum/cgi-bin/YaBB/YaBB.pl?action=lexikond&id=031213093337.

http://www.cheops-insider.homepage.t-online.de/42753.html.

http://www.gernot-geise.de/aegypten/dateien/txtgranit.html.

https://ancientskiesbook.com/2021/04/mitra-varuna-battery.html.

https://atlantisforschung.de/index.php?title=Andrew_Tomas.

https://atlantisforschung.de/index.php?title=Elektrizit%C3%A4t_in_der_Antike.

https://bibellexikon.com/.

https://cordis.europa.eu/article/id/418073-electricity-out-of-thin-air-an-exciting-new-source-of-green-energy/de.

https://cordis.europa.eu/project/id/691010.

https://de.wikipedia.org/wiki/Glas.

https://de.wikipedia.org/wiki/Irakisches_Nationalmuseum.

https://de.wikipedia.org/wiki/Percy_Fawcett.

https://jungfraupark.ch/.

https://vision2form.de/glas-geschichte.html.

https://www.academia.edu/35164641/Schliemanns_%C3%A4ltester_Quecksilberfund_und_seine_Sammlung_%C3%A4gyptischer_Altert%C3%BCmer_The_purported_oldest_find_of_mercury.

https://www.archaeotechnik.at/glas-projekt/glas-geschichte.

https://www.buch-der-synergie.de/e_html/e_02_verwirbelungen.htm.

https://www.ch-forrer.ch/Archaeologie/Galerie/Dendera/Block-7.htm.

https://www.energis.de/ratgeber/strom/watt_volt_ampere.

https://www.fischinger-blog.de/2017/12/gluehbirnen-und-elektrischer-strom-im-alten-aegypten/.

https://www.futura-sciences.com/de/der-mensch-und-die-elektrizitaet-eine-lange-geschichte_2951/.

https://www.galileo-park.de/.

https://www.grenzwissenschaft-aktuell.de/kritischer-prae-astronautik-forscher-frank-doernenburg-verstorben20181110/.

https://www.ingenieur.de/technik/fachbereiche/energie/alternative-energiequellen/.

https://www.leifiphysik.de/elektrizitaetslehre/induktion-und-transformator/geschichte/geschichte-der-elektrifizierung.

https://www.nordkurier.de/panorama/%22mumie%22-soll-%22mumifizierte-person%22-heissen-das-sind-die-grunde-1396115.

https://www.planet-wissen.de/technik/energie/elektrizitaet/index.html.
https://www.planet-wissen.de/technik/werkstoffe/glas/index.html.
https://www.spektrum.de/news/in-aegypten-ueberreste-der-aeltesten-glashuetten-gefunden/781754.
https://www.spiegel.de/kultur/gesellschaft/irak-nationalmuseum-nach-pluenderungen-wiedereroeffnet-a-1021113.html.
https://www.wetter.de/cms/wie-stelle-ich-mein-barometer-richtig-ein-2125020.html.

Abgesang: Gestern in einer fernen Zukunft?

Bücher

Bürgin, Luc: *Irrtümer der Wissenschaft*, München 1997.
Radkau, Joachim: *Geschichte der Zukunft Prognosen, Visionen, Irrungen in Deutschland von 1945 bis heute*, München 2017.

Internetrecherche (Stand Juli 2023)

https://www.centennialbulb.org/cam.htm.
https://www.taschenhirn.de/aktuelles-allgemeinwissen/groesste-beruehmte-irrtuemer/.

Bildnachweis

© Reinhard Habeck: Seite 32, 38, 45, 48 (links), 57, 61, 70, 73, 89, 101, 126, 128 (beide), 144, , 154, 165, 167, 174, 185, 196, 202, 209, 212, 221, 233, 241, 254, 257, 266, 287
© Elvira Schwarz: Seite 16, 19, 23, 37, 48 (rechts), 51, 55, 77, 80, 131, 135, 145, 223, 225, 249
© Archiv Reinhard Habeck: Seite 28, 112, 120, 141, 148, 173, 189, 192, 204, 206
© Andreas Praefcke: Seite 28
© Hans-Werner Sachmann: Seite 58
© TUM/ScanPyramids): Seite 91
© Friedhelm Krämer und Familie: Seite 133
© Wikimedia (gemeinfrei): Seite 181, 291
© Ingrid Kusch: *Geheime Unterwelt:* Seite 264
© Herbert K. Fuchs: Seite 275
© Frank Heudorf: Seite 293
© Dipl. Ing. Axel Klitzke: Seite 268

Farbbildteil:
© Reinhard Habeck: Abb. 1, 2, 4, 5, 6, 7, 10, 11, 12, 13, 14, 16, 17, 22, 23, 24, 25, 28, 29, 30, 31, 32, 33, 35, 36, 37, 38, 39, 40, 42, 45, 46, 47, 48, 49
© Elvira Schwarz: Abb. 3, 18, 26, 27, 41
© Wikimedia gemeinfrei: Abb. 8, 9, 19, 20, 21, 43, 44
© Dipl.-Ing. Axel Klitzke: Abb. 15
© Dipl.-Ing. Klaus Deistung: Abb. 34